国際文化論

平野健一郎

東京大学出版会

International Cultural Relations
Kenichiro HIRANO
University of Tokyo Press, 2000
ISBN978-4-13-032202-7

まえがき

　本書は国際文化論のはじめての試みである．
　国際文化論とは何であろうか．国際文化論と称して，表層的な異文化交流や異文化コミュニケーションを扱う方法もあるが，本書はそれとは違う試みでありたい．異なる二つの文化のあいだで人々が上手に交流したり，コミュニケートしたりするにはどうすればよいかを問うことは重要でないわけではないが，文化を固定的なものとみなし，また，相互に異なることを前提としていて，ダイナミズムに欠け，ときに浅薄であるとさえ思われるからである．文化は相互に干渉し合い，互いに相手を変化させる．そのダイナミックなメカニズムを理解したい．
　それでは，文化の相互干渉，相互変化の結果，「世界文化」「地球文化」という意味の「国際文化」が生まれるのであろうか．国際文化論は，そのような国際文化の存在ないしは形成を前提として，「国際文化」論となるべきであろうか．文化間の国際的な相互関係のダイナミックな展開によって，国際文化とよばれるような文化が生まれるかどうかは，国際文化論のなかで十分問うに値する問題である．しかし，国際文化の存在あるいは形成を前提してしまうことは，現在の実情に合わないし，文化と文化変化のダイナミズムを見ようとしない怠慢に陥る危険性もある．それとも，国際文化論は国際「文化論」であろうか．国内，社会内で行われる文化論を国際社会に次元を上げて展開する，国際的な文化論が国際文化論であろうか．そのようなやりかたは国際社会を無限定に前提することになりやすく，国際関係の難しさを捨象した安易な方法になり，結局，国際文化の存在ないしは形成を前提してしまうのと同じことになるように思われる．
　本書が目指す国際文化論は，文化的な国際関係論，というよりは，正確には，国際関係を文化の観点から見る試みである．試みに英語で表現すれば，inter-

national cultural relations となるであろうが，国際文化関係論とも異なるものである．国際的な文化交流や文化協力など，国際文化関係と総称してもよい，文化面での国際的な関係が増えてはいるが，ここで目指す国際文化論は，そうした国際文化関係だけを考察し，論じるものではなく，それ以上のものでありたい．国際関係そのものさえもが一つの文化であると考え，国際関係の全体を文化の視点で理解する試みである．

このような試みは，現段階では無謀な試みかもしれない．近代から現代にかけて，国際関係は政治関係と経済関係がほとんどであるとみなされ続け，国際関係に文化的な関係はないものとされてきた．国際文化関係も国際関係の一部であると考えられるようになったのはごく最近のことである．そして今もなお，文化的な国際関係は第三の，きわめて微小な位置しか与えられていない．そのような状況のなかで，政治関係，経済関係も含めた国際関係の全体を文化の関係として見ようとするのは，しかも，国際文化，世界文化，地球文化が存在しているとか，形成されつつあるとかをいうことを避けながら，それを行おうとするのは，ドン・キホーテの所業に近いかもしれない．現に，本論の各所において，国際的な文化関係が政治関係や経済関係に影響を及ぼすといったりするように，すべてを文化で理解しようとする狙いとは矛盾する表現を避けることができないでいる．いいかえれば，これは広義の文化と狭義の文化の使い分けの問題であるが，広義の文化の作用を明らかにするために，狭義の文化および政治，経済に言及せざるをえないというジレンマである．

にもかかわらず，本書が国際関係全体を文化の観点から理解しようと試みるのは，それが有意義であると考えるからである．国際関係を新しい視点で理解するために，本書を通じて用いた文化とは，要するに，さまざまな主体，集団のすべてがそれぞれにもつ特徴的な「身体」であるということができる．冷戦構造が消えた今日，グローバリゼーションが進行する国際社会のなかで，われわれは新しい世界秩序を探し求めているが，その国際社会は重層的な構造をもつにいたっていると考えられる．国際社会の異なる次元の上でさまざまに行動するさまざまな主体のあいだの関係を，それらが所有する「身体」間の関係，すなわち文化間の重層的な関係とみなして理解に努めるならば，新しい世界秩序の姿をかいま見ることができるかもしれないと思うのである．

以上のことをもう一つ別のいいかたで述べてみよう．筆者はこれまで約40年間，国際関係論という学問分野の片隅に身を置いて，ささやかな勉強を続けてきた．最近はとみにその分野の正統・本流を外れて，傍流に位置する自分を感じるようになっている．約30年前に国際関係を文化的な関係として見ることを提唱したり，国際関係論の学科の教室で「文化接触論」を講義したりするようになったときから，それは始まっていたのであろう．しかし，比較的最近のあるとき，自分が今やっているのは「動く国際関係論」なのだと悟ったのである．学生時代に学ぼうとした正統・本流の国際関係論は「動かない国際関係論」であり，それから外れてしまった自分が今やっているのは「動く国際関係論」なのではないか，という思いつきである．

　「動く国際関係論」「動かない国際関係論」とは感覚的な，不正確な表現である．より正確には，動く主体が作り出す国際関係についての議論と，動かない主体が作り出す国際関係についての議論の二つである．正統・本流の国際関係論，そのなかでもとくに国際政治学や外交政策論は，領域主権国家という，動きようのない主体同士の関係をもっぱら対象とする議論である．もちろん，外交や戦争に実際に携わる外交官や兵士は国境を越えて動くが，彼らは国家のエイジェントにすぎず，国際関係の主体はあくまでも動かない国家である．伝統的な近代国際関係論は「動かない国際関係論」であるということができる．

　これから本書で述べる「国際文化論」の具体的な内容は「文化触変論」であるが，それは，文化要素が国境を越えて動くことから始まる文化触変という現象についての考察である．動く文化要素が国際関係を作り出すのである．筆者の最近のもう一つの関心は「ヒトの国際移動」であるが，これは，外国人労働者など，国境を越えて動く人々が作り出す国際関係を考えたいというものである．この考えかたでは，外交官や兵士も国際関係を作り出す主体とみなされることが多くなる．現代の国際関係が主体の多様化を最大の特徴とするという点については異論がない．また，国境の浸透化（いわゆる「ボーダーレス化」）がもう一つの大きな特徴であることも，現実に大量のヒト・モノ・カネ・情報の国際移動が見られる以上，否定することはできないであろう．もっとも，国境はなくなっていないし，これからも相当長期にわたって存在し続けると考えられるが，主体の多様化と国境の浸透化が今日以降の国際社会のありかたを決

定しつつあると思われる.その,新しい国際社会のありかたを考慮に入れないかぎり,新しい世界秩序も描けないとすれば,「動く国際関係論」が新しい世界秩序を把捉するための足場の一つになるはずである.

　近代から現代へ,国際関係は「動かない国際関係」から「動く国際関係」へと変わってきた.植民地支配の期間がその,近代から現代への移行期に相当するのは示唆的である.「動かない国際関係」の主体であったはずの領域主権国家が,植民地獲得のために膨張して,動いたのであり,植民地のために,好むと好まざるとにかかわらず,実際にヒトと文化が国境を越えて動いたのである.文化要素の国際的な動きを素材とする本書の国際文化論が主として対象とする時期は,近代,近代から現代への移行期である.「動く国際関係論」としての「国際文化論」が,その地点から,現代の国際社会を透視することにいささかでも貢献することができればと,筆者は願っている.

目　　次

まえがき

第1章　はじめに …………………………………………………………… 1
国際関係を文化で見る(1)/国際交流・文化交流とグローバリゼーション(4)

第2章　国際関係における文化 ………………………………………… 7
1. 文化とは　7
文化の諸定義(7)/文化の普遍性と個別性(8)/国際関係を見るのに必要な文化の捉えかた(10)/文化のシステム性(11)/文化要素の多義性(15)

2. 国際関係における文化　17
国際関係の文化性(17)/国際関係の単位の文化性－国民国家・国民文化(19)/国際関係の単位の文化性－エスニシティー(20)/国際関係の関係の文化性(22)/自己と他者(24)/ヒト・モノ・情報の国際移動(25)

3. 文化と文明　28
「文明の衝突」(28)/文化の摩擦(29)/文化と文明(31)

第3章　文化の変化 ……………………………………………………… 35
1. 内発的変化と外発的変化　35
発明・発見(35)/借用・模倣(36)/伝播(37)/文化の類似性(38)

2. 文化進化論　40
野蛮・未開・文明(40)/近代西欧(41)/進化から変化へ(44)

3. 文化変容論　47
植民地の文化，インディアン・リザベーションの文化(47)/文化進化論の破綻(48)/文化変容論の登場(50)/文化相対主義(51)

第4章　文化の接触と変容──文化触変 ……………………………… 53
1. アカルチュレーション研究の登場　53

文化の接触と変容(53)/1936年「研究メモランダム」(54)/文化触変過程のモデル(57)/文化システムの安定と動揺(58)

 2．外来文化要素の伝播と選択 60

  外来文化要素の伝播・呈示(60)/拒絶・黙殺(61)/フィルター(62)/接触→無変化(64)

 3．文化運搬者 65

  文化要素の運び手(65)/速いメディア・遅いメディア(66)/留学生・お雇い外国人(67)/宣教師・植民地行政官(69)/技術協力者(71)/外国旅行者(73)/接触状況(74)

第5章 文化触変への「抵抗」 …………………………………… 77

 1．外来文化要素の受容 77

  第一次選択(77)/受け手側の文化の特性(78)/文化触変の環境(80)

 2．文化的抵抗 84

  文化要素の機能連関(84)/文化的抵抗(86)/土着と外来(87)/抵抗の重要性(88)

 3．抵抗運動 91

  抵抗の必要性(91)/抵抗の諸形態(93)/抵抗運動(95)/土着主義・国粋主義・文化的ナショナリズム(96)/文化の危機とマージナル・マンの役割(98)

第6章 文化触変の結果 ……………………………………………… 101

 1．文化要素の再解釈 101

  文化要素の再解釈(101)/文化の翻訳(103)/「中体西用」および托古(104)/文化要素の多義性の意味(106)

 2．文化の再構成 107

  文化の再構成(107)/文化の統合(108)

 3．文化触変の結果 110

  文化触変の結果(110)/編入・同化・融合・隔離(112)/日本文化の多重構造(115)

 4．文化触変の創造力 117

  文化触変と世代，ジェンダー(117)/文化触変の発生部位―文化の構造による説明(119)/「文化の焦点」説(122)/必要性(123)/文化触変の創造性(124)

第7章 抵抗としての文化触変 ………………………………………… 127

 1．敵対的文化触変 127

敵対的文化触変(*127*)/刺激伝播(*128*)/ヘロデ主義とゼロト主義(もしくは開国と攘夷)(*130*)/与え手の抵抗(*131*)

2. 文化触変とナショナリズム　*133*

文化と近代国家(*133*)/国家建設と文化触変(*134*)/文化触変の政治(*137*)

3. 非西欧の近代化　*139*

非西欧の抵抗としての文化触変(*139*)/欧化主義(*142*)/誤訳(*143*)/国粋主義の意味(*144*)

第8章　文化触変論から見た近代アジア・日本の文化　…………… *147*

1. 近代西欧の影響——社会進化論を中心に　*147*

社会進化論の文化触変(*147*)/「人権」の文化触変(*152*)/西欧の逆照射(*153*)/西欧への影響(*155*)

2. 雑居文化・雑種文化・純粋文化　*157*

雑居文化論(*157*)/雑種文化論(*159*)/純粋文化論(*161*)/文化触変論から見た近代日本文化(*162*)

3. 戦後日本の文化　*165*

日本文化の作り変え？(*165*)/アメリカニゼーション？(*168*)

第9章　文化変容と文化交流　………………………………………… *171*

1. ヒトの国際移動——現象　*171*

国際移動と文化触変(*171*)/文化触変論から見た外国人問題(*174*)/多文化主義(*176*)

2. 国際交流・文化交流——活動　*179*

国際交流・文化交流活動の意味(*179*)/文化の共生(*181*)

3. グローバル・カルチャー論　*184*

「地球文化」論(*184*)/文化触変と「地球文化」(*185*)

第10章　おわりに　……………………………………………………… *189*

1. 文化と国際関係　*189*

冷戦後の世界(*189*)/国際社会の重層化(*191*)/複合的アイデンティティー(*192*)

2. 文化の多様性と普遍性　*194*

文明の衝突か文化の摩擦か(*194*)/普遍文化と文化の多様性(*196*)

3. 文化触変の意義　*197*

文化触変としての技術移転(*197*)/文化触変と文化の創造(*199*)

研究案内 1. 国際文化論　　*201*
　　はじめに(*201*)/ 1.文化と異文化間関係(*203*)/ 2.国際関係の文化(*206*)/ 3.国際的な文化関係(*210*)/ 4.国際文化(*216*)/ おわりに(*218*)/〔研究工具〕(*218*)

研究案内 2. 演習レポート事例集　　*219*

文 献 目 録　*223*
あ と が き　*234*
索　　　引　*237*

第 1 章　はじめに

国際関係を文化で見る　本書では，国際関係を文化で見る試みを行う．では，まず国際関係とは何であろうか．国際関係とは，「国際社会」という場で，その社会を構成する部分がさまざまな行為によって作り出す関係である，と定義することが可能かもしれない．しかし，「国際社会」という社会はあるのであろうか．あるとすれば，どのような社会なのであろうか．関係を作り出す行為の主体として，その社会を構成する部分とはどのようなものであろうか．最近は，あたかもそれが存在するのは当然とするかのように，人々はさかんに「国際社会」ということばを使うようになっている．「社会」を対象とする学問として，社会学が19世紀に誕生し，近代の社会についてわれわれの理解を深めるのに大きく貢献してきたが，その「社会」は国内社会であって，国際社会はそれとは根本的に異なるところがあるように思われる．国内社会学を単純に国際社会に延長することはできないかもしれない．それはさておき，国際関係のもう一つの定義として，さまざまな行為主体が国境を越えて作り出す関係が国際関係である，という捉えかたがありうる．この定義でも，どのような主体を国際関係の行為主体とするか，という問題は残る．他方，少なくとも今日では，国境というものはかなり確然と存在しており，その確かさは「国際社会」よりも高い．国境を越える行為が質量ともに格段に増えているという事実が今日の特徴であることも間違いない．本書では，最近の国境を越える行為の主体として，個人（「ヒト」）をも視野に入れたいと考えるので，どちらかといえば，第二の定義で国際関係を捉えることにする．

　つぎに，文化とは何であろうか．「文化」ということばで表されるものは，「国際関係」に勝るとも劣らないほどに広く，漠然としている．文化の定義はつぎの章で詳しく検討するので，ここでは，文化には，人が生きるために必要とするものであるという側面（普遍的な側面）と，それぞれの社会にはそれぞ

れ特有の文化が付着しているという側面（個別的な側面）とがあるということだけを述べておくことにする．文化と同じように巨大で茫漠とした対象である国際関係を捉えるには，いくつかの切り取りかたがあるが，その代表的なものが現実主義(リアリズム)と理想主義(アイディアリズム)であることはよく知られている．現実主義には，現実に国際関係として存在するもの，とくに冷厳な国際政治の現実のみに対象をかぎって議論せよ，という主張があるが，より正確には，行為主体を国家・政府にかぎるのが現実主義の見かたである．現実主義の国際関係論研究者は，国際関係のことを政治・軍事と経済に帰することを好み，「文化」ということばを使うことはほとんどない．「文化」という概念を使うのであれば，一方の現実や物質と，他方の精神，意識，理念(アイディア)とを切り離し，後者に対してのみにすべきであると考える傾向が強い[1]．文化を狭く捉えるこの傾向は，現実主義の国際関係論が国際関係の行為主体を国家・政府に限定することと連動しているであろう．本書では，国際関係を国境を越えるすべての行為が作り出す関係と捉え，個人もその行為の主体となりうると考える立場に連動して，文化を広く捉えることとする．それは理想主義でも現実主義でもない立場である．

　国際関係がなにか本質的な変化を遂げつつあるのではないか，と考える傾きが最近，とくに冷戦終焉以後，強まっている．「国際社会」があたかも実在するように語る傾向もその一つである．たしかに，そのように考える必要性は強まっている．その必要性は，しかし，冷戦の終焉によって生まれたのではなく，第二次世界大戦後，1960年代から感じられていた．「新世界秩序」の模索はその頃から始まっている．われわれは，なにか従来とは抜本的に異なる世界を欲し，それが見えないことにもどかしい思いをしつつ，それを探し続け，現実にはまだ見ぬものであるのなら，せめてその構想を得たいと念願し続けてきている．現実主義の国際関係論・国際政治学もその例外ではない．それどころか，新世界秩序論は現実主義者の方からもさかんに提出されてきた．主要な国家が脱落あるいは弱体化し，別の国家が強力になったことによって，国家間の配置図が大きく変わったことが新しい世界秩序だという説がある．経済のグローバル化が世界を変えたという説がある．それにともなって，国家間の相互依存が強まったことが新しい秩序だという説がある．複数国家を含む地域の統合の深化が世界秩序を変えているという説がある．多様な行為主体が新しい国際関係

を作り出し，世界を変えているという説がある．人々の意識が地球化することによって地球文化が生まれ，地球社会ができつつある，それこそが新世界秩序であるという説がある．これらさまざまな説がつぎつぎに提出されるのを通観すると，新世界秩序の模索は，図式的ないいかたでいえば，ヨコ方向の変化の模索からタテ方向の変化の模索へとしだいに移ってきていることに気づく．本書では，タテ方向の変化を見いだす一つの試みとして，国際関係を文化で見てみようとするのである．

　国際関係を文化で見るという試みは無謀な試みであるかもしれない．巨大で茫漠としたものを巨大で茫漠としたもので理解しようとするのであるから，捉えどころのない説明で終わってしまうかもしれない．これから本書に展開しようとする国際関係の新しい見かたは，そうなることを避けるために，いくつかの確実なポイントに錨を下ろそうと努めている．第一のポイントは文化の普遍性である．国際関係の変化はすべての人々が生きるために必要なものである．第二のポイントは，さまざまな変化にもかかわらず，国境はなくなっていないという事実であり，国家も今後長期にわたってとにもかくにもなくならないであろうという予測である．このことを十分に考慮して立論する必要がある．第三のポイントは，多様な行為主体が国際関係に参加しているという事実である．この事実はいかなる説を主張する人によっても認められている．第四のポイントは文化の個別性である．それぞれの社会にはそれぞれ固有の文化があるということを前提にして，多様な行為主体（社会）が国際関係に参与するありさまを考察すれば，文化という統一的な視点で国際関係を理解することになるはずである．最後のポイントは歴史的考察という確固とした拠りどころである．いかに急激な変化と見えようとも，現代の変化は近代の変化の続きである．近代国際関係を文化の視点で見ることが，現代世界の変化を理解することにつながるに違いない．近代社会を見る視点の一つとして，文化および文化の変化の理論はかなりな程度に確立されているので，これを応用すれば，確実な考察が可能になると思われる．それにしても急速な現代社会における文化変化を，近代文化理論を応用して理解することには，もちろん限界があるであろう．しかし，移りゆく現象を捉えるためには確実な観察のポイントが必要であることも真理である．確実な観察のポイントとは，要するに，受け手にまわった社会におけ

る文化の変化の歴史的経験である．

国際交流・文化交流とグローバリゼーション　国際関係を文化で見るという観察者の姿勢を越えて，国際関係を文化によって能動的に変えていこうとする行為が国際交流，文化交流である．その実践は，最近になって，いっそうさかんになっている．国際交流，文化交流とは何であろうか．国際交流，文化交流によって文化はどのように変わるのであろうか．国際交流，文化交流の実践者たちがこのようなことを理解して活動を行っているとはかぎらない．むしろ，すでに活動が行われているから，あるいは国際交流，文化交流は正しい活動であると教えられたから，活動に参加しているという人も少なくない．国際交流，文化交流の活動がたしかに国際関係を文化によって変えるという効果を発揮している場合もある．しかし，それらの活動がどのように文化を変え，国際関係を変えていくのかについては，ほとんど理解がない．

　最近における国際交流，文化交流の活動の隆盛は，国際関係における行為主体の多様化という変化に促され，また，その変化を促進している．その事実そのものが国際関係を文化で見る必要を強めている．しかし，そのような変化は最近，急に起こったものではない．国際交流，文化交流の活動は，近代に入って，ある特有の目的のために，かなり自覚的に展開されるようになったが，活動自体はもっと古く，古代からあったともいえる．国際交流，文化交流のありかたや意味は，最近になって変わったのであろうか．どう変わったのであろうか．そのことを理解するためにも，国際関係を文化で見ることが必要である．

　グローバリゼーションとは，最近，急に聞かれるようになったことばであるが，現実にそれが急速に進み，世界の隅々にまで及んでいることは，世界中の人々が知っている，というよりも実感しているといえよう．経済の国際化が極度に進んだ結果，その変化を示すことばとしてこのことばが使われるようになったが，その影響を受ける世界中の人々にとっては，それは経済面の変化よりも生活文化の変化であろう．グローバリゼーションという名の現象として，ある強力な文化が浸透し，地元の文化を容赦なく壊し，人々の生活をどんどん変えていくように思われるであろう．どこか外の見えない力によって社会と文化がどんどん変えられていくのである．この，制御不可能とも思われる変化は，いったいどのような変化なのであろうか．その変化のメカニズムを理解するこ

とができれば，制御することが可能になり，変化の方向をコントロールすることもできるかもしれない．歴史を振り返ってみると，グローバリゼーションという世界的な変化は，突如現代に始まったのではなく，近代のはじまりとともに徐々に進行してきたものであることが判明する．近代の，いまだ緩やかな文化接触，文化変容として初期のグローバリゼーションを理解することができれば，今日の急速なグローバリゼーションに対応する方法も見つかるかもしれない．

今後，グローバリゼーションは世界中の文化を一様にして，グローバル・カルチャー，地球文化を生み出すのであろうか．世界の多様な文化は失われることになるのであろうか．国際関係を文化で見るかぎり，そのようなことにはならないということができる．しかし，文化の多様性を失わないための条件は，われわれが国際的な視点に立って文化の変化のメカニズムを理解することにかかっている．

注
1) R.B.J. Walker, "The Concept of Culture in the Theory of International Relations," in Jongsuk Chay, ed., *Culture and International Relations*, New York, Westport and London: Praeger, 1990, pp. 3-5.

第2章　国際関係における文化

1. 文化とは

文化の諸定義　今日,「文化」ということばは,人々の生活のしかたのすべてを指す,広い意味のことばとして使われている.そのような「文化」の使いかたは文化人類学者が始めたものであるが,今では一般的な用語法になっている.本書でも同じ用語法を採用するが,そのためには,「文化」ということばのそのような使いかたをもう少し正確に理解しておきたい.

　「文化」を今日使われているような広い意味のことばとして最初にはっきりと使ったのは,ドイツの歴史家G.クレム（Gustav Friedrich Klemm, 1802-67）であるとされている.彼が1843年から52年にかけて著した『人類文化史総説』（*Allgemeine Kultur-Geschichte*, 10 Bde., Leipzig）という大著の,書名にもある「文化」がそのことを示しているといわれる[1].そして,そのような用法の「文化」にはじめて明確な定義を与えたのはイギリスのエドワード・タイラー（Edward Burnett Tylor, 1832-1917）であるといわれる[2].彼は,1871年に出版した著書『原始文化』（*Primitive Culture*, 2 vols.）の第1章「文化の科学」のなかで,文化につぎのような定義を与えた.「文化もしくは文明とは,その広い民族誌的な意味においては,知識・信仰・芸術・道徳・法律・慣習・その他,およそ人間が社会の成員として獲得した能力や習性の,複合的全体である」.具体的な例示を用いて,文化を実体的に捉えたわかりやすい定義である.人間が生きるために必要とする能力や習性の全体が文化であるということ,そのような能力や習性を人間は社会のなかの一員として獲得することを述べていることに注目したい（「文化もしくは文明」といって,二つを区別していないように思われる問題については後述する）.20世紀に入って,このように文化を具体的,実体的に捉える見かたの一つの到達点になったのは,1916年にC.ウィ

ッスラー（Clark Wissler, 1870-1947）が下した定義,「文化現象は，学習によって獲得された人間集団のいっさいの活動の複合体である」というような定義である[3]．レヴィ＝ストロース（Claude Lévi-Strauss, 1908- ）も「文化には，道具，制度，習慣，価値，そして言語など，きわめてたくさんの事物が含まれる」という具体的な定義をしたことがある[4]．日本では，たとえば「文化とは社会の成員によって学びとられ，分かちもたれ，しかも次の世代に伝達される（技術，経済，社会組織，政治，宗教，価値，言語を含む）生活様式の体系である」とした吉田禎吾の定義がこの種の定義の代表である[5]．

一方，1930年代からの人類学の文献には，「文化とは直接的に観察できる人間の行動および行動の産物そのものではなくて，それから抽象された行動の型または類型（パターン／タイプ）である」というような，抽象的な定義がしばしば見られるようになった．たとえば，レスリー・ホワイト（Leslie Alvin White, 1900-75）は「文化とは，身体外的な脈絡において考えられたシンボレイト――シンボルすることに依存する事物や事象――を総括する類概念である」と述べた[6]．第二次世界大戦後の米国の文化人類学を代表したクライド・クラックホーン（Clyde Kluckhohn, 1905-60）は，「文化とは根本的には一個の形態または型またはデザインまたはしかたであるから，それは人間の具体的な行動からの抽象であって，それ自体行動ではない」とした[7]．その後，文化人類学者による文化の定義は急速に記号論的，象徴主義的な方向へ傾斜して，今日にいたっている．

文化の普遍性と個別性　今日の国際文化論にふさわしい文化の定義は，上の二種類の定義のどちらであろうか．この問いに答えるまえに，文化には普遍的な性格と個別的な性格の二面があるということを見ておく必要がある．

人類が両足歩行を始め，火や道具を使い始めて，他の動物とは異なる生きかたを身につけた瞬間に，人類は文化をもつようになったといわれる．他の動物は荒々しい自然のなかで，いわば本能だけで生きていくことができるが，人間にはそれができない．そこで，人間はみずからの肉体的能力を補うべく文化をもつようになったのである．いいかえれば，文化は砂漠のなかで人間を守ってくれる城砦であり[8]，人間の「延長物」[9]であるともいえる．そのような意味で，人間を他の動物から区別するものが文化である．動物行動学の発達により，動物にも「文化」とみなされるべきものがあるという見解が出てきたが，人類に

ついてこのようにいわれるときの文化とは，普遍的な文化である．人間全体に該当する「人類文化」といってもよい．

このように普遍的，抽象的には，文化は，人間がみずからを守るために作り出して，周囲の自然環境と人間みずからのあいだに位置させたものと理解される．しかし，その自然環境は，具体的な「時と場所」によって異なる．したがって，人間がその自然環境に対応してみずからの周りに作り出す文化も「時と場所」によって異なってくるはずである．地理的な隔絶と歴史的な変化が特定のパターンをもった個別文化を作り出すのである．たとえば日本の歴史・地理空間には日本文化が作り出される．文化には，個別具体的な人間集団に対応する「個別文化」という意味があるというわけである．

レヴィ＝ストロースによれば，このことを最初に指摘したのはジャン＝ジャック・ルソー（Jean-Jacques Rousseau, 1712-78）であり，そのことにより，レヴィ＝ストロースはルソーをフランス語の文献のなかではおそらく最初に一般人類学を述べた人物と称揚するのである[10]．すなわち，ルソーは『人間における不平等の起源と根源に関する論文』（1754年）において，「ほとんど現代のことばで，自然から文化への移行という人類学の中心問題を提出」したのである．自然から文化への移行の条件となったのは人口の増加であった．人口が増加すると，人間は，いくつもの異なった自然環境で存続することが可能となるように生活様式を多様化し，自然との関係を多角化せざるをえなかった．ここに個別文化が誕生する．続けていえば，生活様式を多様化・多角化するということは，技術的・社会的な変貌を追求することであり，そのためには，そのことが人間にとって思考の対象となり，思考の方法となることが必要であった．文化の到来は知性の誕生と合致し，自然から文化への移行は情緒的な生から知的な生への移行に等しかった．かくして，レヴィ＝ストロースによれば，ルソーは，動物から人類へ，自然から文化へ，情緒性から知性へと，三重にして実は一つの移行を述べたのである．ルソーの「文化人類学」がこのようなものであったと解釈することができるとすれば，ルソーは文化の普遍性と個別性を同時に説明していたことにもなる．

以上のように，文化の定義には実体的な定義と抽象的な定義とがあり，文化の捉えかたには普遍文化と個別文化という捉えかたがある．先に見たように，

抽象的な定義は，パターンとかタイプとかを定義の重要な範疇とする．その結果，抽象的な定義は必然的に個別文化の捉えかたと結びつく傾向を見せることになる．さらに定義の抽象度を高めた最近の記号論的，あるいは象徴主義的な定義が，かえって個別文化を捉えるだけの方向に限定されるという奇妙な結果にさえなっているように思われるのである．逆に，一時代前の実体的な定義の方が普遍文化の捉えかたにもつながる，わかりやすさをもっているということができる．

国際関係を見るのに必要な文化の捉えかた　本書全体が目的としているように，近代から現代への移行期にある国際関係を文化の側面から理解しようとするならば，普遍文化と個別文化の双方を捉えることができるような文化の定義が望ましい．異なる集団のもつ個別文化のあいだの関係を理解し，さらには個別文化間の関係から，将来の「人類文化」というような普遍文化のありかたを展望することを可能にしてくれるような文化の定義を求めたい．国際関係の一部として個別文化間の関係を考えるためには，「そもそも文化とは何なのか」というように，文化の本質を考えることも求められる．二つ以上の個別文化のあいだを実体的なモノや情報がゆきかう関係はどのようなものなのであろうか．このような問題の理解にふさわしい文化の定義は，むしろ実体的な定義であろう．

　こうした観点から，国際関係を見るのに必要な文化の捉えかたを可能にしてくれる定義として，本書で採用したい文化の定義は，クラックホーンが先の定義とは別の機会に下したつぎのような定義である．

　　文化とは，後天的・歴史的に形成された，外面的および内面的な生活様式の体系であり，集団の全員または特定のメンバーにより共有されるものである[11]．

「後天的・歴史的な形成物」，「集団のメンバーによる共有」という部分が，この定義以前の具体的な定義の特徴を受け継いでいることは明らかである．クラックホーンのこの定義の中心部分，「外面的および内面的な生活様式の体系」の原文は，"a system of explicit and implicit designs for living" である．クラックホーン自身の別の定義を含めて，より抽象的となるその後の定義を予告

するような「外面的および内面的な」という部分も省くと，この定義の核心部分として，「生活様式の体系」が残る．原語ではそれは "a system of designs for living" であるが，さらに煮詰めれば "designs for living"，すなわち，文化とは「生きるための工夫」となる．これが本書で用いたい文化の定義である[12]．

「生きるための工夫」．これは，人々が複数の集団に分かれて，国際社会のなかで生きる場合にも行わなくてはならない営みである．「国際環境」ということばがあるように，そもそも国際関係は，集団に分かれて生きる人々にとって，自然環境と並んで，その集団を取り巻く環境となる．集団が互いに国家を作り，互いに国家主権を認め合って作り出した近代的な国家間関係，そのなかで発達した外交も一つの文化と考えることができる．人類全体から見て，外交とは，複数の集団が共生するための工夫，一つの生きかたの工夫として人間が歴史をかけて作り出したものであり，学習により習得してきたものである．それと並んで，近代には，集団に分かれた人々のあいだで，文化の相互影響関係も著しく進展した．複数の集団が共生するために作り出した国家主権という制度をも侵すと思われるほどに，文化の相互影響関係が激しくなったのである．普遍的でもありえ，個別的でもありうる「生きるための工夫」という基本的な定義にもとづいて，近代および現代の文化的な国際関係を考察する必要がある．

文化のシステム性　第二次世界大戦後の日本で，いちはやく文化に関する学問領域として文化人類学を樹立することに貢献した石田英一郎（1903-68）は，文化を次頁のような図で説明した．この図は，普遍的な文化の説明図であると同時に，個別文化の捉えかたをも示しているが，同時にまた，文化が人間の生活様式の体系であること，すなわち文化のシステム性を一般的に示してもいる．この図を見ながら，システム論の基本にしたがって，文化のシステム性を構成する要件を列挙すると，(1)部分が全体を構成し，全体は部分の総和以上の特性をもつこと，(2)境界(バウンダリー)をもつこと，(3)部分がそれぞれ特有の機能をもち，全体に構造があること，(4)平衡回復的(ホメオスタティック)で，安定性があること，の四つとなる．

文化のシステム性の第一要件は「部分と全体」である．普遍的にも，個別的にも，文化は人々が「生きるための工夫」として作り出し，蓄えてきた一つ一つの工夫が無数に集まってできた全体と考えられる．この一つ一つの工夫，文

図1 文化の構造

石田英一郎講義による.

化の全体を構築している部分を「文化要素」(cultural elements もしくは cultural traits) とよぶ. 人体が多数の器官, 無数の細胞から作られた一つの有機体であるように, 文化も無数の文化要素から構成された, 一種の有機体と考えられるのである. 文化を説明するために, 石田は, 自然環境のなかに, 人間を取り囲む円を描いて, これを文化とした. そこに書き込まれている「技術」「社会」「言語」「価値」は, 無数にある文化要素を類縁関係によって大きくまとめたもので, 人体の器官や神経系などに相当し, 石田がとくに重要と考えた文化要素の中間グループである. より原型的には, 大きな円のなかに無数の小さな円を描いた, 蜂の巣か手術室の無影燈のような図を描いて, 文化を表すことができる (小円の一つ一つが文化要素を表す).

あらゆる文化要素が, 本来理論的には, 複数の機能を営みうるが, 特定の時間と空間のなかに存在して, 働く一つの文化を構成している場合には, 特定の機能あるいは意味を帯びている. 全体の一部を構成し, 周辺の文化要素と密接に結びついているからである. 一つ一つの文化要素をモザイク絵のモザイク片にたとえれば, 一つ一つはさほど特徴のないモザイク片も, 少し離れて全体を見ると, 特徴のある絵柄をもったモザイク絵が見えるように, 文化は文化要素という無数のモザイク片からできているモザイク絵にたとえられる. これが, 部分が全体を構成し, 全体は部分の総和以上の特性をもつことという, 文化のシステム性の第一要件の説明である.

なお，石田がとくに重要と考えた文化要素の中間グループのうち，技術は，火から始まった，人間の手の延長としての道具とその用法という文化要素群であり，人間の生存のための工夫として基本的なものである．社会は，一人では生きていくことのできない人間が，やはり生存のための工夫として作り出した集団と，その集団生活を動かす文化要素群である．言語は，集団生活に必要な意思疎通の工夫として，普遍的にも個別的にも，不可欠である．価値は，善悪，美醜，道徳，宗教，文学，美術など，判断の基準にかかわる文化要素で，集団内の価値の共有が相互理解につながり，生存の可能性を高めるのである．

文化のシステム性の第二の要件は境界(バウンダリー)をもつことである．石田が描いた円形は普遍的な文化を説明するためのものであったが，同様に，個別文化を示すためにも，人は一つ一つ円を描き，「これを日本文化とし，これを中国文化としよう」などというのが普通であろう．しかし，この作業は明らかに一つの想定にすぎない．日本という国家の周辺に国境があるようには，日本という文化の周辺に境界があるわけではない．そして，さらに複雑なことには，その日本文化のなかにも「関東文化」，「関西文化」などなど，関西文化のなかにも「京都文化」，「大阪文化」などなど，さまざまな個別文化があると想定され，しかも，それらにも実は境界はない．しかし，人々は当然のごとくに円を描いてそれら一つ一つを表す．実際に地上を歩いていくと，いかにも京都文化を思わせる人々の暮らし向きが，いつの間にか大阪文化を思わせる人々の暮らし向きに変わっていることに気づく，ということであろう．その感覚をいささか抽象化して表すと，円を描く作業となり，すべての個別文化に境界があるという想定にもなるのだと考える以外にない．

このように，「文化は境界をもつ」という文化のシステム性の要件は，事実的な根拠が薄弱であり，個々の文化に境界(バウンダリー)を引くのは，実は恣意的なことにすぎない．今日では，日本文化の境界性に対する人々の確信もかつてほど明確ではない．しかし，逆転したいいかたであるが，文化をシステムとして捉える以上，一つの文化全体を環境や他の文化すべてと区切る境界が設定されなければならない．文化のありかたや複数文化間の関係を考えるためには，思考上，まず境界を定めることが必要であり，また可能である．実際，それぞれの文化には，そのシステム性，端的にはその境界を維持させるように働くメカニズム，

「境界維持機構」が備わっているとされる．すなわち，京都に暮らす人々には「京都人らしく振る舞うように」誘導する便宜や強制する規範が，京都文化にそれ自身文化要素として組み込まれていると考えられるのである．文化の境界は実在しないとしても，今日のように，人々の生きかたが複数の異なる次元上の集団性に依拠している世界では，むしろ積極的に文化の境界を恣意的に引いて，文化間の関係を考察することに意義があると思われる．

　文化のシステム性の第三の要件は機能と構造である．文化の部分（文化要素）は特有の機能をもち，全体は特有の構造をもつ．第一の要件である部分と全体との関係において，部分はそれぞれどのような位置を与えられるか．モザイク絵の比喩ですでに示したように，一つ一つのモザイク片はそれぞれ動かしようのない位置を占めており，相互に連なり合っている．そして，全体の絵もそれ以外にはありえない作品となっている．文化要素は他の文化要素と特定的に組み合わさり，文化全体の一部となって全体を構成するような，それぞれの機能を発揮する．いいかえれば，すべての文化要素が他の文化要素と一定の関係を構成し，その結果として，文化全体が特定の構造をもつことになるのである．

　このように完結して，安定している状態が文化の基本的な姿ではあるが，モザイク絵や人工的なシステム物とは異なり，生き物である文化はたえず変化する．これから見ていくように，文化においては，その外側の環境との相互作用によって，たえずどこかが崩れ，また全体を元にもどそうとする動きが繰り返される．システムとしての安定状態が想定され，しかし，現実にはあちらこちらでたえず変化が生じ，元の状態に戻ろうとする動きが働くが，けっして元の状態で安定することはなく，しかも全体としての一貫性は維持される，という変動である．このような変動，部分的な安定と原状復帰の動きを含む，全体的な一貫性が継続される変化の動きを，システム論的にいい直すと，平衡（ホメオスタシス）ということになる．文化は，全体としてある構造をもちながら一定の時間内ではその状態を保っており，構造が崩れていくときには，新しい安定した構造を作り出していこうとする，ホメオスタシスとしてのメカニズムを備えている．平衡力のメカニズムを備えていることが文化のシステム性の要件の第四点である．

　文化は以上四つのシステム性の要件を備えている，すなわち，文化はシステ

ム（体系）であると考えることができる．このような考えかたは，1960年代から70年代に世界の社会科学を風靡した構造機能主義といわれる考えかたの枠組みにしたがった考えかたである．現実の文化は，構造機能主義的に捉えられるような整ったものであるよりも，はるかに混沌とし，変化に富んだダイナミックなものかもしれない．しかし，とりわけ変化の激しい今日の国際社会のなかの文化的な関係を理解するためには，先にも述べたように，個々の文化に恣意的に境界（バウンダリー）を引くことが必要であり，そうする以上は，文化にシステム性を認める観点から出発することが必然となる．

文化要素の多義性　文化をシステムとして捉えるということは，それを構成する文化要素に特定の一つの機能，あるいは意味を与えることになる．しかし，実は，文化要素は本来複数の機能や意味を備えているのである．システムを構成する各部分は，一見，一つの機能しか果たしていないように見えるが，微細に観察してみると，いろいろな意味がこめられている．文化要素には多機能性，多義性があると考えておくことが，文化をシステムとして捉えるためにも必要なのである．

　文化要素の多義性を最初に明確に述べたのは，ロシア・フォルマリズム・グループの一人で，記号論の創始者の一人ともいわれる P. G. ボガトゥイリョフ（Petr Grigorijevič Bogatyrev, 1893-1970）というロシア人である．ボガトゥイリョフはロシア革命のとき，若き外交官としてチェコスロバキアに赴き，半ば亡命者として長いあいだそこに住んだ．チェコの各地方には，それこそ村ごとに，それぞれ特有の民族衣装がある．とくに女性の民族衣装はきれいで，目を楽しませてくれる[13]．ボガトゥイリョフはこの現象に興味をもって調べ始めたのである．どうして，そのようにさまざまな衣装があるのだろうか．一つの村のなかでも，年齢が違うと，同じ祭りにも違う衣装をつけるのはどうしてなのだろうか．こうして，彼はスロバキア地方のモルダビア一帯で，1920年代から30年代にかけて，長いあいだ現地調査を繰り返し，チェコの民族衣装の研究をまとめ，それを元に理論化を行ったのである[14]．まず，特定の衣装が祭りにおいて果たす機能を調べてみると，つぎには，それがどのような意味をもつのかを考えることになる．機能とは，結局，ある部分が全体に対してどのような働きをするか，隣接する部分に対してどのような関係をもつかということで

あるから，それは，その部分がもつ意味ということになる．つまり，一つ一つの衣装が，あるいは一つの衣装の部分部分が何らかの記号，サインである，ということになる．こうした追究の結果，ボガトゥイリョフは記号論の創始者となったのである．

　ボガトゥイリョフのこの調査研究からもう一つ明らかになったことが，一つの部分が本来，複数の意味を備えているということ，文化要素には多義性があるということであった．たしかに，衣装は，まず暑さ寒さから人間の身体を護る，身体保護機能をもつ．つぎに，ボガトゥイリョフのチェコスロバキア民族衣装の研究がとくに明らかにしたのは，祭りの衣装が祭りを表し，儀礼性や呪術性の機能さえもつということであった．また，村，年齢，性別，結婚前・結婚後などの違いにしたがって違った衣装を着用することから，衣装にはそうした違いを示す，識別機能もあるということになる．たとえば学校や軍隊の制服は，それを着ている人たちの一体感，共通性を表しており，衣装には集団帰属を表象する機能がある．衣装には階級性もある．さらに，ロラン・バルトがネクタイの例を使って述べたように，衣装には個人の趣味や思想を表す機能もある．そして，衣装史の研究家によれば，衣装には運搬機能があり，それこそが衣装の起源であったと考えられるという[15]．すなわち，狩猟に出かけるときには，裸よりも衣装をまとった方が多くの狩猟用具を運ぶことができるのである．このように，本来，文化要素は多義性，多機能性をもっている．複数の意味，機能のどれが選ばれるかは，全体と部分の関係によって定まるのである．ここにも文化のシステム性が見られる．

注

1)　石田英一郎『増訂　文化人類学序説』時潮社，1966年，23ページ．なお，同書には新版の『文化人類学入門』講談社学術文庫，1976年もある．

2)　同上．

3)　C. Wissler, "Psychological and Historical Interpretation for Culture," *Science*, Vol. 43, 1916, pp. 193-201.

4)　C. Lévi-Strauss, Claire Jacobson and Brooke G. Schoepf, trs., *Structural Anthropology*, Garden City: Anchor Books, 1967, p. 68.

5)　吉田禎吾「文化変容」祖父江孝男編『現代文化人類学2　人間の文化』中山書店，1957年，221ページ．

6) L. White, "The Concept of Culture," *American Anthropologist*, LXI, 1959, pp. 227-251.
7) A. L. Kroeber and C. Kluckhohn, "Culture: A Critical Review of Concepts and Definitions," *Papers of the Peabody Museum*, Vol. 74, No. 1, 1952, p. 155.
8) サン・テクジュペリー『夜間飛行』の表現を借りた石田英一郎のたとえ.
9) エドワード・ホールの文化の定義. エドワード・T. ホール, 岩田慶治・谷泰訳『文化を超えて』TBS ブリタニカ, 1979年, 39ページ.
10) クロード・レヴィ＝ストロース, 仲沢紀雄訳『今日のトーテミスム』みすず書房, 1970年, 163-164 ページ.
11) Clyde Kluckhohn and W. H. Kelly, "The Concept of Culture," in R. Linton, ed., *The Science of Man in the World Crisis*, New York: Columbia University Press, c. 1945, p. 94.
12) 1933年に制作されたアメリカ映画に *Design for Living*（邦題『生活の設計』）という, ノエル・カワード原作, エルンスト・ルビッチ監督, ミリアム・ホプキンス, フレデリック・マーチ, ゲイリー・クーパー主演の映画があったという（塩野七生『人びとのかたち』新潮文庫, 1997年, 34-39ページ）. クラックホーンは文化にこの定義を与えるまえにこの映画を見たのではないだろうか.
13) 中嶋朝子・松本るり江・羽生清『チェコスロヴァキアの民族衣装——技法調査を中心に』源流社, 1987年.
14) P.G. ボガトゥイリョフ, 松枝到・中沢新一訳『衣裳のフォークロア』せりか書房, 1981年（P. G. Bogatyrev, *The Functions of Folk Costume in Moravian Slovakia*, Paris and Hague: Mouton, 1971). なお, ボガトゥイリョフの経歴と業績については, 桑野隆『民衆文化の記号学——先覚者ボガトゥイリョフの仕事』東海大学出版会, 1981年を参照するとよい.
15) 衣装史の全般については, 谷田閲次・小池三枝『日本服飾史』光生館, 1989年.

2. 国際関係における文化

国際関係の文化性　一般に, 国際関係は国家間の政治的あるいは政治経済的な関係と思われている. しかし, 前節に紹介した文化の基本的な捉えかたからすると, 国際関係そのものが人間の文化である, と考えることができる. すなわち, 地球上のここかしこに, そしてやがてその隅々にまで分かれ住むようになった人類は, さまざまな自然環境に応じてさまざまに異なる個別文化を作り出し, 独特の社会集団を形成したが, 社会集団ごとに孤立して生活することはあ

りえず，隣接する社会集団と交渉をもたざるをえなかった．この社会集団間の交渉をうまく営む工夫なくしては，人々の生活は成立しなくなったであろう．そこに文化としての国際関係の原型が生まれたと考えられる．モノやサービスの原初的な交換から始まった貿易，戦いと平和に関する原初的な交渉から発達した外交などは，集団と集団のあいだで人々が生きるための工夫，まさに文化である．歴史時代を通じて，国際社会で活動する人々は，国際的な規範や不文律，政治行為と法手続きの慣習，外交文化と商業文化を当然視し，重視してきたのである[1]．

　その間に，社会集団が次第に国家の形態をとるようになった．もちろん国家社会が唯一の社会集団ではなく，ほかにもさまざまな社会集団が生まれ，消長を繰り返したが，集団間の関係で代表的に重要な集団となったのが国家制度をもつ集団であった[2]．この場合，社会集団をもち，それを発展させること自体が文化であると同時に，今述べたように，社会集団間の交渉のために生み出す工夫も文化である，ということに注意したい．人々が生きるために必要な集団の一つとして国家社会が発展するにつれて，その集団間の関係も文化としての「国際関係」になったのである．他の社会集団が特定の機能を果たすだけに限定された集団であるのに対し，国家という社会集団は，家族という集団に似て，ほとんどすべての機能を果たす，包括的な集団である．したがって，人々はある一つの国家集団にほとんど全人格的に帰属することになり，複数の国家に同時に帰属することは原則として不可能である．歴史が近代に向かって進むにつれて，人々の文化は，国家社会がその内外に作り出す文化に大きく規定されるようになった．

　そのような性格をもつ国家が複数集まって，ある程度以上の密度・継続性をもった関係を作り出すとき，そこには「国際社会」が生まれているといわれる．それは国家をメンバーとする社会である．一つ一つの国家は多数の個人や集団からなる社会を基盤にしているから，その国家複数からなる「国際社会」は上位レベルの複合的な社会であるが，国家を単位とした一つの社会とみなされる．そのような国際社会の代表的なものとして挙げられるのが，春秋戦国時代の中国，古代ギリシア，中世イタリアの都市国家世界，アラブ世界，東アジア中華世界などであるが，いずれも独特な文化としての国際関係を作り出していた．

そして，おおよそ17世紀から20世紀の前半にかけて，近代国際社会が西ヨーロッパから始まって，世界全体を覆うようになった．これらの国際社会で作り出された国際関係文化は，それぞれ独特でありながら，部分的に継承され，変形されて，今日の国際関係文化になっている．その文化のもっとも根本的な要素は人々を集めた国家を単位とするという「工夫」である[3]．ほとんど独占的に国家間関係となった国際関係は，人々が生きるためにますます無視することのできない関係となり，そのためにさらに工夫が重ねられる文化となった．

国際関係の単位の文化性――国民国家・国民文化　国家を構成単位とする国際社会，そこで国家間関係としての国際関係を作り出す国家は，一つ一つがビリアード・ボールのように均質なものであって，個々の特性を考慮する必要はなく，したがって，そのあいだの関係も物理学的あるいは数学的な関係である，と考えることは可能である．現実には大小，強弱さまざまな国家が存在していても，そのように仮定して国家間関係の理論を作ることにはそれなりの意味がある．しかし，人々が生きるために国家を必要とし，国際社会を必要とすると考える視点からは，国家間関係となった国際関係も文化的な関係である．それはなによりも国家が文化的な単位であるからである．

皮肉なことに，西ヨーロッパから始まった近代国際社会が世界全体を覆うようになり，「物理学的・数学的」国際関係を世界共通にしていくように見えたとき，国際関係の文化性も歴史上最大になっていったのである．すなわち，近代国際社会の単位である近代国家がきわめて文化的な単位なのである．国王や皇帝を絶対的な主権者とするそれ以前の国家とは一線を画し，近代国家の特性は国民を主権者とする国民国家であることにある．第7章の第2節で再び触れるように，人々（people）が国民（nationality）に統合されていく過程は，政治的であると同時に文化的であり，むしろ文化的統合が政治的統合の基盤でさえある．国民文化とよばれるものが姿を現すとともに，国民国家ができあがっていく．カール・ドイッチ（Karl W. Deutsch, 1912-92）によれば，近代国民国家はそのメンバーとなる人々の，(1)社会的，政治的な動員（mobilization）と，(2)優勢な文化への同化（assimilation）の交差上に成立する．

たとえば，かつて長らくスウェーデンの大公領であったフィンランドが，近代的な国民国家フィンランド共和国に生まれ変わる過程は，人々が都市化する

など，社会的，政治的に動くようになり，多数派がスウェーデン語ではなく，フィン語を話すようになるなど，フィン風文化が主流になるという変化の過程であった[4]．1860年代から80年代には，内実的にすでにフィンランド国民ができていたフィンランドは，その後属領とされていたロシアから1918年に独立して，フィンランド共和国となったのである．近代日本の国民国家形成を同様に見てみると，第一に，もともと国内の文化的な共通性が高かったことと，第二に，中央集権的な明治政府によって，義務教育を含めた近代化が急速に進められたために，国民的な文化の共通性が高度に実現されたことが指摘できる．近代日本の国民国家形成が比較的容易であった理由もこの二点，特に第一点に求められよう．国民国家の内面的な独立は，すなわち文化的な統合の過程の産物にほかならない．言語，思考様式，行動様式などの文化の共通性が高まることによって，人々の社会的コミュニケーションが促進され，政治的決断に必要な意思の共通化が実現し，国民国家が形成されるのである[5]．

今日の国民国家を「国民」国家として，強力な社会的統合体たらしめているのは，一定程度以上の文化の共通性である．とすれば，国際関係の基本的な単位がこのように文化的な原理によって形成されているという意味において，今日の国際関係はまず文化的な関係とみなさなければならないであろう．近代国際社会の基本単位である国家のすべてがひとしく文化共通性の原理で完全に形成されているとすれば，逆に，国際社会そのものは文化の原理に左右されないはず，すなわち，「物理学的・数学的」国際関係がいっそう妥当するはずであるという指摘がなされるかもしれない．しかし，個々の国家に対する文化共通性の原理の作用は，現実には，不均等である．そのため，構成単位の文化性が全体の国際社会のなかの関係に強く溢れ出す．本書のような国際文化論が書かれる第一の理由もそこにあるのである．

国際関係の単位の文化性——エスニシティー　文化の共通性が高まることによって国民統合が実現し，国民国家が形成されるといっても，完全な国民統合というものはありえない．いかなる国民社会のなかにも，社会的・政治的動員の過程と文化の共通化の過程に加わらない人々が別の集団を形成して，残っている．そのような集団をエスニック・グループとよぶ．1960年代に入ると，カナダのケベック，フランスのブルターニュ，スペインのバスク，そして北アイルラ

ンドはもちろん，イギリスのウェールズ，スコットランドと，分離独立を要求する「地方」が続出した．それまで典型的な近代西欧国民国家とみなされていた国々から分離独立するという要求であった．それらの要求をした人々の集団は，一般的に，エスニック・グループと考えられる．これらの集団は，言語の違いをはじめ，経済状況の違い，政治的権利状態の違い，経験してきた歴史の違いなど，総称すれば，文化の違いを根拠として，多数派の国民集団から訣別することを要求したのである．それまでは文化を共通にし，国民として運命を共通にすると信じられていた人々であった．抽象的ないいかたをすれば，国民であること（nationality）を共通にしていると考えられた人々の一部が，エスニシティー（ethnicity）によって自立することを求め始めたのである．

　話がやや複雑になるが，ナショナリティーとエスニシティーには共通するところが多い．どちらも人々が生活する土地の同一性（地縁），同胞であること（血縁），そして言語，価値観，歴史などの文化の共通性を根拠とする集団の集団性である．ただ，エスニシティーの方が古く，人類が集団を形成するとともに身につけるようになったと考えられている（これをエスニシティーの原初性という）．そして，近代になると，エスニシティーを利用しながら，ナショナリティーがしばしば人為的に生み出され，発達していって，国民国家を形成する元素となったとされる（これをエスニシティーの近代性という人もいる）．近代国民国家，ナショナリズムの全盛時代には，エスニシティーは否定されたり，隠されたりして，消失したものと考えられていた．ところが，1960年代に劇的に復活し，前面に登場したのである．人々が土地によって生き，同胞とともに生き，文化をともにして生きる以上，エスニシティーは古くから，人々の身近に存在してきた．近代には，ナショナリティーのために潜伏させられていたにすぎないのである（これをエスニシティーの多年性という）．60年代になってそれが表に現れるようになった理由はいろいろと考えられるが，ここでは取り上げない．本書をとおしてそのいくつかを感じとることができると思うが，ひとことでいえば，60年代を境に，人類は近代から現代へ移行し始めたと考えることができる．

　文化の共通性を測るための，ほとんど唯一可視的な尺度である母語で数えると，現在，世界には5,000から8,000のエスニック・グループが存在するとい

われる．今日，これだけ多数のエスニック・グループが国民国家に代わって，国際社会の主役になっているわけではなく，なろうとしているわけでもない．大多数のエスニック・グループは以前からの国民社会のなかでその地位を高めようとしているだけである．したがって，エスニシティーが直接的に国際関係の文化性を強めているとはいえない．しかし，従来は国民国家として振る舞っていた国の多くが，今は複数民族国家，多民族国家として国際関係の主要単位の地位を維持している．カナダやオーストラリアの多文化主義は，国内の複数のエスニック・グループの文化的差異を積極的に認め，それによって国民国家としての統合を維持し，さらには，国際社会におけるその国家の地位を維持しようとする政策である．そのような国家の国際関係は多文化主義によって左右され，それによって他の国家も影響を受けている．この，間接的な影響関係を含めて，エスニシティーは現在の国際関係の文化性を強めているということができる．

国際関係の関係の文化性　以上述べてきた国際関係の単位の文化性を前提とすれば，それらのあいだ関係である国際関係は，論理的に，文化的な関係になる．さらに根本的に，人々が生きるために必要な集団の一つとして国家社会が発展し，それにつれて，その集団間の関係も文化的な「国際関係」になるという意味で，国際関係の「関係」の文化性を指摘することができる．ここでは，より具体的に，国際関係の「関係」の文化性を見てみよう．

　国際社会のなかの関係的現象の一つに留学生の交換がある．外国留学は，本来，自国では求められない知識や技能を他国に求める個人の動きであるが，留学生が国境を越えることから，留学が個人的な経験にとどまらず，国際関係の現象となるのである．最近では，先進国を中心に純粋に個人的な留学が多くなっているが，長いあいだ，多くの国において留学は国家的なものであった．留学生を送り出すのも受け入れるのも国家の事業であった．多くの国家にとって，留学生の派遣は「近代化」の努力の重要な一環であった．そこでは，留学の動機，分野の選択，留学先国の選択などにも「国家の意思」ともいうべきものがしばしば関与した．国家が留学生を送るのは，留学生個人にとってと同様に，必要とする知識や技能が自国にはなく，外国に存在するからである．知識や技能は，人間が生きるために必要な文化であるが，その知識や技能が，世界的に

見て偏って存在するのは，人類の文化が多様であり，不均等であるという，より大きな事実の一部である．人類共通の文化のほかに個別文化が並存し，近代以降においては，それらはしばしば国民国家の輪郭と重なり合っていることが多い．このような文化の多様性ないしは不均等性が留学という事象の根底にあるのであり，それゆえに，留学は国際関係の関係の文化性をよく示す一例となるのである[6]．

　国際関係の関係の文化性を示すものとしてもう一つよく挙げられるのが，国家間の外交において文化の違いによって発生したと見られる齟齬，摩擦，紛争であり，もう一つが異文化接触において人々が経験する誤解，摩擦，紛争である．どちらも人々が所属する集団によって文化が異なること，すなわち，世界全体としては文化が多様であることに起因する．前者はいわゆる「外交のスタイル」の問題として知られる．外交スタイルの問題は近代国家間の国際関係の余剰部分である．すなわち，近代国家間の国際関係のルールである外交のルールは普遍的なものとされており，さらに個々の外交政策の背後にある思想や論理は「物理的・数学的」根拠にもとづく合理的なものとされている．大半の現象はその普遍性と合理性によって説明できるはずである．それでは説明できない現実の齟齬，摩擦，紛争がある場合，それらは外交スタイルの相違によって発生したと理解されるのである．そのような説明のしかたでよいかどうか，もっと深く，国際社会，国際関係の本質的な特性を考えてみる必要があると思われる．そこには，外交スタイルというような表面的な文化の違いではなく，もっと深い文化の違いがあるであろう．そうした考察を省いて，外交交渉当事者の個人的な特性や，たとえば日本「文化」によって，日本外交のスタイルを云々するのは安易である．

　異文化接触において人々が経験する誤解，摩擦，紛争は，文化摩擦と総称される．この種の文化摩擦は，共通の外交文化が想定される古典的な近代外交の場面では本来発生しないものである．いいかえれば，文化摩擦は，人々が近代国家間の国際関係以外の次元で，国境を越えた国際関係を経験するところで発生する．そのような経験の場では，人々の文化の違いが直接的にぶつかり合うであろう．文化摩擦の多発は現代の国際社会に登場した新しい現象である．しかし，すべての誤解，摩擦，紛争を文化摩擦であるとして，文化にすべてを帰

するのは，文化を矮小化する安易な方法である．

　国際関係の関係の文化性は，まず，国際関係を営むさまざまな主体が文化的に構成された存在であるところから生まれる．つぎには，そうしたさまざまな主体が文化共通性の原理によって構成されているとしても，その原理の作用が現実には不均等であるからである．文化共通性原理の作用が集団によって不均等であるということがどういうことであるかは，第3章以下で考えることにしたい．

自己と他者　人々は同じ地球上の連続した空間に生きながら，その空間を分け合い，それぞれに集団を形成して生きている．そこから異なる個別文化が発生する．本章の第1節で述べたように，個別文化にはそれぞれの境界があると想定され，現実にも，文化の違いが感じられる程度に，文化の境界がさまざまな次元に存在する．他方，近代には，国家社会が人々の集団として圧倒的な地位を占めることになった．近代国家は領域主権国家であり，みずからを国境という強固な境界で取り囲み，外に対して排他的であろうとする．同時に，それが国民文化という文化によって形成される国民国家であろうとするために，国境と文化の境界が重なるという特徴を帯びる結果となった．国民として，その内に生きる人々は境界の外の人々に対して排他的になることを求められた．人は，文化の境界によっても自己と他者の区別を意識するであろうが，国民国家のメンバーであるために，文化の境界と国境の重なり合った境界によって，自己と他者を，しかも集団として区別する意識を強くもつようになった．その区別意識は主に国境によって作られるものであったにもかかわらず，文化によっても作られているという錯覚が生じた．その錯覚を含んだ区別意識が国際関係における誤解，偏見と差別である[7]．

　近代の国際関係における誤解，偏見は「イメージ」の一形態である．イメージを社会科学の基本的な学術用語とするのに力のあったケネス・ボールディング（Kenneth E. Boulding, 1910-93）によれば，イメージは客観的な事実の歪んだ反射像であるが，人間の行動に不可欠なものである．なぜなら，人間は外界と自己についてなんらかのイメージをもっていなければ行動することができないからである．ボールディングは，イメージには日常生活のイメージ，科学的イメージ，文書的イメージの三種類があることを指摘し，前二者が現実や実験

によって検証され，比較的容易に修正されるのに対して，活字，映像などを通じて作られる文書的イメージは，その対象の事実が遠隔にあるために，事実から乖離しやすいという[8]．とくに大きな問題は，重なり合った国境と文化の境界によって強固に囲まれた近代国民国家の内にあって，外に動くことの少ない人々は，文書的イメージによってのみ外の人々をイメージし，そのイメージによってステレオタイプ（紋切り型），偏見を作り，他者を区別し，差別する傾向が強かったという点である．国境の外の他者を国ごとに範疇化して，固定的なイメージにはめ込んでしまいやすく，そのイメージをこちらの集団の他のメンバーと共有していることが多い．ということは，イメージは文化的な産物ということになる．正しい事実をイメージに「歪める」のは文化である．歪んだイメージを修正するには，文化を改めなければならないが，それは可能であろうか．その可能性を探るカギは，当時，人々が国境を越えることが少なかったという事実，したがって，イメージが圧倒的に文書的なイメージであったという事実に求められるであろう．

ヒト・モノ・情報の国際移動 1970年代になって，いわゆる「ヒト・モノ・カネ・情報の国際移動」が顕著になった．その一端を図2で窺うことができる．近代国際社会のなかではあまり国境を越えて国際的に動くことのなかった，普通の人々が大量に国際移動をするようになり，国際的なイメージの種類に関係すると思われるモノ・カネ・情報もかつてないほど盛んに国際移動をするようになっている．最近の，この新しい状況によって，自己と他者の関係についてのわれわれの認識は改まるのであろうか．すなわち，今日の人々の文化は，より望ましい国際関係に有利な方向に変化するのであろうか．文化の変化にとくに関係すると思われるヒト・モノ・情報の国際移動について，少し考えてみよう．

　ヒトの国際移動が急に容易になったのは，1970年にジャンボ・ジェット機が民間航路に就航するようになったからである．ジャンボ・ジェット機によってヒト（およびモノ）の大量輸送が可能になり，われわれはかつてと比較にならないほど安い運賃で国境を越えて往来できるようになった．国際観光客，そして外国人労働者にさえも見られるように，簡単に国際的な往復旅行をすることができる．人々の国際接触の機会は大幅に増え，それにモノや情報の急速な

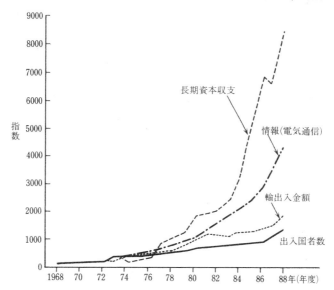

図2 日本をめぐる「ヒト・モノ・カネ・情報の国際移動」
（1968年＝100）

資料：「出入国管理統計」（法務省），「国際収支統計」（日本銀行），郵政省資料により作成．
出典：郵政省『平成2年　通信に関する現状報告』1991年，174ページ．

国際移動も加わって，人々の国際関係のイメージは文書的なそれから日常的なそれに置き換わりそうにさえ思われる．人々の国際接触はたしかに日常化しつつあるが，それによって文化関係はどのように変化しているのであろうか．結論からいえば，ジャンボ・ジェット機によってヒトの国際移動が容易になった，まさにそのことによって，人々はエスニックな文化をもって国境を越えるようになっている．いいかえると，60年代から復活しているエスニシティーを帯同しつつ，たくさんの人々が国境を越え，別のエスニシティーをもつ人々の生活範囲のなかで直接暮らすようになっている．異なるエスニシティーをもつ人々が互いに密接して，しかも互いのエスニシティーを侵しあわないように生活するという国際関係は，近代の国際社会では想定されなかった国際関係である．文化的な関係の面でも大きな変化が生まれつつあるであろう[9]．

最近のモノと情報の国際移動も大量かつ急速である．CNNニュースや衛星

放送電波の越境に代表される情報の国際移動は，国際政治の激変をもたらす原因となったとさえされる．われわれにとっては，大量，急速に国境を越えて移動するモノと情報に接することは，あたかも外国の文化に直接触れているような感覚を与えるものである．しかし，あまりに大量，急速な接触がわれわれの文化を変え，イメージを歪みのないものにしているかというと，それらはわれわれの上を通過していっているだけのようにも思われる．異なる文化が接触するとはどういうことなのか，もう少し落ち着いた状況のなかで考えてみる必要があるのではないだろうか．

注
1) Walker, *op. cit.*, p.7.
2) 国家の形成についてはさまざまな参考文献があるが，ここでは Laurence Krader, *Formation of the State*, Englewood Cliffs: Prentice-Hall, 1968（吉田禎吾・丸山孝一訳『国家の形成』鹿島研究所出版会，1992 年）を推薦しておきたい．
3) 20 世紀末の今日に立って考えてみると，しかし，これは国際関係の一つの見かたにすぎなかったことが明らかになる．この見かたを代表するのが，「いかなる個人もある国家の保護を必要とする．その国家が彼を国際社会において代表する」という，マーティン・ワイトのことばである（H. Butterfield and Martin Wight, eds., *Diplomatic Investigations: Essays in the Theory of International Politics*, London: G. Allen & Unwin, 1966, p.21）．
4) Karl W. Deutsch, *Nationalism and Social Communication: An Inquiry into the Foundations of Nationality*, Cambridge, Mass.: The MIT Press, 1953, 1966.
5) 明治のはじめに流行した都々逸に「海山隔てて分かれていても，心は切れないテレガラフ」というのがあったという．なお，文化を国民国家形成の原理とする見かたとして，平野健一郎「文化的関係としての国際関係」武者小路公秀・蠟山道雄編『国際学——理論と展望』東京大学出版会，1976 年，175-178 ページも参照されたい．
6) 同上，173 ページ．
7) 国際関係における偏見と差別については，衞藤瀋吉・渡辺昭夫・公文俊平・平野健一郎『国際関係論』〔第二版〕東京大学出版会，1989 年，第 4 章「偏見と文化——国際関係のミクロ分析，その二」および Otto Klineberg, *The Human Dimension in International Relations*, New York: Holt, Rinehart and Winston, 1964（田中良久訳『国際関係の心理——人間の次元において』東京大学出版会，

1967 年）などを参照のこと.
8) イメージ論の古典は，Kenneth E. Boulding, *The Image: Knowledge in Life and Society*, Ann Arbor: University of Michigan Press, 1956（大川信明訳『ザ・イメージ——生活の知恵・社会の知恵』誠信書房，1962 年）.
9) ヒトの国際移動について，もう少し詳しくは，平野健一郎「ヒトの国際移動と国際交流——現象と活動」日本国際政治学会編『国際政治 114 グローバリズム・リージョナリズム・ナショナリズム』（1997 年 3 月），95-107 ページ［平野健一郎編『国際文化交流の政治経済学』勁草書房，1999 年，276-292 ページに再掲］をご覧頂きたい.

3. 文化と文明

「文明の衝突」　冷戦後の国際社会における自己と他者の問題について，壮大な問題提起をしたのがサミュエル・ハンチントンの「文明の衝突」論である．国際文化を論じる場合，必ず出されるのが文化と文明はどう違うのかという疑問である．それを考えるのによい素材がハンチントンの「文明の衝突」論なので，ここで簡単に検討してみよう．

　ハンチントンは，冷戦後の世界を区分するのに意味があるのは，もはや各国の政治システムあるいは経済システムや経済発展の段階などではなく，国々の文化と文明であるという．彼が実際に区分して挙げてみせる七つか八つの文明のあいだには深い断層があり，今後世界大戦が起きるとすれば，それは異文明間の戦争という形をとるであろうと予言するのである[1]．たしかに，1991 年の湾岸戦争のあと，世界各地に頻発する民族紛争，とくに宗教戦争の色彩を帯びた民族紛争には，文明間の衝突を思わせる側面がないわけではない．しかし，そのことと二つの文明がトータルに戦争するということとは別のことである．キリスト教徒の集団とイスラム教徒の集団が戦っているように見える場合も，キリスト教文明とイスラム教文明が衝突しているのは一面にすぎず，不幸にも戦争をしているのは二つの集団である．そして，その集団を構成しているのは文化であって，文明といわれる要素はその文化の一部なのである．

　ハンチントンが「文明」とよんでいるものの実質は，個々の具体的な文明，文明圏である．そして，彼は文明を定義して，「一つの文明は一つの文化的存

在(まとまり)である」といっている.文明(圏)を文化によって定義しているのであるから,実は,文化の方が包括的な上部概念である.そしてまた彼は,人々が複数の異なる次元でそれぞれに異なる文化をもった集団を形成していると述べている.本書が採用する文化の定義に照らして,彼のこの理解は正しいということができる.問題は,彼が,文化的な集団の次元を上げていくと,もっとも大きな集団としてアラブ人,中国人,西欧人などの文明(圏)があり,彼らをそれ以上に大きな集団で結びつけるような文化的な絆は存在しないと断定し,したがって「文明の衝突」が待っている,としていることである.そうであろうか[2].

文化の摩擦 今日の世界で,人々が異なる文化をもった集団を形成しているとすると,その集団に属する人々のあいだで,文化の違いを原因とする摩擦や紛争が起こる危険は存在する.今日のように異文化接触が頻繁になれば,その危険はいっそう増すかもしれない.「文明の衝突」よりも文化の摩擦を考える方が現実的であり,正当である.文化摩擦とは,「異質な文化と文化が接触する時に起こる緊張,軋轢,紛争」と定義される[3].この一般的な定義をやや具体化の方向に敷衍すると,文化摩擦には二つの類型があると考えられる.文化摩擦の第一類型は,同一の次元上にある複数の異文化集団のあいだに発生する文化摩擦,第二類型は,異なる次元の上にある異文化集団のあいだで起こる文化摩擦である.

第一類型の文化摩擦として,具体的に,異なる文化をもつ二人の人,あるいは二つの集団が接触するときに起こる文化摩擦を考えてみよう.その場合,摩擦の原因となる文化の要素を特定することができれば,紛争を回避あるいは解決することが可能となるであろう.むしろ,接触以前に抱いていたイメージ,ステレオタイプ,偏見が,摩擦の結果,是正されるというプラスの効果を期待することもできる.いずれにしても,文化の一部に起因する摩擦によって,人間関係や集団関係が戦争というようなトータルな対決に陥ることはまれと考えられる.もちろん,文化摩擦の原因を特定することができず,双方が相手を漠然と全体的に嫌うという場合もあるであろうが,その場合でも,文化摩擦そのものが大規模な紛争に発展するのではなく,政治指導者やオピニオン・リーダーが意図的に特定の文化要素を摩擦の原因に指定し,紛争を招き,拡大させる

のである．そのような事態を避けるために，文化摩擦の原因となりうる要素を事前に予測し，双方がその異質性を理解し，賢明に対応するよう準備する，予防手段としての文化交流に力を注ぐことこそが求められる．

　抽象的であるが，異なる文化と文化が接触するときに起こる摩擦についても考える必要がある．本書はむしろその問題に取り組もうとするものである．それぞれに独自の体系をもつ二つ以上の文化が接触するとき，そこにはどのような関係，摩擦，変化が起こるのであろうか．つぎの第3章からその考察に進む予定である．

　その前に，ここでは，第二類型の文化摩擦の一つとして，個人の内部で起こる異質文化間の接触とそれにともなう文化摩擦について考えておきたい．なぜなら，異文化接触とそれによる文化摩擦が個人の内面で発生するのが現代の特徴であるからである．ハンチントンも述べるように，一人の人間は，同時に家族の一員であり，ある町の人間であり，ある地域の人間であり，あるエスニック・グループの人間であり，ある国民のメンバーであり，そして，なんらかの宗教グループに所属しているかもしれず，さらに，その外側で，ある文明集団に所属することを意識しているかもしれない．このような状態は現代にかぎったことではないが，現代の国際社会は重層的な構造の特徴をより鮮明にしている．すなわち，一人の人間は，現代国際社会の重層構造の中心にあって，自分を同心円状に取り囲む複数次元の集団に同時に帰属し，それゆえに多重的なアイデンティティーをもつと考えられるのである．この重層構造と多重的アイデンティティーが第二の類型の文化摩擦を引き起こす．集団がそれぞれ独自の文化システムをもつ以上，異なる次元の複数の集団に同時に所属する人は，多くの場合必然的に，それらの集団のあいだで多少とも引き裂かれた存在となる．たとえば，近代の日本人は，日本人となるために西洋の，「近代文明」といわれた多くの文化要素を受容する過程で激しい精神的葛藤，文化的葛藤を経験してきた．グローバリゼーションの傾向が強まる今日，このような葛藤は，世界のいたるところですべての人々が経験しているものと思われる．そして，この葛藤を解決することが，第一類型の場合と同じく，文化の改新や創造という生産的な行為となることがあるであろう．

　このような第二類型の文化摩擦を経験した人々は，第一類型の文化摩擦に賢

明に対処する能力を備えている．すなわち，一つの次元上で第一類型の文化摩擦を経験する二者が，その次元での異質性に固執して摩擦を解決できなくなった場合，それぞれの内部で帰属集団の次元を上げていけば，両者がともに帰属する集団を発見しあうことが可能であり，そこで共通性を見いだすことによって，問題を解決することが可能である．そのような解決が可能でない場合にも，両者が異なる次元上の文化のあいだの摩擦，つまり，第二類型の文化摩擦の経験を意識化しているならば，妥協の方法を比較的容易に見いだすであろう．要するに，文化摩擦を事前に予測し，予防する活動としての文化交流活動や，文化摩擦に関する知識と文化摩擦に対する落ち着いた対応が，ハンチントンが描くような大規模な抗争を防ぐ有効な方法となりうる[4]．

文化と文明　ハンチントンにも見られるように，文化と文明という二つのことばはしばしば混用され，また，正反対に捉えられたりと，人によって用法が異なることがあることばである．文明のなかに芸術とか学問とかの精神的な部分があると考え，その部分だけを文化とよぶ人と，逆に，文化の方を広く捉え，そのなかの物質的で高度な，あるいは都市的な部分を文明とよぶ人とがいる．もう一度，本書での用法をはっきりさせておく必要があるであろう[5]．

　「文化」ということばは，もともと別の意味内容をもつ中国語であるが，"culture" 系統の西洋語の訳語としても使われるようになり，日本語としての用法がいっそう複雑になった．明治時代には，まれに「文明開化」の短縮形として使われることもあったという．それ以外は，まさに「文明開化」の「文明」が全盛であった．大正時代に入って，急に「文化」が頻繁に使われるようになり，流行語になったが，そこでは二つの使いかたがされていた．一つは，文明とほぼ等しい意味に使う用法で，とりわけ日常生活における西洋文明的な要素を指して「文化」とよぶ傾向であった．「文化生活」「文化住宅」「文化鍋」などが代表例である．もう一つは，教養とか知性という意味で「文化」が使われた．軍事，経済などの物質的な側面ではなく，学問，芸術といった方面の教養を指すことばであった．具体的に，「文化人」「文化国家」「文化財」などということばは，大正時代からさかんに使われるようになったものである．その間に，"culture" という外国語の訳語としての「文化」が生まれたが，それは明治時代のことであった．そして，第二次世界大戦後になり，この第三の系列

のことばとしての「文化」の用法が広がるようになったのである．本章の冒頭でも述べたように，人間社会の生活の内容全体を指示することば，あるいは生活様式の総称としての「文化」である．それは文化人類学者の定義に近い用法で，「日本民族の文化」とか，「古代文化」「未開文化」などと，一般の人々にも使われるようになったのである．

　かくして，最近になって"culture"と「文化」がほぼ重なり合うようになってきた，と思われるかもしれない．しかし，"culture"と「文化」は本当に同じであろうか．翻訳以前に，中国語を引き継ぐことばとしてすでに存在していただけに，きわめて複雑な訳語問題を含んでいる．さらに複雑なことには，"culture"ということば自体が「文化」以上に複雑な歴史をもつのである[6]．よく知られているように，その語源であるラテン語は耕作を意味することばであった．OEDによれば，英語でも15世紀まではその用法であり，1510年にトマス・モアが比喩的に「人間精神の耕し」を語ったという．1876年にはマシュー・アーノルドが世界的教養の意味でこのことばを使った．他方，1660年にジョン・ミルトンが社会的過程全体を指すことばとしてこのことばを使ったとする見かたもある．人間の可能性を錬磨して耕していくとなれば，それは教養ということになり，一方，人間が生きるために土地を耕すというのが語源であると考えれば，現在使われているような，人間の生活全体を指し示すことばへとつながっていくことになるであろう．この英語がはっきり今日のような意味で使われるようになったのは，前に述べたように，19世紀後半，クレムとタイラーからである．しかし，フランス語の"civilisation"，ドイツ語の"Kultur"との三者間の交流・交錯が，"culture"に，ここで簡単に述べることは到底不可能なほど複雑な歴史を残している．今日のわれわれの用法が，"culture"の訳語としての「文化」を中心にしながらも，文明，教養の意味も消せないのは当然かもしれない．

　文化の普遍性と個別性の問題の淵源も，このことばの語源史に見ることができる．ドイツの文化的ナショナリズムを代表する存在となった，ロマン主義者ヨハン・ゴットフリート・ヘルダー（Johann Gottfried von Herder, 1744-1803）は，普遍文化を唱える18世紀の啓蒙主義に対抗して，文化の個別性，多様性を強調した．その組合せから，文化の普遍化傾向は「文明」のことばで表現さ

れる結果となった．文明を普遍的，文化を個別・特殊的なものとみなす傾向はわれわれにもある．その傾向は文明を文化よりも大きく，包括的なものとみなす傾向と重なっている．古代エジプト文明，ギリシア文明，中国文明など，文明の名でよばれるものはたしかに巨大である．たとえば古代エジプト文明は神殿，ピラミッド，太陽神崇拝など，巨大で，普遍的とも思われる要素を多数擁していた．しかし，当時の人々はそうした文明的な要素のみで生活していたであろうか．そうではないであろう．人々は無数のこまごました要素によって生き，そのなかに巨大で，普遍的とも思われる要素も含まれていたというにすぎない．後世には巨大で，普遍的とも思われる要素が遺されたために，その集合をわれわれは「古代エジプト文明」とよぶのである．文化は人間の生活全般であり，文明はそのなかの一部，文明的な文化要素である．文明的文化要素とは，高度に発達した複合的な要素，ときに都市的な要素であり，それゆえに，複数の個別文化を超える普遍性をもちうる文化要素である．

　山崎正和は，「文明」を生活様式の意識的側面，「文化」を無意識的側面というように，きれいに分けて定義している．文明は機械的制度的であり，文化は有機的感性的であるといいかえてもいる．そして，文明の抽象的な制度は，文明を特殊個別的な文化の相互理解を可能にする枠組みとすると述べ，あるいは，文明は輸出可能な普遍性であるという[7]．見事に明快な区別であるが，本書の見かたから問題になるのは，生活様式を文明と文化に分けるという分けかたである．本書が採用する定義では，生活様式のすべてが文化そのものである．山崎説は字義矛盾を犯していることになる．そこで，基本的なこの定義によって山崎説を修正すると，文明は文化の意識的側面，すなわち，機械的制度的な文化要素の集合ということになり，また，輸出可能な文化要素の集合ということになる．この点から，本書の次章以下の主要な課題を取り出すことができる．すなわち，文明という文化要素がかりに輸出可能であるとしても，それが輸入可能であるかどうかは別問題である．そこから文化触変——文化の接触と変容——の考察という重要な課題が浮上してくる．

注

1) Samuel P. Huntington, "The Clash of Civilizations?," *Foreign Affairs*, Summer 1993, pp. 22-49. この論文には「文明の衝突——再現した『西欧』対『非西欧』

の対立構造」(『中央公論』1993 年 8 月号,349-374 ページ) という訳文があるが,誤訳が多い.なお,その後ハンチントンはこの論文を拡大して,*The Clash of Civilizations and the Remaking of World Order*, New York: Simon & Schuster, 1996 を刊行している.

2) 筆者のより詳しいハンチントン論文批判に関心がある読者は,平野健一郎「文明の衝突か,文化の摩擦か?——ハンチントン論文批判」比較文明学会編『比較文明』第 10 号 (1994 年 11 月),21-37 ページ[平野編,前掲書,259-275 ページに再掲]をご覧頂きたい.

3) 衛藤瀋吉編『日本をめぐる文化摩擦』弘文堂,1980 年,序論.

4) 文化摩擦については,衛藤他,前掲書,167-175 ページ,および平野,前掲「文明の衝突か,文化の摩擦か?」平野編,前掲書,271-274 ページをも参照されたい.

5) 比較文化研究者が文化と文明を本格的に論じた大著として,中田光雄『文化・文明——意味と構造』創文社,1990 年がある.

6) Raymond Williams, *Keywords: A Vocabulary of Culture and Society*, Rev. ed., New York: Oxford University Press, 1983, pp. 87-93 などを参照.

7) 山崎正和『近代の擁護』PHP 研究所,1994 年.

第3章 文化の変化

1. 内発的変化と外発的変化

発明・発見 文化は変わる．文化がずっと安定していて，不変であるということはない．人間と環境の相互作用のなかで文化は作られるので，文化を作ると，それは同時に環境を変えていくことになり，環境が変われば，文化も変えなければならなくなる．文化と環境のあいだにはフィードバックの関係が存在するので，文化の変化は，実際には断続的かもしれないが，論理的にはたえず起こることになる．なお，この文化と環境のあいだのフィードバックの関係から，文化変化の理論は，環境問題についても基本的な理解を提示することができる．この点については後述する．

　文化の変化を大前提としたうえで，そもそも文化はどのように変わるのか，具体的なメカニズムを考え直してみると，それは発見と発明によって始まる．発見とは，偶然，自分たちの生きかたにふさわしいものとして新しい文化要素を見つけ出すことである．文化を作って環境を変え，その変わった環境に合わせてまた文化を変えなくてはいけないことになるので，人々はいつもふさわしいものを探している．そして，「偶然」見つけたものがふさわしければ，文化に取り込む．これが発見である．一方，発明とは，「目的をもった発見」である．文化のある部分がある時代の人々の生きかたのためにうまく機能してくれない，「あの部分が問題だ，もっといいものを見つけなくてはいけない」と，実験したり，探究したりと，目的をもった試みをして，それまでのものよりも望ましい文化要素を発見するのが発明である．発明家というのはそのような機能を果たす人々である．

　熱心な発明家の発明に，まったく無意味な発明もある．人々の生きかたに有効であるとして文化に採用される発明よりも，意味なしとして捨てられる発明

の方がよほど多く,発明家とはおおよそ不遇な人々である.せっかく編み出したけれども,人々がそれを使ってくれないのは,人々のそのときの生きかたに必要でないからである.より根本的にいえば,文化の変化が発見・発明によってもたらされることの背後には,人々の必要性がある.必要性がなければ,発明の意味も生まれてこない.いいかえれば,これから検討する文化変容論や文化触変論にとって根本的な概念は,人々の生きるための「必要性」である.他方,必要性に促された発明のほかに,遊びによる発明もあり,その発明品が意外に人々に採用されることもある.発明のもう一つの原動力として「好奇心」を挙げることができるという説もある[1].

借用・模倣 文化の変化をもたらすもう一つの方法が借用である.ある社会の人々が自分たちで発明や発見をしないで,他の社会の人々がすでに使っている文化要素を借りてくるのである.借用には創造性が欠けているという理由で,模倣ともいわれる.発明・発見で始まる文化変化は「内発的変化」であるが,借用・模倣による文化変化は「外発的変化」であるとして,後者を低く評価する考えかたもある.しかし,借用も実は必要性に発する行為である.必要性があって発見・発明するか,借用するかのいずれかである.文化変化の出発点が内因にあるか外因にあるかの違いはあっても,必要性という原点まで戻ると両者は共通であって,借用・模倣も一概に否定されるものではない.なお,厳密には借用と模倣は異なる.一つの自然環境に応じて作られた文化要素を借用するということは,その文化要素を別の自然環境に囲まれた文化のシステムのなかに移植するということである.借りてきた要素がそのまま機能を発揮するということはありえず,移植後の変化こそが問題となる.そして,その変化こそが本書の第4章から第7章で扱うメイン・テーマ,文化触変なのであるが,それは文化を創造する行為であるということができる.借用はそのあとに続く創造行為を必要とするという点で,独自の創造行為を含まない模倣とは異なるものであり,むしろ発明・発見に近づく.

1910年代から30年代にアフリカの原住民やニューギニアのトロブリアンド島の原住民の文化を調査したイギリスの文化人類学者,ブロニスラフ・マリノフスキー(Bronislaw Kasper Malinowski, 1884-1942)は,植民地主義による原住民文化の変化という見かたへの反動から,これらの人々の文化の変化を理解す

るに当たって，外因をすべて否定する立場をとった．住民の生活が変わるのは，すべてその住民の工夫によるとして，全部を内因によって説明しようとしたのである．人々による変化への工夫はなぜ起こるのかというと，彼は，それは文化の体系のなかの各要素の「機能」(function) という概念によって説明されるとした．すなわち，それまで機能していたある文化要素が他の文化要素とうまくつながらなくなって，機能しなくなると，よりよく機能する文化要素を発見・発明することによって，人々は文化変化を起こさせるというのである．このように，マリノフスキーは，文化の全体と部分との関係，あるいは部分である文化要素と文化要素とのあいだの関係，すなわち機能を重視して，そのかぎりでは首尾一貫した説明を施し，機能主義的な文化人類学の創始者となったのであるが，文化変化にとっての外因をすべて否定するのは極端にすぎたといえる．

いずれにしても，文化の変化を見る基本的な視点は，個別の文化の担い手たちが，それぞれの環境のなかで生きる必要性に立脚して，新しい文化を編み出していくと考えるところにある．人々が自分たちの努力で新しい文化要素を生み出していくと考えることを原則として，借用・模倣についても判断することが望ましい．

伝 播 ある文化が他の文化からなんらかの文化要素を借用する過程は，その文化要素が一方の文化から他方の文化へと移動することによって始まる．この文化要素の文化間の移動を「伝播」(diffusion) とよぶ．借用する側の文化に即していいかえれば，相手の文化から伝播してくる外来文化要素を借用するということになる．

「伝播」は外因による文化変化を理解するのに不可欠な，基本概念の一つで，無色，抽象的な概念である．しかし，「伝播」の実際の過程は，色彩豊かなさまざまの側面をもつ．一つの文化要素が伝播の過程で乗り越える距離はさまざまであるが，なかには，常識を越えるような大距離をまたぐ伝播もある．また，伝播はさまざまな媒体を通じて発生する．歴史上，大海原の上の難破によっても文化要素の伝播が繰り返し行われてきた．現代の国際社会では，電子メディアを通じての，「情報」の形をとった文化要素の伝播が無数に発生しており，われわれに今日の文化，文化変化を考えるうえで現代特有の重要な要因を付加

している．伝播は，また，さまざまな具体的な人間を介して行われる．文化要素の伝播を意識的に目指している人々による伝播がある一方，意識しないうちに文化要素を伝播する役割を演じる人々もいる．

いずれにしても，伝播は外来文化要素による文化変化の出発点にすぎない．文化変化につながらない文化要素の伝播もある．伝播してきた文化要素をみずからの文化の変化に必要なものとして採用するかいなか，それは受け手の文化の担い手たちが，その必要性によって決定するものである．

文化の類似性　漕ぎ舟は，世界中どんなに遠く離れたところを見ても，舟の形もオールの形も似ているし，材料も似ている．それはなぜであろうか．文化要素が世界中を伝播したと考えれば，答えは簡単である．しかし，時間的・空間的に伝播が起こったとはとても考えられない二地点のあいだで，ある文化要素が類似している場合がある．外因による変化ではなく，内因による変化，すなわち，それぞれ無関係に，独立に行った発明・発見の結果によるとみなす以外にない文化要素のあいだに類似性があるのである．それを説明するために考え出されたのが，「可能性制限の原理」（principle of limited possibilities）と「収斂の原理」（principle of convergence）という考えかたである．

可能性制限の原理とは，ゴールデンワイザー（Alexander Alexandrovich Goldenwiser, 1880-1940）が提出したつぎのような考えかたである．まず舟は浮かなくてはならず，水上を速く移動することが望ましく，オールは速いスピードで舟を移動させなければならず，そのためにはなるべく多くの水を軽々と摑み，放すことが望ましい．このような機能はいつ，どこでも同じく必要とされるために，いつ，どこにおいても石で舟を作るわけにはいかず，木を使うところに落ち着く．理論的には，生活の必要のためにあらゆる文化要素が作り出される可能性があるが，現実に人間がもちうる目的，手段，材料はそれほど多くなく，新しい要素を作る可能性は無限には存在しない．それぞれの人々が個別，独自に工夫を重ねたとしても，結果として，文化要素が似てくるのである．

可能性の制限が比較的に大きい分野と少ない分野とがある．言語，民話，儀礼などの分野では，とくに細かな部分で互いに異なる可能性が高い．それに対して，親族関係のありかたは，どのような文化でも，父系か母系か双系の三つのいずれかでしかありえない．同様に，死体の処理のしかたにも限りがある．

そのような分野では，時間的に隔絶した人々のあいだでも，同じ問題に同じ解決策を見いだすことがしばしばである[2]．

　もう一つの収斂の原理とは，それぞれ独自に始まった生活の工夫が，最初は違った文化要素の形をしていても，工夫が重ねられる時間の経過とともに，次第に類似あるいは同一の文化要素になっていく経緯を指している．ここでも，結局，重要なのは必要性と機能である．舟は軽くて速く動き，オールは速く舟を動かさなければならない．その目的，機能はどこでも共通であり，異なる人々がその目的を追求し続ければ，やがてその成果は同じものに収斂していく．

　この収斂（コンバージェンス）ということばは国際政治の場でも使われたことがある．1940年代の半ばから米ソ間のイデオロギー対立が激しくなり，東西両陣営は資本主義と社会主義を追求して，正反対の方向を向いているように思われた．しかし，冷戦が始まった当時から，両陣営はやがて同じになるであろうと予測した人たちがおり，彼らのコンバージェンス理論は「米ソ平和共存」政策論の支柱となったのである．彼らの主張は，両陣営は資本主義対社会主義と，イデオロギー的に完全に対立していると見えるが，もっと本質的なところを見れば，要するに両者とも人間の福祉とか幸福とかを目指しているわけであり，そういう必要性のレベルにまで戻れば，資本主義と社会主義は道の違いにすぎず，やがて時間とともに双方が歩み寄って，収斂していき，似たようなものになるのではないか，というものであった．冷戦後，ソ連邦は解体し，社会主義国の「資本主義化」が指摘される今日，この収斂の理論は資本主義への一方的な流入という結末を迎えたことになるのであろうか[3]．このように，国際政治では「収斂」を大規模な議論に用いるが，文化変容論では，個々の具体的な文化要素の変化に関してこのことばを用いる．

　可能性制限の原理，収斂の原理とも，伝播が起こったとは考えられないところで文化要素が似ているという現象を説明するための考えかたである．この考えかたは，文化の共通性のすべてを伝播で理解してしまう誤りを防いでくれる点で貴重である．そして，外発的な文化変化を考えようとする者にとって，より深い示唆を与える貴重な指摘でもある．すなわち，内発的な文化の変化によっても文化の共通性に到達するということは，文化変化の根本的な動機としての「人々の必要性」を再確認させるものであり，「人々の必要性」の共通性を

基盤として生まれる文化の共通性あるいは普遍性への確信を深めるものである．外発的な文化変化を考察する者は，根底的な文化の共通性あるいは普遍性への信念と希望によって，外発的な文化変化による文化の共通性と多様性を均等に考察することができる．

注
1) 鶴見和子『好奇心と日本人——多重構造社会の理論』講談社現代新書，1972年．
2) Charles Erasmus, "Patolli, Pachisi and the Limitation of Possibilities," *Southwestern Journal of Anthropology*, No.6 (1950).
3) この収斂理論を唱えた人々がどちらかといえば西側に属する人々であったため，東側の社会主義圏だけが次第に西側に近づいてきて（やがて吸収された）ように受け取られた．東側には西側による「和平演変」を警戒する傾向が続いた．しかし，実際にはそうではなく，資本主義の側も人々の要求に応えて，よりよい社会を求め，広い意味での文化の変化を繰り返していく必要がある．一方では民主，他方では公正と平等，これらが両方ともに実現できるよう，双方がこれからもそれぞれに努力して，コンバージェンスを図っていくということであろう．

2. 文化進化論

野蛮・未開・文明 本書でこれから詳しく述べる文化変化の考えかたは，学説史的には大きく二つに分かれる．文化変化という概念はあとでより詳しく，正確に用いるが，ここでは，文化とは人間の生活のための工夫であり，それが時間とともに変わるという程度の漠然としたことばとして用いる．この広い意味での文化変化について，対立的な二つの考えかたがある．第一の考えかたが文化進化論で，第二が文化変容論である．最初に文化進化論が登場し，つぎにそれを否定する形で文化変容論が出てきた．まず，文化進化（cultural evolution）の議論の概略を紹介しよう．

1877年にルイス・ヘンリー・モルガン（Lewis Henry Morgan, 1818-81）が『古代社会』という本を出版した[1]．モルガンは元来弁護士だったアメリカの民族学者で，インディアンの文化に関心をもち，ニューヨーク州議会議員や上院議員を務めるかたわら，イロコイ族の養子となって生活をともにして，その研究を行った．そして，その結果，人類発達史における原始共産制の存在，私

有財産制の起源,血縁集団から地縁集団への移行,原始乱婚制から一夫一婦制への進化などを解明したとされている.このような彼の研究成果を集約したようなことばが『古代社会』の序論のなかにある.もっとも重要と思われるのは「人類の全種族において,野蛮時代が未開時代に先だったこと,なお未開時代の文明時代に先だったがごときは,今日では確実な証拠によって断言しうるところである.人類の歴史は根源において一であり,経験において一であり,そしてまた進歩においても一である」という文章である[2].つまり,人類のどの社会集団をとっても,最初は野蛮な状態から出発して,未開状態に進み,そこから文明の状態に達するのであるが,さらに,一つの段階からつぎの段階へとどの集団も完全に同じ経過を辿るというのがモルガンの主張であった.野蛮から未開,未開から文明へと,遅速の違いはあっても,すべての人々が同一の展開で進化する,これが文化進化論のエッセンスである.

ここには,文化が進化の低い段階から高い段階を経て現在にいたり,さらに未来へ進んでいくだろうという仮説がある.しかも,その道筋は一つだという単線的な発展の考えかたである.こうした考えかたでヨーロッパの文明社会と,たとえばアフリカの「未開」部族の社会を較べると,文化の進歩の段階が違うように見える.そして,文化進化論に一応備わっている歴史的な見かた(単線的なものではあれ,発展論の性格をもっていた)を忘れた,単純な比較が行われることになる.AとBの二つの社会を同時代的に横並びに比較して,Bのもっている文化のどれがAにはないとか,AにはあるけれどもBにはもはやなくなっているものなどと,比較がなされる.そういう比較からなら,Aが遅れているということもできないわけではない.文化進化論では,遅れているアフリカの部族社会は進んでいるヨーロッパの社会を追いかけると見られるから,文明状態にある西洋白人がもっとも進歩している,もっとも優れているという,白人文化優越主義(エスノセントリズム)の見かたにもなる.この西洋白人のエスノセントリズムを含んだ単線的発展論の見かたは,次節に述べるように,1920年代から30年代にかけて否定されるようになったが,今日まで根強く残る見かたである.

近代西欧 モルガンの『古代社会』を丹念にノートをとりながら読んだ人がいた.マルクスと共同で『共産党宣言』を起草したフリードリッヒ・エンゲルス

である．エンゲルスはそのノートをマルクスに見せている．エンゲルスがこのノートを元に書いたのが彼の代表作の一つ『家族・私有財産・国家の起源』(1884年) でもある．原始共産制以後の文化進化の段階を追い，さらに文明の段階の先を考えていけば，そこにはユートピア・共産主義社会があるであろうと考えたのである．

翻って 1960 年代には，「近代化論」が世界的に流布した．発展途上国の経済発展，政治発展の問題を考察するために，とくにアメリカの経済学者，政治学者，歴史学者がさかんに唱えた考えかたである．一つの社会が近代化し，別の社会が近代化しないのはなぜか，という疑問をかなり詳細にわたって考察しようとした点では，大雑把なモルガン流の文化進化論とは異なるが，植民地から独立したばかりで，政治・経済の近代化に困難を感じる発展途上国に対して，近代西欧の近代化した社会を発展のモデルとし，より進んだ先進国が後進国に援助して，発展の道を示してやろうという援助論には単線的な発展の考えかたが含まれていた．

近代西欧において，文化進化論の単純な比較と単線的な発展論を，今では戯画的に適用したと思われる代表例が「汎エジプト学派」と呼ばれる人々の考えかたである．1920 年代頃までのイギリスを中心に，人類文化のすべての源はエジプトにあると主張する人々がいた．グラフトン・エリオット・スミス (Sir Grafton Elliot Smith, 1871-1937) というイギリスの解剖学者は，後にサーの称号まで得たが，エジプトのミイラの脳の研究をしており，エジプトを訪れることが何回かあった．そこで彼は古代エジプト文化がいかに偉大であったかに非常な感銘を受けた．とくにピラミッドとかミイラとか太陽神崇拝とか，古代にしては豊富な文化の要素があるということを知り，つぎに，世界各地にその古代エジプト文化に類似の要素が残っていることに気づくと，地中海やアフリカや中近東やインドだけでなく，インドネシア，ポリネシア，南北アメリカの文化も全部エジプト起源なのではないかといい出したのである．たしかにメキシコにもピラミッドがあったり，ミイラにする風習があったりした．それらを単純にエジプトのピラミッドやミイラと較べると，メキシコのものはより原始的に見え，エジプトの方が洗練されている．したがって，ピラミッドもミイラもエジプト起源であって，メキシコはエジプトから学んだのではないかと考え

られると主張したのである[3]．この考えかたは，古代エジプト以外の文化には文化の借用のみを認め，内因による文化の形成をまったく否定するものであった．さらに，可能性制限の原理も収斂の原理も認めず，エジプト以外からの伝播，すなわち多元的・多線的な伝播の可能性も否定したもので，まともに評価されるものではなかった．しかし，すべての源が一つとする主張は棄却するとしても，それと一緒に伝播という概念まで捨て去ることはできない．ここで過剰に用いられた伝播という概念は，つぎに現れる文化変容論に不可欠の概念として引き継がれている．

汎エジプト学派の話には後日談がある．1950年代，ノルウェーの文化人類学者のヘーエルダールはナイル川のパピルスを集めて葦舟を復元し，海に漕ぎ出して，潮まかせに南太平洋を横断するという実験をした．彼の仮説では，潮の流れで舟はおそらくメキシコのアカプルコ辺りに着くはずで，そうすればそういうルートでミイラや太陽神崇拝などの古代エジプト文明のかけらがメキシコに伝わったことが実証できるというのであった．「ラー号」と名づけた（「ラー」は太陽という意味）葦舟は，しかし，途中，南太平洋で難破どころか浸水し，沈没してしまった．とはいえ，そこまでは彼が予測したとおりのルートでいったので，後の半分ももしかしたら生き延びて，メキシコに辿り着いた古代エジプト人がいたのかもしれない．

汎エジプト学派と相前後して，ウィーンを中心とする文化史学派（kultur-historische Schule）という集団がさかんに文化比較の研究活動を行った．シュミット（Wilhelm Schmidt，1868-1954）とかコッパーズ（Wilhelm Koppers，1886-1961）などがその中心であったが，彼らはカトリックの僧侶であった．当時もヨーロッパから世界中にミショナリーが派遣されて宣教活動をしていたが，彼らはその合間に，アマチュア民族学者として現地の宗教の飾りとか日用生活用品など，いろいろ珍しいものを集め，それについてレポートを書いた．バチカンやウィーンには世界中に派遣されたミショナリーから膨大な量の現物と報告書が寄せられることになった．その報告や現物を整理して比較するということを学問的に行うことになったのがウィーンの文化史学派の人々であったのである．彼らの手続きはそれなりに学問的で，量と形を尺度にして世界中から集まってきたものを分類して比較した．遠隔地から同種のものを集めては，量的，

形態的な進歩の度合いをもって比較し，ある地方に精巧な文化要素が多ければ多いほど，その地方はその文化要素の先進地帯であると判定したのである．

シュミットらは，こうして現存の諸文化を階層化することに興味をもった．たとえばピグミー文化を未開文化を代表するものと指定したりした．シュミットは，研究者がピグミー文化を共感（エンパシー）をもって生きることで歴史的な原始文化を再構成することができるとしていたが，グレーブナー（Fritz Graebner, 1877-1934）はより科学的な方法を用いるべきだと批判し，文化間の類似性を示す文化要素の形態と量，複雑さを比較判定の基準とすることを主張した．当時，この方法は無文字社会の人々のあいだに存在したと考えられる歴史的接触の研究に有効とみなされ，民間伝承の研究をさかんにさせる契機ともなった．しかし，この科学的な装いがかえって文化史学派の方法全体の批判を招くこととなった．すなわち，文化史学派は，文化要素を収集し，それらのあいだの地理的な遠近と時間的な遠近とを無視して，ただ比較をし，影響関係を類推したのであるが，そこには文化要素間の機能的な連関性への考慮がまったく欠けていたのである．この欠陥は文化進化論の欠陥であり，文化進化論は伝播という概念を残して，文化変容論に席を譲ることになった．

進化から変化へ　19世紀中頃から20世紀の前半は，欧米を中心とする世界の人々が「進歩」や「進化」の思想を信奉した時代であった．進化論の時代であったといってもよい．もちろん，その思想の発祥地はヨーロッパであり，それが世界各地に広がっていくには時差があった．しかし，他面では，その思想の伝達は予想以上に速く，ほとんど同時進行か，国際交流によって思想形成が行われたと思われるケースもある．産業革命を経過したヨーロッパからの自由貿易主義と植民地帝国主義の膨張によって，世界化の過程が始まったのである．その過程のなかで，ヨーロッパでは，すでに19世紀末に「ヨーロッパの没落」が指摘され，進歩や進化への明るい希望は失われたが，それ以外の地域では，まさにヨーロッパからの圧迫を跳ね返すために，20世紀に入ってもしばらくは期待が維持された．

「進化論の時代」といっても，生物進化論，社会進化論と文化進化論とのあいだには，論理構成上，異なる性格がある．あとで見るように，生物進化論と社会進化論とのあいだにも論理構成上の違いがあるが，個体間の競争が全体の

進化を結果するとする点で，両者には共通点がある．それに対して，文化進化論は，前項で見たとおり，個体間の競争を前提としていない．すべての文化が一定の段階を経て「進化する」としており，その進化のもっとも進んだ段階にもっとも早く到達しつつあるのが西欧であり，その他の地域は遅かれ早かれそれを追いかけるにすぎないとしていた．

このような見かたが19世紀のヨーロッパで起こったのには，ヨーロッパの歴史の背景があると考えられる．ギリシア・ローマ時代に，ストア派によって「理性」への信奉が始まったが，その理性は全人類的，普遍的なものとみなされた．中世を経て，ルネッサンスと宗教改革を経験し，産業革命を進めるうちに，理性による進歩の可能性が肯定されるようになった．18世紀にヨーロッパ各地に国民国家が姿を現すと，これこそが理性による進歩の具体像であるとされ，国民国家そのものが文明の段階であるとさえ考えられるようになった．その段階に最初に達したヨーロッパこそが単線的な発展の最先端に立ち，他の範型となると考えられたのである．文化進化論は，個々の文化の進歩というよりも，人類全体の文化が文明の段階に向かって進化することを述べたものであったが，実際には，個々の文化が文明という普遍的なゴールに向かって発展するはずであるということを述べたに等しかった．

次章で述べるように，20世紀に入ると，文化の進化ではなく，文化の変化が語られるようになる．文化の，「進化」ではなく「変化」を述べるには，個々の文化の個別性が前提となる．個々の文化の独自の存在がまずあって，のちにそれが独自に変わっていくと考えるのである．個々の文化がそれぞれに変化を繰り返していくうちに，最終的には同じものになるかどうか，それはわからない．しかし，すべての文化が同じ進化の道を辿り，同じゴールに達するとし，その道程を先に進んでいるか遅れているかが文化の違いであるにすぎないとは考えないのである．文化の「変化」を論じるということは，あくまでも文化の個別性を前提として考える立場に立つということである．

単線的な文化進化論には与しないが，このような文化変化の考えかたにも満足しない考えかたとして，多系進化の考えかたがある．多系進化論（multilinear evolution）の代表的な論者の一人はジュリアン・スチュワード（Julian H. Steward, 1902-72）である．彼は，歴史を普遍的な段階に分類することには

反対しながらも，複数の文化を比較して，文化類型を発見し，そこから帰納的に文化の進化の規則性を発見することができるとした[4]．一つではなく複数の文明を想定し，そのそれぞれが異なる独自の系統を辿って進化すると考える考えかたも多系進化論ということができる．個々の文化が多系的に「進化」すると考えることも可能であろう．個々の文化が，そのうちに秘めた可能性を展開する（evolveする）しかたで，「進化」すると考えるのである．しかし，文化変化の考えかたは，基本的に「進化」という概念を採用しない．多系進化論を唱える論者には，文化変化論が「進歩」の概念を排除していると思われる点が不満であろう．多系進化論が進歩史観に属するのに対して，文化の変化に注目するということは，変化を変化として記述し，分析するということであり，それが進歩であるかどうかは問わないのである．

それでは，文化には進歩はないのであろうか．どの文化も長い歴史のあいだに複雑になってきたことは，もちろん，否定する必要がない．複雑化はすなわち進歩であろうか．なにを基準にして進歩というか，それによって人々の意見は分かれるであろう．一つだけたしかなことは，文化は変化するが，文化そのものが進歩することはないということである．「文化の変化」を「文化の進歩」に転化させるものがあるとすれば，それは文化を変化させる，文化以外のなにものかである．それが何であるかを知るには，文化の変化の過程そのものを見るのがよいと思われる．生物進化論，社会進化論と違い，文化進化論は個体間の競争を前提としていなかったと述べたが，文化の変化は競争によって生じるということができる．すなわち，文化は，しばしば別の文化から受容した要素を含む，複数の要素のあいだの競争によって変化するのであり，その競争の帰趨に深く関わるのが，その文化によって生きる人々なのである．

ところで，チャールズ・ダーウィン（Charles Robert Darwin, 1809-82）の生物進化論は生物の系統分類とともに生まれた説であった．一つの種のなかでの個体間の生存闘争と自然淘汰がその種を進化させ，生物全体の進化を生み出したと考える考えかたであった．これに対して，社会進化論と文化進化論は人間という一つの種だけに関するもので，しかも，族という集団間の闘争と淘汰によって特定の族が他の族を支配することになるという結論を導く説であった．つぎに登場する文化相対論の考えかたは，単に集団間の文化の違いを指摘する

だけにとどまらず，この単線的な発展の思考と対峙する点で，人間社会について，社会進化論，文化進化論と対蹠的，根本的に異なる見かたを提出したものといわなければならない．

注
1) L.H.モルガン，荒畑寒村訳『古代社会』上・下，角川文庫，1954年．
2) 同上，「原著の序」，上巻，3-4ページ．
3) このエリオット・スミスの考えかたを受けて，W.J.ペリーという人物は *The Children of the Sun* という本を出した．題名のとおり，それは太陽神崇拝があらゆる文化の中核であり，そこからピラミッドとかミイラとか黄金崇拝とか真珠崇拝が出てくる，それらは世界のあちこちにあるが，それらがもっとも古くもっとも洗練された形で存在したのがエジプトであるから，ほかの遅れたところの文化は全部エジプトからいったものだと主張する内容であったという．
4) Julian H. Steward, *Theory of Culture Change: The Methodology of Multilinear Evolution*, Urbana: University of Illinois Press, 1955（米山俊直・石田紀子訳『文化変化の理論——多系進化の方法論』弘文堂，1979年）．村上泰亮『文明の多系史観——世界史再解釈の試み』中央公論社，1998年も参照．

3. 文化変容論

植民地の文化，インディアン・リザベーションの文化　文化進化論は西洋の植民地主義とともに栄え，植民地主義より先に衰退した．1920年代には，文化進化論に代わって，文化変容論が登場する．

文化進化論の衰退をもたらした一つの原因は，皮肉にも，植民地主義そのものであった．19世紀後半，もっとも文明的先進地帯であったヨーロッパの各国は，その力で非ヨーロッパ地帯に植民地をつぎつぎに獲得し，植民地行政を開始した．他の植民地国と対抗して自国の植民地領を確保し，支配するためには，経済的な搾取だけでなく，現地において植民地の経営をしなくてはならなくなる．そこで，本国から植民地行政官が送られるようになった．イギリス，フランス，ドイツなどからインドやアフリカ各地などの植民地領に行政官が派遣され，植民地行政の実を挙げようとした．日本も遅ればせながら植民地競争，帝国主義競争に参加して，台湾や朝鮮や満州で植民地行政を行うようになった．日清戦争で獲得した台湾では，日本は植民地行政をかなりうまく行っていると，

当時の植民地主義の先輩国から賞賛されもした．

　植民地国は，植民地行政に成功するためには，西洋の進んだ法律や技術を現地に送ってやればよいと考えた．文化の遅れた地域に先進的な文明を送り込んでやればよいという，文化進化論的な考えかたで，現地の住民たちの文化の変化を促そうとしたのである．たとえば，植民地の現地には相続などに関して進んだ法律制度がないと見ると，フランスのそれに代表される西洋近代の民法，相続法や親族法を行政官が現地に導入した．進んだ法律があれば，現地人同士の争いや原住民と白人とのあいだの法律問題を容易に解決できると思ったのである．が，結果はむしろ悪くなった．困惑した本国政府は学者たち（民族学者，今でいえば文化人類学者）を各地に派遣して現地調査をさせた．植民地旧慣調査も行われた．おおよそ1920年代のことである．その結果，現地の文化の方が現地に適合しているとする調査結果が各地から集まったのである．西洋人の進歩史観からすればいかにも遅れている現地の古い慣習的な法律が，現地の人々の法的紛争をうまく解決してきていたのである．

　同じ頃，アメリカでも同じようなことが起こった．コロンブスによるアメリカ大陸の「発見」，ヨーロッパからの白人の移住，そして西部の開拓と，白人たちが原住民のインディアンを土地から追い立てて絶滅寸前にしてしまったことは周知のとおりである．19世紀のはじめから強制移住が行われ，やがて，連邦政府は各地に保護区(リザベーション)を設け，そこにインディアンを部族ごとに囲いこむことによって保護する政策をとった．しかし，白人のこの「善意」にもかかわらず，どこのリザベーションでもインディアンはどんどん元気をなくしていった．インディアン行政を担当するワシントンの内務省はこの事態に困惑し，文化人類学者をリザベーションに派遣して調べさせたところ，白人たちが「善意」から，より進んだ文化だと信じてリザベーションに白人文化の要素を流し込んでいった結果，インディアンが以前からもっていた文化の体系が崩れてしまい，インディアンの精神をも破壊しつつあるためであるという報告が，期せずして各地から入ったのである[1]．

文化進化論の破綻　以上のような，イギリスの植民地，アメリカのインディアン・リザベーションなどでの発見を一般化すると，植民地行政が行おうとしたことは，ウィーン文化史学派がしたように，お面ならお面という特定の文化要

素を文化の全体から切り離して各地から持ち寄って比較し，優劣を決めるということと同じであった．アフリカの原住民の法律と，西洋社会の彼らがもっとも進んでいると思っていた法律とを，他の要素から切り離して比較して，「これが進んでいるから入れてやろう」とすることが誤りであることがわかったのである．文化の一つの体系の全体と部分のあいだには，いわば切ったら血が出てしまう関係，文化要素は死んでしまい，文化全体も不調に陥るという，切っても切れない関係がある．一つの文化体系のなかで隣り合っている文化要素のあいだには，切り離されれば双方とも死んでしまうような連関性，体系性がある．この連関性，体系性を無視して文化要素だけを切り離して比較し，優劣をつける文化進化論の見かた，原始的なものや野蛮なものは劣っているという優劣の考えかたが，植民地の現場において否定され，文化の体系性が発見されたのである．体系性をもった文化のなかで長いあいだ機能してきた文化要素，たとえば原住民の慣習的な法律に任せる方が，長い時間はかかっても，結局紛争が上手に解決されるというような事例が，実際に見られたのである．

　文化進化論の破綻が明らかになり，文化の見かたを基本的に変えなくてはならなくなった．土着の方法が最良であるということは，それぞれの文化が全体としてそれぞれに優れているのではないか．かくして，ヨーロッパの植民地の現地において，ヨーロッパ中心主義への疑問が発生し，エスノセントリズムの修正を迫られるにいたったのである．このとき文化相対主義も芽生え始めたということができる．文化はそれぞれに優れているとしても，それぞれに変化もする．植民地行政官の試みにもかかわらず，現地の文化が変化を拒絶し，どうしようもなく停滞しているように見えた一方，変化も観察された．そして，現に植民地支配やインディアン・リザベーションをとおして，原住民は外部の文化との接触をやむなくされており，それゆえの変化も進行している．文化進化論を否定したうえで，なお文化が変わるということをどのように考えればよいのであろうか．文化進化論の思想を土台に植民地行政やインディアン政策が文化を変えるために行おうとしたことは，見かたを変えれば，異文化の借用の強制であった．異文化の借用が成功しなかった現実をまえにして，借用（borrowing）の問題が浮かび上がってきた．借用とは，文化の断片を持ち込んで，新しい全体のなかに当てはめようとすることである．すなわち，部分と全体との

連関を二度切断する行為である．これが誤りであったとすれば，文化の変化をどのように考えればよいのであろうか．こうして考え出されたのが二番目の文化変容論の考えかたである．

文化変容論の登場　文化変容論をアメリカで最初にはっきりと打ち出したのは，コロンビア大学で文化人類学を教えていたフランツ・ボアズ（Franz Boas, 1858-1942）である．彼はアメリカ人類学の祖であり，その門下からはマーガレット・ミード（Margaret Mead, 1901-78），ルース・ベネディクト（Ruth F. Benedict, 1887-1948）など，多数の文化人類学者が輩出した．その一門が文化変化のケース・スタディーを豊富に積み重ね，1930年代半ばには新しい文化変化の考えかた，文化変容（cultural change）論を確立するにいたったのである．

門下生に文化変化の事例研究を指導するに当たって，ボアズが示した研究方針は，ウィーン文化史学派の研究方法の批判に端を発している．ボアズは，グレーブナーがウィーン文化史学派の研究方法を科学的にするために提出した文化比較の基準を批判して，まず，伝播の記述的な研究から進んで，伝播の過程を分析的に研究すべきであるとした．なぜなら，それまでの研究は伝播の結果を云々するにすぎなかったからである．つぎに，ボアズは，伝播したとされる文化要素を研究者が恣意的に分類するのではなく，その文化要素と他の文化要素とのあいだの内的な関係を究明するように求めた．さらに，まず特定のかぎられた範囲のなかで文化要素の分布を観察し，一般化はそのあとにすること，また，文化変化の実際を理解するためには，その過程にかかわる個人やその影響を受ける個人の心理の次元にまで立ち入ることを求めたのである．すなわち，ボアズは，モルガンのように人類という大きな単位で考えるのではなく，それぞれの文化単位で見ることを提唱したのである．たとえばアンダマン島の文化を全体とみなし，そのなかでその法律制度がどのような機能を果たしているのか，それが変わったのはどうしてか，を考えようというのであった．文化進化論が人類史的な巨視的な見かたであるのに対して，文化変容論は個別文化ごとに文化の変化を考えようとする微視的な方法として提唱されたといえよう．

同じ頃，マリノフスキーも微視的な観察を提唱したが，彼は文化の変化を内因にのみ求めようとした．しかし，当時すでに個別文化間の交流・接触がしだいに進んでいく形勢にあった．植民地行政も文化と文化との一つの交流・接触

であった.間違っていたかもしれないが,植民地行政官は植民地にさまざまな西洋の事物を持ち込み,殺戮や葛藤も起こしたが,それもなにがしかの変化を現地の文化に起こす過程であった.したがって,文化変化を考えるには外因も見逃せない.そこで,借用と発見・発明の両方を合わせて,個別の文化それぞれについて微視的に文化の変容のメカニズムを観察し,その文化を担っている人々の必要性というところまで考えて,具体的に分析しようというのがボアズによって提唱された文化変容論である.個別の文化がその担い手たち自身の努力で新しい文化要素を生み出していく,それぞれの環境のなかで生きる必要性に立脚して新しい文化を編み出していくと考えることを原則とする点で,文化変容論の基本は内因重視であるが,外因も無視しないのである.

　ボアズの指導を受けた若い文化人類学者たちがアメリカの各地に散って,文化変容の事例研究に従事した.すでに白人文化の浸透を受けて,多くの変化をこうむったインディアンの部族,また,少し遡れば,二つのインディアン部族のあいだに文化の伝播関係があって,現在の文化があるという事例もしだいに判明し,ボアズ一派は多くのケース・スタディーを積み重ねていった.1936年,そうした研究の集積を整理すべく,ボアズ一門は「文化触変研究のための覚書」を出した.これが文化変容論の立場に立つ新しい文化変化の研究の始まりであった.

文化相対主義　国際文化論の視点からは,20世紀後半は文化相対主義の時代と特徴づけることが可能である.文化相対主義(cultural relativism)は文化変容論と表裏一体の関係で生まれてきた.上に述べたように,文化変容論は文化進化論に続くもので,それを乗り越えて登場した.そして,それは,白人優越主義という極端な形で文化進化論に現れた,文化を優劣関係で見る見かたを明確に否定した.アンダマン島の文化には,アンダマン島で人々が生きるためにどうしても必要なものがある.イギリスにはまた別の文化がある.西洋先進資本主義国,帝国主義国の植民地行政のなかから,文化進化論の見かたを自己否定する形で文化変容論が出現したことは注目に値する.自文化中心主義を否定する立場を前提にしなければ,文化変容論は成り立たないのである.文化進化論と対照的な立場に立った文化変容論は,文化相対主義を導き出して,新しい地平を開いたということができる.

しかし，文化相対主義を，単にそれぞれの個別文化にはそれぞれの独自性があり，その独自性は尊重されなければならないと説く説と捉えるのでは，文化相対主義の意味を十分に捉えたことにはならない．時間と空間を無視して，二つあるいは二つ以上の文化を比較するのでは，たとえ相互の独自性を尊重するとしても，根本的には文化進化論と異なるところがない．ある特定の空間に存在する文化が，それ独自の歴史をもって，時間とともに変化していく，しかも相互に交渉し合いながら変化していく，と考える必要がある．真の文化相対主義に到達するには，文化相対主義に歴史性を与えることが必要である．

注
1) アメリカ・インディアンに対する「文化変容」については，W. T. ヘーガン，西村頼男・野田研一・島川雅史訳『アメリカ・インディアン史』〔第3版〕北海道大学図書刊行会，1998年，第5章を参照．

第4章　文化の接触と変容——文化触変

1.　アカルチュレーション研究の登場

文化の接触と変容　19世紀後半から20世紀に入ると，国際関係の緊密化にともなって，二つ以上の個別文化のあいだの接触が絶え間のないほど頻繁になり，その接触によって，それぞれの文化が激しく変化するようになった．すでに見たように，植民地支配はまさにそうした文化と文化のあいだの接触と，それによる文化の変化の代表的な一つの形であった．ほかにもいろいろな文化間の接触の形がある．もはや遠隔地の文化の比較が問題なのではなく，文化の関係，文化の接触と変容が人々の日常の生活に巨大な意味をもつようになったのである．

　これからこの変化，文化の接触と変容——文化触変——を，一般論的に考えていくことにしよう．ある一つの文化にとっての文化接触ということは，その文化が置かれている環境のなかに，別の文化が現れることである．その別の文化が一つか複数かは場合によって異なるであろうが，理論的には，ある一つの文化が置かれている環境のなかに別の文化が一つ現れる場合を考えることから出発することにしよう．いうまでもなく，そちらの文化も無数の文化要素から成り立つ，一つの体系である．それぞれ独自の体系性を有する二つの文化のあいだで接触が生じ，影響関係が現れるのである．

　本来，この影響関係は両方向的であるはずである．双方が互いに接触した相手から影響を受けるであろう．しかし，両方向の動きを同時に理解可能なように説明することはかなり難しい．理論的に単純化するために，どちらか一方を固定しておかないと，説明しにくい．現実にも，歴史的にも，たとえば一方が日本文化で，他方が近代西洋文化というように，一方が受け手で，他方が与え手という関係になり，影響関係が圧倒的に一方的であるように見える事例が顕

著に存在する．よく見れば，逆の方向の影響関係も見いだすことができるのであるが，一方の与え手の文化が他方の受け手の文化の文化要素をつぎつぎに置き換えるように見えるのである．現実にそういう状況があり，理論的には同時・両方向の変化として説明することが困難なので，便宜上，一方向的に説明せざるをえない．つまり，一方が与え手で，他方が受け手という説明のしかたをすることとし，両方向の影響関係は，与え手と受け手を入れ換えて理解することにしよう．

受け手の文化がすることは，通常，文化の受容といわれる．与え手の文化からある文化要素が伝播してきて，受け手の文化に受容され，ある文化要素の置換（replacement）を起こしたという基本的な把握から説明が始まるのである．しかし，文化の接触・変容はけっしてそれほど単純ではない．また，文化触変は与え手の文化よりも受け手の文化にとってはるかに重要で，興味深いものである．この場合，受け手の文化にとっても，与え手の文化にとっても，文化を取り巻く環境はもはやかつての自然環境ではなく，国際環境というべきものになっている．19世紀以来，世界全体にわたってそのような状況が存在するようになっているのである．孤立，閉鎖した体系のなかで，文化が自然環境との関係のみで，すなわち内因のみで個別的に変化を起こすこともありうるが，国際関係が進んだ近代においては，その可能性はかつてに較べてはるかに少ないであろう．受け手の文化の関係者や研究者が「内発的変化」にこだわるのは，まさに文化を国際環境が取り巻き，文化接触・変容が圧倒的であるからこそである．内発的変化を理解するためにも文化触変の理解が有効であることが，あとで納得されるはずである．

1936年「研究メモランダム」　ボアズが提唱したことは，文化と文化が頻繁に接触する時代に，文化がどのように変化するかを実際に即して詳しく研究することであった．文化進化論が百年単位の幅で人類文化の進化を巨視的に，そして一方向的に論じたのに対して，ボアズが望んだのは，十年から数十年の幅で，実際の文化の変化を微視的に，予断をもたずに観察し，分析することであった．彼の指導を受けた若いアメリカの文化人類学者たちが，実際にインディアンのさまざまな部族の文化変容について，そういう調査研究をするようになったのである．

1936年，*American Anthropologist*というアメリカの学会誌に記念碑的な研究覚書が掲載された．"Memorandum for the Study of Acculturation"（「文化触変研究のための覚書」）というもので，当時シカゴ大学，ウィスコンシン大学，ノースウェスタン大学で文化人類学を教えていたロバート・レッドフィールド（Robert Redfield, 1897-1958），ラルフ・リントン（Ralph Linton, 1893-1953），メルビル・ハースコビッツ（Melville Jean Herskovits, 1895-1963）が共同で執筆したものである[1]．米国社会科学研究協議会（Social Science Research Council）は，前年「文化変容研究委員会」（委員長レッドフィールド）を組織し，やがてアメリカの文化人類学界の指導者となる，この若き三人の研究者に研究覚書をまとめることを委嘱していた．三人は，ボアズの指導下に調査研究を積み重ねつつあった同僚たちの研究を新たな分野として確立するために，研究状況を整理し，用語法を定め，研究の枠組みを統一し，研究の方向を定めることを提言したのである．この「覚書」は文化触変研究の分野では画期的な，世界的に基本的な文書であるということができる．1930年代にさかんになってきた一連の調査研究を新しい分野として認知し，事例研究をさらに積み重ねることを提唱したのである．その後，社会科学研究協議会から再びこの分野の研究状況を整理することを委嘱された研究者グループが，54年に第二の研究覚書ともいうべき文章を発表し，2年後にはアンソニー・ウォーレス（Anthony F.C. Wallace, 1923- ）が文化接触に対する土着主義運動について重要な論文を発表した．これらは，36年以後の研究の成果を検討して，第一の「覚書」を部分的に修正したり，新しい概念を加えることを提唱しており，どちらも研究史の上で重要な文献である．

　さて，1936年の第一の「覚書」は新しい研究分野を認知し，成立させ，その研究対象に「アカルチュレーション」（acculturation）という呼称を正式に与えた．「覚書」冒頭の定義によれば，アカルチュレーションとは「異なる文化をもつ集団が，持続的な直接接触を行って，いずれか一方または両方の集団の元の文化の型に変化を発生させる現象」のことである．文化間の接触による文化の変化ということなので，これからは「アカルチュレーション」を「文化触変」と訳して使うことにしたい．「アカルチュレーション」（acculturation）ということばは，この「覚書」より少しまえから使われ始めた，まったくの新

造語である．文化（culture）の語幹に「～のなかへ」という意味の"a"という接頭辞をつけ，それに連動して，語尾を動作，状態，関連を表す抽象名詞形に変えて，作っている．この造語法にしたがえば，文化要素が文化のなかに入っていく現象が文化触変ということになる．

文化人類学の用語には，アカルチュレーションにそっくりな，もう一つの造語，「エンカルチュレーション」（enculturation）がある．「文化化」と訳されるこのことばも，「～のなかへ」という意味をもつ接頭辞，"en"をつけて作られている．ただし，この場合は，人が文化のなかに入っていく現象を指している．すなわち，人は生まれたときには文化をもっていない，ほとんど動物と同じく本能のみで生きる存在であるが，母親から乳を与えられる瞬間から「しつけ」を通じて，やがて家族や友達のなかでの学習を通じて，その土地，その社会にふさわしい生きかた，つまり特定の文化を習得していく，その過程を「文化化」とよぶのである．社会学に，似た用語の「社会化」（socialization）があるが，文化人類学の文化化は人の一生の最初期に行われる「しつけ」の役割を強調しており，社会化よりも初期の成長過程を説明するための概念である[3]．人の集団全体にとっての文化の発生を一人一人の人が繰り返す個体発生が，文化化であるともいえよう．いうまでもなく，新しい人々がどのような文化に「入っていくか」は，これからの社会や国際社会のありかたを決定することになる．

すでに明らかなように，文化触変と文化化は，原語はよく似ているが，性格の異なる概念である．文化化は人の変化を述べるものであるのに対して，文化触変は文化の変化を指している．英語では，通俗的に「彼（彼女）はアカルチュレーションを受けている（acculturated）」ということがある．たとえば，成人の移民，すなわち一つの文化への文化化を終えた人が，人生の途中で別の文化のなかに移って，あらためてその文化を身につけ始めた場合などに，そういわれる．しかし，語源から考えて，これは誤用である．文化触変は文化そのものの変化であり，しかも文化が起こす文化の変化であるから，具体的な人に見られる文化化の変化以上に抽象的な現象である．しかし，その文化触変が，一人一人の人が文化化の過程で「入っていく」文化のありかたを決めるのである．

アカルチュレーションの類縁語に，もう一つ，「同化」と訳される「アシミレーション」（assimilation）がある．英語では，たとえば移民について「彼（彼女）は同化している（assimilated）」ということがある．先の例とほぼ同様の意味をもつ表現で，ニュアンスとしては，アカルチュレーション以上に変化が進んだ場合に使われる．しかし，文化触変の分野では，人の変化ではなく，文化の変化のあるタイプを指すことばとして使われる．すでに1936年の覚書の定義において，同化と文化触変とは違うもので，同化が文化触変の一つの局面になる場合があるというように関連づけられている．このことについては，あとで詳しく述べる．

文化触変過程のモデル　文化触変は一つの過程，時間の流れにそった変化の過程である．1936年の「覚書」の中心も文化触変の過程の整理にあるが，そこでは，大きく①文化要素の呈示と選択，②統合，③結果の三段階に分けられている．先にも断ったように，過程を受け手の側の文化から見ていくのであるが，まず，外来の文化要素が示され，そしてそれを選ぶ，というのが入口の段階である．第二の段階では，受け入れる文化要素を文化の体系のなかに取り込んで，その一部にしていく．第三は，そうした過程の結果として，受け手の文化にどのような状態がもたらされるか，結果の段階である．この三段階の考えかたを基本的な骨組みとして，文化触変の過程の一般的なモデルを描いてみたのが図3である．以後は，この図にしたがって，順に説明していくことにする．

　この図が示すように，文化触変は，基本的には，一つの文化が旧平衡の状態から新平衡の状態にいたる過程であると考えられる．したがって，この図はフロー・チャートとよぶこともできる．文化を一つのシステムとして見るとすれば，その変動はこのようなフローがシステムのあちこちで繰り返し発生しているものと考えられなければならない．どの一時点をとっても，文化はけっして固定的なものではなく，たえず動いている．いつもどこかに変化が起こっている．しかし，全体としては，大体安定した状態にあり，継続性が維持されると考えることができる．しかし，その安定が部分的に大きく崩れることがある．崩れたままの状態では，人々の生活を支えるという文化の意義そのものが失われることになるので，ほとんどの場合，その混乱状態を一時的なものにして，新しい安定，平衡状態を獲得しようとする動きが文化の内部に生じるのである．

図3 文化触変の過程

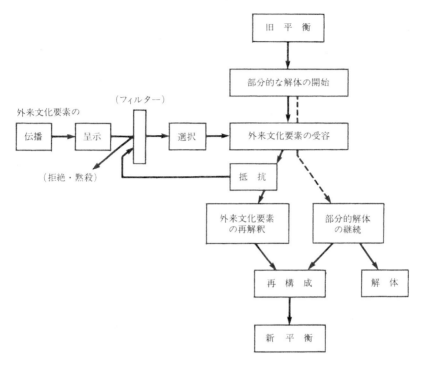

出典:平野健一郎「文化変容」松崎巌監修『国際教育事典』アルク,1991年,625ページ.

文化の一部に混乱が始まって,それがどういうふうに落ち着くかを表したのがこの図であるともいえる.

文化システムの安定と動揺 混乱は図の旧平衡から部分的解体の開始のところで始まる.文化の部分的解体がなぜ起こるかというと,生きるための工夫としての文化がそれを取り巻く環境を変えると,環境の側から文化を変える力が戻ってくるからであり,また,その文化を道具として用いる人間の側からも変更が加えられるからである.文化のある部分に存在する文化要素が従来のままでは目的を達成することができなくなり,機能を果たすことができなくなる.その状態を改善するために必要な変化が途中で中断され,そのまま放置されれば,文化は解体を始め,さらに解体が進めば,やがては文化の全体的な解体にさえ

いたると考えてよいであろう．文化のシステムを人間の身体になぞらえることが適当かどうか，若干問題があるかもしれないが，この場合をわかりやすくいえば，ある文化要素が機能不全に陥るということは，身体の一部に好ましくない細胞，癌細胞が生み出され，それがどんどん広がったり転移したりするのに似ており，文化の全体的解体は，やがて身体全体が死にいたるのに似ているといえる．しかし，実際には，かりに文化は死んでも，そこに生きている人々は生き続けていかなければならない．

　もともと文化はたえず変化を繰り返すものであるから，文化の全体的な解体とはどういう状態を指すのか，明確にいうのは難しい．歴史上，インカ帝国の滅亡とかアステカ文明の消滅のように，文化の全体的解体といい直してよい事例も存在する．社会については，征服者が被征服者を滅ぼしたとなる場合，それを文化の側面から捉えると，侵入してきた新しい文化に対抗できるように文化を作り変えることができなくて，従来の文化が失われてしまったということになる．かつてマダガスカルでは，それまでタロイモで暮らしていた人々が稲作文化を受け入れたために，人々が精神異常の状態になって，つぎつぎと自殺するようなこともあったという[4]．人も死んでいくように，文化も滅んでしまうことがあるのかもしれない．敗戦とか占領のときには，文化も全体的解体という状態に近づくと考えられる．しかし，かりにある地方の文化が，たとえば敗戦とか征服とかによって全滅したとしても，その地の人々は生活を続ける．ということは，そこに新しい文化が存在するということである．

　一般的には，大きな文化の断絶が生じたとき，それ以前の文化は全面的に解体したとみなすことができよう．そして，その解体は，文化の変化が滞ったときに生じるのである．解体を避けるため，すなわち，部分的な解体をあるところで止めるためには，文化を変化させなければならない．そして，その変化のために，外来の文化要素が求められることがあるのである．文化触変は文化システムの動揺をもたらし，しかもその動揺を安定させるメカニズムであり，過程である．

注
1) *American Anthropologist*, XXXVIII (1936), pp.149-152.
2) Social Science Research Council, "Acculturation: An Exploratory Formula-

tion," *American Anthropologist*, LVI (1954), pp. 973-1002. Anthony F.C. Wallace, "Revitalization Movements," *American Anthropologist*, LVIII (1956), pp. 264-281.
3) 文化人類学における「しつけ」論の書物としては，原ひろ子・我妻洋『しつけ』弘文堂，1974 年が最適である．
4) より詳しくは，つぎのような連鎖現象が起こったと考えられている．すなわち，稲作になると，生産力が格段に高まり，土地の所有量と穀物の生産量が比例することに気づいた人々が，それまで共有であった土地の私有競争に走るようになった．その一方，タロイモの生産では十分にあった宗教儀礼の時間が稲の耕作によって失われた．その結果，土地をめぐる争いが増える一方，それを和らげる精神活動ができなくなったのである．

2. 外来文化要素の伝播と選択

外来文化要素の伝播・呈示　文化は，環境との関係と人々の欲求によって，たえず部分的な解体を起こしているともいえる．その部分的解体が文化全体の解体にいたるのを防ぐためには，新たな文化変化を起こさなければならない．少なくとも論理的には，文化の全体的解体もありうると考えておく必要があるが，実際には，そこまでいたらないうちに文化を立ち直らせる動きが起こるのが普通である．すなわち，機能不全を起こした文化要素を新しい文化要素に置き換えて，それによって文化のシステムを動揺から安定に戻す動きである．その過程が図3の左側のタテの実線の流れで表されている．

いかなる原因であれ，機能不全に陥った文化要素があれば，これを新しい文化要素に入れ換える必要が生まれる．そこで人々は新しい文化要素を求めるが，その要素を発明・発見によって得る場合，すなわち，内因によって文化変化が進められる場合と，他の文化から導入される場合，すなわち，外因によって文化変化が進められる場合とに分けられる．本書はもっぱら後者の文化変化——文化触変——を考察するので，図3には「部分的な解体の開始」のつぎの段階として「外来文化要素の受容」が書き込まれている．内因による場合も含めるためには，これを「新文化要素の受容」と書き換えればよいであろう．注意しておかなければならないことは，ここでの受容は一時的なものであって，新し

い文化要素が文化の体系の一部として定着するまでには，図3に示すように，さらにいくつかの段階を経過することになる点である．

ここでいったん受容される新しい文化要素は，それが外来の場合，すなわち，文化触変の事例の場合，接触している別の文化から導入される．図3では，その過程を左横から入る矢印で示している．外来文化要素はまず他の文化から「伝播」し，それを受容することになるかもしれない文化に「呈示」される．文化進化論の系譜で生まれた「伝播」という概念を，文化触変論ではここに継承している．外来文化要素の伝播がなければ，当然，その受容も触変も起こらないが，文化触変論では，伝播は文化変化の過程の始まりにすぎないと考えるのである．それからまた，「伝播」ということばは一般的で，文化要素がそれ自体の力で一つの文化からもう一つの文化へ伝わっていくかのような印象を与えるが，実際には，その過程はさまざまであり，自然発生的でもない．この点については，あとでより詳しく述べる．

拒絶・黙殺　伝播してきた外来文化要素は，受け手の側の文化のなかで機能不全を起こしている文化要素に代わるものとして呈示されるが，必ず「選択」されるわけではなく，「拒絶」されたり，「黙殺」されたりすることが少なくない．

1960年代，アメリカの平和部隊（ピース・コア）の隊員がコスタリカの村にいって，村人の健康状態が悪いことに気がつき，栄養を向上させるために，野菜の家庭栽培をさせようと考え，指導を試みた．この場合，アメリカ人の隊員がもっていった野菜の家庭栽培というのが新しい文化要素である．栄養状態が悪いということは，村人は気がついていなかったであろうが，部分的な解体現象の例ということになる．そこには野菜をあまり食べないという文化があり，それを，野菜をもっと食べるという文化要素に置き換えようとしたわけである．ところが，その試みは拒否された．新しい，野菜の家庭栽培という文化要素が呈示されたにもかかわらず，それは黙殺された，というよりも拒絶されたのである．村人が野菜の家庭栽培を拒絶した一つの理由は，野菜の家庭栽培を始めると，彼らが昔から生活の拠りどころとしてきたコーヒーとさとうきびの栽培がおろそかになると考えられたことにあった．いいかえれば，野菜の家庭栽培という新しい文化要素が野菜をあまり食べないという文化要素に置き換わるのではなく，コーヒーとさとうきびの栽培という文化要素に置き換わるのではないかと怖れら

れたために，野菜の家庭栽培の導入が拒絶されたのである．村人にそもそも栄養の知識がなかったこともも一つの理由として挙げられる．栄養の知識も一つの文化要素であるが，これがないと，野菜を食べるという文化要素も定着しない．ここに文化要素の連関性の例が見られる．隣合せに位置していると思われる栄養の知識がなかったので，野菜を食べれば栄養状態が改善されるという連関が理解できなかったのである．

このように，新しい文化要素が選択されずに，いわば入口のところで拒絶や黙殺の憂き目に遭うことがある．「拒絶」は，置換の対象となる従来の文化要素や関連する他の文化要素との競争関係が強烈な場合，いいかえれば，受け手の側の人々が文化要素間の競争関係を意識している場合に発生する反応である．それに対して，「黙殺」は，人々が呈示された新文化要素の代替価値に気づかない場合に起こるが，それはすなわち，ある文化要素が機能不全を起こしていることに人々が気づかないか，関連する文化要素の機能連関性が希薄な場合である．接触していても人々が気づかないという場合があるが，これも黙殺に含めてよいであろう．

フィルター　図3では，やや比喩的にこの拒絶と黙殺を表すために，呈示と選択のあいだに「フィルター」を置いてある．フィルターに跳ね返されてしまって，通過しない文化要素がある．これが拒絶・黙殺である．空間的には，このフィルターは文化の体系的な境界上に存在すると考えられるが，もちろん，実際にそのようなものがあるわけではない．抽象的，比喩的に想定されたものであるが，具体的に，このフィルターの役割を演じるのは何であろうか．

前項の事例で見ると，フィルターの役割をしているのは，受け手の側の人々の選択の意志である．しかし，それがすべてというわけではなく，人々の意志は関連する文化要素の連関性あるいは競争性によって決められている．そこで，フィルターとは受け手の文化の側にある必要性と適合性という条件である，とまとめていうことができる．たとえば，先に拒絶・黙殺のところで例として挙げたコスタリカにおけるアメリカ平和部隊であるが，彼らがアリの駆除剤を紹介したところ，これはたちまち村人に受け入れられた．村人たちは，彼らの主要な栽培作物であるコーヒーとさとうきびにたかるアリには以前から悩まされており，また，彼らの必要性を満たすこの新文化要素の効果は歴然としていた

からである[1]. この場合には, 必要性と適合性が外来の文化要素を選択させることになっている.

必要性とは, 人々が実際に生活のために感じる必要性であるが, より理論的には, 文化の体系性のうえでの必要性である. 文化を維持するために, あるいは動揺する文化を安定させるために必要な文化要素は, それがどんなに従来の文化とかけはなれていても, 結局選択されるのである. 適合性(congruity)とは, 外来の文化要素が選択され, 受容されたときに, それと関連をもつことになる他の文化要素群とのあいだの適合性, あるいはその予想である. ある程度以上の適合性が予想されなくては, その文化要素を受容したためにかえって文化の動揺が増幅するので, それは選択される前に拒絶される. どんなに必要性が高くても, 適合性が低ければ, その文化要素は受容されないことになるわけで, 必要性と適合性のあいだには微妙な関係が存在する.

適合性の問題は, 要するに, 受容側の文化に以前から存在する文化要素に適合するかどうかの問題であるから, その意味で, フィルターを伝統といいかえてもよいかもしれない. 人々の選択の意志を重視すれば, フィルターとは人々の選好あるいは価値といってもよく, それらもフィルターの役割を果たす伝統のなかに含まれていよう. 一般的には, フィルターの役割をするのは伝統と価値であるといういいかたがなされるであろう. しかし, ここでは受け手の文化の必要性と適合性がフィルターの役割を演じるとみなし, それらにフィルターという表現を与えることにする. この二つに合わなければ, 外来の文化要素は拒絶されるか, 黙殺され, フィルターを通過しない結果になるであろう.

ここには一つのパラドックスがある. 必要性と適合性がなければ, 選択・受容の段階に進んでいかないが, しかし, 受け手の文化に完全に適合している文化要素はそもそも新しい文化要素ではない. あるいは, 以前からある文化要素と置き換えてもそれほど目覚ましい効果は発揮しないはずである. したがって, 適合性とは100パーセントの適合性ではない. 数字で表すことはできないが, ある程度以上からある程度以下の適合性であり, どの程度の適合性が予測されれば選択されるかは必要性の度合いによって決定される, と考えられる.

さらに, 新しい文化要素の適合性とは, 受け手の文化全体にとっての適合性ではないことにも注意する必要がある. 文化全体に適合しているのであれば,

その文化要素は元からある文化要素と同じであるから,とりたてて外来の文化要素を取り入れる努力をする必要はないはずである.その文化要素がとくに関連する文化のある部分に適合するかどうかが問題になるのである.ある要素が機能不全になったために,その周辺の部分で解体現象が起こっているので,その要素を取り去って(displace),代わりに新しい要素を置き換える(replace)のであるが,それを取り囲む要素群は機能的な連関性がとくに強い.新文化要素は,当初,それら隣接の文化要素となんらかの程度において適合しないのである.しかし,文化全体としてはその新要素がどうしても必要であるという状況が,拒絶か選択かの場面に適合性の問題を投げかけるのである.

接触→無変化　複数の文化のあいだに接触が起これば,いずれかの文化に必ず変化が起こるのであろうか.文化人類学者によれば,変化が起こらない場合もあるという.トナカイ・ツングース族とコサックのあいだの毛皮交易の関係がその一例に挙げられる.何世紀前からか,中国東北地方の北西部にコサックがやってきて原住民のツングース族とトナカイの毛皮の交易を始めるようになり,その交易関係はずっと続いてきた.両者のあいだには,たしかに継続的な接触があり,交流があるけれども,それゆえにいずれかの生活様式が変わったということは観察されない.もちろん,交易関係が始まった当初は双方の文化に相応する変化が生じたに違いないのであるが,やがてその関係がそれぞれの文化の限定された一部となって安定し,その後,交易関係がその他の文化要素に変化を及ぼすことはなかったのである.

　もう一つの例は,アメリカ・インディアンのズーニー族とナバホ族のあいだに見られる「ゲスト・フレンド・リレーションシップ」という接触・交流関係である.ある年の定まった時期に,ナバホのある家族がズーニーのある家族を訪問して宿泊し,翌年には,同じ組合せのズーニーの家族が相手のナバホの家族を訪ねて宿泊するというように,定まった友人同士の家族が行き来をするのである.訪ねるときには,敷物やら羊の肉やら宝石などを贈り物としてもっていく.もてなす方は,お客さんを泊めてご馳走し,帰り際には果物や干し草など,お土産もたくさんもたせる.その間の会話は,お客さんの方の言葉で行われる.ホーム・ステイの交換に似た,こういう関係がズーニー・インディアンとナバホ・インディアンのあいだで1世紀以上も続いてきたのである.しかし,

この二つの部族の関係はこの「ゲスト・フレンド・リレーションシップ」にかぎられており，他の部分では互いにノータッチなのである．したがって，最初，こういう関係が始まったときには相応の変化もあったであろうが，その後，双方の文化がこの関係ゆえに変化したということはないという．頻繁に交渉や交流があっても，両方の文化にあまり変化が起こらない，という例もあるのである．

このような場合，両者は 共 棲（symbiosis）[2]の関係にあるという．双方互いに相手を侵さず，定期的な交流で平和的な関係を長期間続け，互いが生存を保っている関係である．インディアンはしばしば部族間で戦うことがあるが，ズーニーとナバホは，上述の「ゲスト・フレンド・リレーションシップ」による共棲関係が一種の安全保障の役割を果たして，互いに相手を滅ぼすことなく，平和共存関係を続けてきたという．今日の国際関係では，国際交流による共生が同様の効果を発揮するのではないかと期待されている．現代の国際交流による「共生」は，この「共棲」と同じく，双方の文化に変化を与えることを避けることによって，平和的な関係を樹立し，継続しようとする試みなのかどうか，考察に値する問題であろう．

注
1) なお，アリの駆除剤は村々に村の指導層を通じて持ち込まれ，彼らがかなり宣伝に協力してくれたという事情も加わったという．このことにも，この文化要素に対しては要求・必要性がすでに存在したことが示されている．加えて，コーヒーやさとうきびの栽培とも適合したのであった．しかし，この例は，新文化要素が必要性を満たすかどうかの判断が往々にして短期的・近視眼的になされることをも示している．アリの駆除剤の代わりに枯葉剤を置き換えてみれば，そのことはいっそう明らかであろう．雑草を枯らすには短期的に絶大な効果のある薬剤が，長期的には深刻な環境汚染の原因となることを人々が知るのはのちのことになる．
2) 共棲（symbiosis）とは，元来植物学や動物学で用いられた概念である．馬鈴薯のような根粒植物と根粒の関係，魚のクエとクマノミの関係などが共棲の代表例である．

3. 文化運搬者

文化要素の運び手 上述のように，文化触変の過程は，一方で受け手の側の文

化における部分的解体の開始，他方で外来文化要素の伝播・呈示があって始まる．外来文化要素の伝播・呈示とは抽象的ないいかたである．実際には，特定の文化要素を空間的に移動させる役割をする人ないしはメディアがあって，文化触変の過程は開始されるのである．この外来文化要素の伝播・呈示の担当者を「文化運搬者」(culture carriers) とよぶ．文化という抽象的なもの同士が接触することはなく，文化要素が自動的に伝播するわけでもないので，実際に文化要素を運ぶ文化運搬者という概念が必要になるのである．具体的には，留学生，お雇い外国人教師，外国人技術者，宣教師，さらに貿易商人，植民者，外国旅行者・観光客，そしてときに軍人も外の文化から新しい文化要素を運んでくる．他方，これらの人々が介在しなくても，実物，書物，映画，電話，ラジオ・テレビ電波，衛星放送電波などのメディアを通じる情報の移動によって文化要素が伝播することがある．文化運搬者とはこれらの人々とメディアの総称である．

　文化触変の研究には文化運搬者についての研究も含まれるが，文化運搬者の役割は比較的入口のところにとどまる．文化要素は，文化運搬者によって伝えられてくると，呈示されて，フィルターにかかる．これを通すか通さないかということは，受け手の側の文化の問題であり，具体的には，国内に住んでいる人々の仕事になる．つまり，文化運搬者の役割としての伝播・呈示と，国内でそれを受け入れて変化させ，普及させる段階との二つに分けられる．ごく最近までは，国外からの伝達の段階と国内での普及の段階は別々であり，それぞれにかなりの時間を要した．つまり，外来の文化要素を受け入れて，文化の体系の新しい部分にする作業はツー・ステップであった．留学生が海外に派遣されて，なにかを持ち帰ってきても，それが国内に普及し，定着するかどうかはまた別であったのである．

速いメディア・遅いメディア　最近になって，これがツー・ステップではなくなっている．メディアには速いメディアと遅いメディアがあるといわれる．文化運搬者として上に挙げた人々や，実物，書物などはどちらかといえば遅いメディアであり，映画，電話，ラジオ・テレビ電波，衛星放送電波などは速いメディアである．国際的なコミュニケーション・メディアの発達により，国境を越える情報の移動はリアル・タイムに，事実の発生と同時に，即時に行われるの

が現在の状況である．文化触変の過程のなかで外来文化要素の選別に当たるフィルター，すなわち文化の境界は，単純化して地理的にいいかえると，従来は国境であった．それが今や，情報の流れに関しては，国境がないも同然となりつつある．他方，外来文化要素のなかには，実物の形ではなく，情報として伝播し，呈示されるものもある．国際的なマス・メディアの急激な発達によって，速いメディアが瞬間的な文化運搬者の役割を果たし，人々はメディアが伝える情報を直ちに受け入れるかのように見える．

今から30年ほど前まではなかった，この現象を文化触変としてどのように理解するかは，現代の文化触変論の最大の課題であろう．国際的なマス・メディアが絶え間なく送ってくる，無限ともいえる量の情報を，人々はどのように選別し，ましてやどのようにみずからの文化の一部に取り入れているのであろうか．実は，ほとんどの情報を聞き流し，つまり「黙殺」しているだけではないのだろうか．メディア論では，速いメディアの情報伝達効果はさほど大きくないともいわれるが，現代のマス・メディアを文化運搬者とする文化触変が起こっているとすれば，それはかつての文化触変の過程を瞬間に圧縮して実現させているのであろうか．この疑問についての答えを本書はまだ用意できていない．しかし，現代マス・メディアによる文化触変の信奉者にはまのびした過程と思われるかもしれない「かつての文化触変の過程」を学ぶことが，その答えを準備するのに不可欠であると思う[1]．

以上をまとめると，広義の文化運搬者には，大別して，人とメディアとがある．また，受け手の側から文化要素を求めていく場合と，与え手の側から文化要素をもたらす場合とに分けられる．さらに，特定の文化要素を意識的に伝播させようとする文化運搬者と，無意識のうちに文化要素を伝播させ，結果として文化運搬者になる場合がある．貿易商人，観光客，軍人などは後者の例である．個々の文化触変の事例を考える場合，そこでの文化運搬者については，これら三つの側面を組み合わせて考察することになるであろう．以下に，人が文化運搬者となる代表的な事例について，やや詳しく，一般的な特徴を見ておこう．

留学生・お雇い外国人　受け手の側から他の文化に特定の文化要素を求めていく文化運搬者の代表は，留学生とお雇い外国人であろう．留学生は受け手の文

の社会が意図的に送り出すものであるのに対して，お雇い外国人は受け手の社会が目当ての文化要素をもつ相手の社会から招くものである．その違いはあるにしても，受け手の社会が文化要素の伝播に積極的であるという共通点があり，特定の文化要素を意識的に伝播させようとする点も同じである．

　清末中国から英国に派遣された留学生，厳復（1853-1921）は意識的な文化運搬者となった留学生の典型例である．この例をベンジャミン・シュウォルツ（Benjamin I. Schwartz, 1916-99）の研究によって見てみよう．福建省侯官県に生まれた厳復は，一族のなかでその賢さを買われて，いずれ科挙の試験を受験すべく，幼時から中国の伝統的な経典を学んでいた．しかし，13歳の時に父親が死亡したために，その勉強を断念し，当時洋務派官僚が福州に開校したばかりの海軍学校，福州船政学堂操船学校に入学した．科挙受験の費用が賄えない彼に，奨学金が与えられることになるからであった．中国の伝統的な知識人になるはずであった厳復は，こうして，当時新式の学校に入り，西洋の学問を学ぶことになったのである．1871年に同校を卒業した厳復は，練習航海の船上で指導教官のイギリス人海軍士官に認められ，ポーツマスとグリニッジの海軍士官学校に留学することとなった．1877年，彼が24歳の時であった．留学生厳復は，航海術の学習よりも，イギリスの富強の原因を探ることに主力を注いだ．それは，彼が，中国を富強の国家に変えるにはどうすればよいかという，洋務派的な関心をもって留学したからであった．洋務派とは，「中体西用」，すなわち，中国の文化を根本とし，それを守るために必要最小限の西洋の技術を導入して，手段として用いるという考えかたのもとに，限定的な文化触変である「近代化」を意図した清朝の官僚たちであった．厳復はそうした明確な意図をもって，特定の文化要素を捜し求めてイギリスへいった留学生であったのである．1879年に帰国した厳復は，母校の教員となり，やがて洋務派が天津に設立した北洋水師学堂の校長になったが，イギリスをはじめとする西欧諸国の富強の原因を中国の知識人に伝えるために，18-19世紀の西欧政治・経済思想の翻訳紹介に精力を注いだのである[2]．

　この厳復の例にも見られるように，留学生は他の文化に特定の文化要素を求めて受け手の社会が送り出す文化運搬者である．ただし，厳復をイギリスに留学させた洋務派官僚が厳復に期待していたのは，航海技術の向上だけであった．

厳復が留学先の現地でイギリスの富強の原因を探るべく，議会や行政機関や司法機関，新聞社や学校を訪ね歩き，公園の様子にまでイギリスの富強の原因を発見したように考えるということは，当初は予想されていなかった留学目的である．このように，留学が最初に予期されたものとは異なる目的を果たすものとなること，すなわち，別の文化要素を伝播する結果になるということもよくあることである．また，留学生が，彼らを送り出した社会の文化触変の必要にどの程度まで呼応する文化運搬者になるかは，時代によって異なるかもしれないということも考える必要があるであろう．つまり，厳復のような留学生はもはや今日の国際社会には見当たらないかもしれないのである．

宣教師・植民地行政官　留学生やお雇い外国人とは反対に，与え手の側から文化要素を運ぶ文化運搬者の例が宣教師や植民地行政官である．宣教師は宗教の福音を，植民地行政官は母国から植民地に制度や事物を運んでいく．特定の文化要素を意識的に伝播させようとする点では，受け手の側から文化運搬者として起用される留学生やお雇い外国人と同様であるが，宣教師や植民地行政官が呈示する文化要素が受け手の文化に選択されるには，留学生やお雇い外国人以上の苦労があると予想される．なぜなら，留学生やお雇い外国人の場合には，受け手の文化の特定部分にすでに部分的解体が始まっているために，彼らが派遣されたり，招聘されたりするのであり，受け手の社会が特定の文化要素を意識的に伝播させようとしているのに対して，宣教師や植民地行政官は，そのような前提条件がない状況で，受け手ではなく与え手が選択した文化要素を受け手に呈示する立場にあるからである．

　さらに，与え手側が送る文化運搬者の場合には，与え手が与えることを意図した文化要素ではなく，別の文化要素を運搬した結果になることがある．それは，与え手が与えようとする文化要素を受け手は必要としていないために，拒絶したり，黙殺したりするからであり，むしろ与え手には予想外の文化要素が受け手に求められることがあるからである．宣教師が伝えようとする外来宗教の福音は，受け手の人々が彼らの在来宗教に満足しているために無視され，宣教師の世俗的な生活の用具の方が受け入れられる，というように，意図しなかった文化要素の文化運搬者になることがある．歴史には，この食い違いを意識的に逆用した事例もある．明末清初の中国にカトリックの布教を試みたマテ

オ・リッチ（中国名―利瑪竇），アダム・シャール（中国名―湯若望），フェルディナンド・フェルビースト（中国名―南懷仁）など，有名なジェズイットの宣教師たちは，カトリックの布教を試みるまえに，時計，世界地図，地球儀，天文学，ユークリッド幾何学，大砲製造法，キニーネなど，当時のヨーロッパの物質文明的な文化要素を中国に紹介することによって，まず中国の上流社会に浸透することを試みたのである．彼らがもたらした暦の知識は，農耕社会を司る中国皇帝が必要としていたものであったため，とくに歓迎され，その功績によって，彼らは皇帝から布教を認められることになったのであった．いわば上から布教を始める戦略によって，ジェズイットは清朝の朝廷内の相当高位の官僚を改宗させることに成功した．当時の中国に向かっては，ジェズイット以外にもカトリックのいくつかの会派が伝道に努めたが，改宗者をもっとも多く獲得したという意味での成功者はジェズイットであった[3]．

　北米ニュー・メキシコ州内の，今ではリザベーションに住むプエブロ・インディアンと，隣のアリゾナ州内のヤーキ・インディアンに対して，17世紀の後半，スペイン人の宣教師がカトリックをもたらした．どちらの宣教師もジェズイットで，インディアンをカトリックに改宗させようとしたのである．布教の努力の結果，ヤーキ・インディアンでは，カトリックの教えがインディアンの文化に相当程度融合[4]している状態が観察されるようになった．それに対して，プエブロでは，カトリックの教えと，インディアンがそれ以前からもっていた土俗的な宗教とが混ざらずに別々に存在するようになった．このように異なる結果をもたらした両インディアンと宣教師の接触そのものはきわめて類似したものであった．どちらの場合も，スペイン人宣教師との接触は17世紀の同じ時代であった．インディアン部族の人口はどちらも大体3万人程度で，基本的な共同体の大きさもほぼ同じであり，300人から500人が固まって住んでいた．さらに，二つの部族は農耕・狩猟文化のほぼ同じ段階にあった．このように，二つの文化の性格はよく似ていて，違いを見つけることが難しいほどである．にもかかわらず，同じジェズイットの宣教師との接触の結果が対照的に異なることになったのはなぜであろうか．

　接触の結果，融合が生まれたヤーキ・インディアンの方では，スペインの宣教師は単独でやってきた．そして，ヤーキ・インディアンの部族の指導者と手

を結んで，新しい村作りのリーダーのような役割を果たした．その努力の結果がインディアンの人々から評価されて，宣教師は尊敬されるようになり，宣教師と原住民とのあいだに密接な社会関係ができたといわれている．宣教師はインディアンとともに生活し，彼らの民族的な宗教を禁止しなかった．在来の宗教を禁止しないで，しかもカトリックを伝えようとした努力の結果，布教の成果を挙げたのである．これに対して，プエブロ・インディアンの部落には宣教師はスペインの役人（植民地行政官）とともにやってきて，在来宗教を禁止し，カトリックへの改宗を強制した．この強圧に対して，インディアンは表面的にはカトリックに改宗したように装いながら，隠れて従来の信仰を続けるという抵抗を行った．その結果，この文化触変は二つの対立する文化要素群が隔離[5]した状態で共存することになったのである[6]．

　この，プエブロ・インディアンとヤーキ・インディアンの対照的な文化触変は，アメリカの文化触変研究が本格化する頃，興味深い事例として関心を集めた．与え手の側から文化要素を運ぶ文化運搬者が，受け手の抵抗を予想して，伝播を目的とする文化要素とは別の文化要素を巧みに利用する場合と，そうでない場合とで，文化触変の結果が対照的に異なることになることを示した例とみなされたのである．その点に加えて，この二つの事例には，接触状況の違いという問題が例示されているが，そのことについては後述する．

技術協力者　今日の国際社会で，文化触変の観点からいえば，お雇い外国人に近似の役割を演じながら，ともすれば，宣教師，さらには植民地行政官に近い状況に陥りがちな文化運搬者が，国際的な技術援助に携わる技術協力者である．まず，技術者であることが多い当事者は自覚していないことが多いと思われるが，技術協力者も文化触変にかかわる文化運搬者であることを確認しておく必要がある．技術は文化の主要な文化要素群であるからであり，技術者は技術を世界的に共通とみなしやすいが，文化要素間の機能連関性の観点からして，文化ごとに異なるものであり，その結果，技術協力者は二つの文化のあいだに立って，特定の文化要素を運搬する役割を演じることになるからである．しかし，技術協力者は，技術援助を実際に行う現場で孤立する可能性を原理的にもっている．すなわち，技術協力を提供する国と要請する国とのあいだでは技術協力の合意が成立しているから，技術協力者はお雇い外国人と同様の立場に立つこ

とになるとしても,技術協力の現場では,その技術の提供を求めているとはかぎらず,したがって,技術協力者は宣教師や植民地行政官に似た立場に置かれる危険性があるのである.現地の人々には技術協力者が持ち込もうとする技術に対する必要性が感じられていない場合,技術協力者は与え手の側が特定の文化要素を伝播させるために送り込んだ文化運搬者となる.そのような場合に,その技術を受け入れさせることは,技術協力があくまでも協力であるだけに,簡単ではないであろう.

経済援助の一環としての技術援助・技術協力については,その原則として,現地のニーズを尊重すべしとする「ニーズ主義」がある.技術援助・技術協力を与える国からの押しつけを排して,技術援助・技術協力を受け入れる国からの要請にもとづき,それを尊重して,はじめて援助・協力の設計が可能になるという思想である.たしかに,この「ニーズ主義」が行われる場合,協力国間の次元では,技術協力者はお雇い外国人に相当する位置に置かれ,受け手側の必要とする文化要素を伝播させる役割を果たすことになるように思われるであろう.しかし,実際に技術協力が行われる現場の人々はその文化要素を必要としていない,すなわち,「ニーズ」が存在していない場合が少なくないのである.肝腎の現場において「ニーズ主義」が実践されないことになる.そのような場合に,技術協力者が現場でどのような格闘をすることになるかという問題を含めて,技術協力を考える場合にも,文化触変の視点に立つことが必要なのである.

ここで,技術協力型の文化運搬による文化触変の歴史的事例を一つ紹介しよう.マーガレット・T.ホッジェン(Margaret T. Hodgen, 1890-?)というアメリカの歴史人類学者が1945年に発表した研究[7]によれば,産業革命前のイギリス・大ブリテン島に近代ガラス製造という文化要素をもたらし,産業革命につながる文化触変過程の端緒を開いたのはローレンス・ヴィトレアリウスという名前をもった,おそらくノルマンディーから渡ってきた外国人のガラス職人であったという.ヴィトレアリウスはヘンリー3世が建立する教会にステンド・グラスを納入するために来英していたが,1225年か26年にロンドン南西のサセックス州チディングフォールドという村に土地を購入,定着して,本格的なガラス製造に乗り出したのである.大ブリテン島の人々がガラス,といっ

ても古代ガラスにはじめて接したのは，ローマ帝国に征服されていた時代，紀元後1世紀の後半で，それから13世紀のはじめまでは，大陸のガラス職人が国王などの求めに応じて臨時に渡来し，ステンド・グラスを納入しては，故国に戻っていっていた．ヴィトレアリウスが立地したチディングフォールドは，珪砂，触媒用の羊歯，そしてなかんずく燃料の薪に恵まれ，その時代からイギリス唯一のガラス生産地になっていった．ヴィトレアリウスが先鞭をつけたあと，13世紀から14世紀に，同地帯でのガラス生産が定着したが，職人はすべて大陸渡来の外国人であった．1568年以後は，多くフランスのユグノー系のガラス職人が亡命して定着し，さかんに生産を行い，そのあいだにガラスは今日と同じ板ガラス系に移行した．なお，その間，イギリス王朝は外国人ガラス生産者に特許状を与えて，生産を奨励したから，そのかぎりでは「ニーズ」が存在したことになる．

外国旅行者 ホッジェンの同じ研究によって，外国旅行者が重要な文化触変の文化運搬者となったと思われる例を見ておこう．ガラスの場合と同様にイギリスの事例で，文化要素は近代製紙技術，それも近代の製紙とイギリスとを代表するケント紙の製造技術の文化触変である．他のヨーロッパの人々と同じく，古代からイギリスの人々が使っていたのは羊皮紙であったが，その一方，紀元前20年の中国に源流を発する今日のような植物繊維紙は，8世紀のアラビア人による伝播を通じて，ヨーロッパにも知られるようになり，14世紀の後半にはその種の紙の使用がイギリスにも及んでいたという．しかし，イギリスで植物繊維紙の生産が試みられたのは15世紀のおわりで，ジョン・テイトという名のイギリス人がハートフォードで1495年か96年に試みたのが最古の記録であるという．しかし，彼の試みは成功しなかった．おそらく大陸を旅行したときに見た製紙を見よう見まねでやってみたのであろう．イギリスの近代製紙の始祖となったのは，1586年から96年にかけて，ケントで製紙業を確立させたジョン・スピルマンであったが，彼はドイツ・リンダウ出身の鍛冶屋であった．イギリスの近代製紙の場合も，文化触変は外国人技術者によって本格化したのであるが，この場合も，イギリス王朝は外国人生産者に特許状を出していた．

外国旅行者が文化運搬者になる場合には，二つの方向がある．一つは，外国

に旅行した人が旅先で発見した文化要素を本国に持ち帰る場合であり，もう一つは，外国へ旅行する人が本国から旅行先の国に文化要素をもたらす場合である．前者の場合，外国旅行者が本国に持ち帰る文化要素には正確さが欠けることが多いと思われる．「あの国にこのようなものがあった」という漠然とした記憶を元に，帰国後，間接的な文化触変が開始されるのであるが，記録，写真や実物として持ち帰られても，間接性は消えないであろう．後者の場合も，旅行先の国の人々が得るのは，旅行者のもたらす印象など，大なり小なり間接的な文化要素との接触である．しかし，受け手の側の文化に必要性があるならば，間接的な接触であっても，文化変化への刺激は大きい．「刺激伝播」（stimulus diffusion）あるいは「着想伝播」（idea diffusion）という種類の伝播があることがアルフレッド・クローバー（Alfred Louis Kroeber，1876-1960）によって指摘されたが，この種の伝播によって開始される文化触変も無視できない．伝えられた刺激や着想を元に，人々が自分たちの必要性によって文化要素の内容を再発明するからである．

接触状況 先述の，プエブロ・インディアンとヤーキ・インディアンのカトリックとの文化触変の結果の対照的な違いは，文化の違いに起因するのではなく，文化運搬者がどのようにやってきたかという違いによるように思われる．これを一般的にいい直せば，文化運搬者と受け手側の人々のあいだに作り出された接触状況の違いによって，文化触変の結果が異なることになる，と理解される[8]．さらに一般的には，与え手側の文化と受け手側の文化とのあいだに作り出された接触状況によって決定されると理解することになるが，文化と文化がどのように接触したかと考えるのは抽象的になりすぎるので，文化運搬者と受け手側の人々のあいだにどのような接触状況が作り出されたかを見ることによって，理解しようとするのである．

　文化運搬者と受け手の側の人々のあいだに作り出された接触状況，すなわち両者のあいだの関係には，政治の要素が含まれる．宣教師が独力で文化伝播を試みるか，役人の権力を借りて行うかは，政治関係の違いである．国際的な文化接触は，実は，すべて文化と政治の問題であるということができる．プエブロ・インディアンとヤーキ・インディアンのカトリックとのあいだの文化触変の違いを接触状況の違いから説明するために，政治的な支配－被支配の関係の

有無と，社会的な信頼一不信の関係の有無という二つの要素の組合せで説明しようとする試みも行われた[9]．それを含めて要約すれば，文化触変過程の入口となる接触状況を強制的な状況と非強制的な状況とに分けて考察することがよいと思われる．強制的な接触状況における文化触変の典型は，いうまでもなく，植民地における文化触変である．植民地における文化触変は，そのすべてが強制的な接触状況における文化触変であることは間違いない．占領下における文化触変もまたそうであろう．対照的に，非強制的な接触状況で，受け手側の人々が自発的，積極的に外来文化要素を受け入れるというパターンがある．しかし，強制的な接触状況で行われる文化触変のすべてがその後不調に終わり，非強制的な接触状況でのそれがすべて「トントン拍子」に進むであろうか．そのように考えることは，接触状況にすべてを決定させることであり，どのような文化要素をめぐる文化触変であるかを考えない考えかたになる．

　図3では，表現上の困難もあり，外来文化要素の「伝播・呈示」から「フィルター」を越えて「選択」にいたる部分に「接触状況」を書き込んでいない．敢えてそうしなかったのは，まず，どのような接触状況下においても文化触変は起こるからである．強制的な接触状況に置かれた受け手側の人々は，まさに強制されるがゆえに，フィルターの手前で拒絶するか黙殺しようとするであろうし，それが不可能な場合には，とにかく一旦は選択するであろう．また，接触状況がその後のすべてを決定するわけではなく，強制的な状況であれ，非強制的な状況であれ，どのような文化要素が呈示され，選択されるかに注目することが必要であると考えられるからである．強制的な状況であれ，非強制的な状況であれ，選択された文化要素は，受け手の文化の体系に一度取り込まれたあとで，文化の論理にしたがった変容の過程を辿ることになり，抵抗を受けることになるのである．受容を強制された文化要素に対する受け手側の対応は，その後の過程のなかに現れることになる．これは次章で取り上げたい．

注
1)　1989年，東欧に「ビロード革命」を引き起こした原因の一つとして，西側が続けた「フリー・ヨーロッパ」などのラジオ放送とテレビ電波の越境を挙げる説がある．しかし，人々を体制に立ち向かうという決定的な行動に促したのは，チラシと口コミの情報という旧来型の情報の方であったという（阿部汎克「主体的国際化とコミュニケーション――欧州統合過程の一側面」『青葉学園短期大学紀要』第16号，

1991年).
2) ベンジャミン・シュウォルツ,平野健一郎訳『中国の近代化と知識人——厳復と西洋』東京大学出版会,1978年,第2章.
3) マテオ・リッチが中国に入ったのは1582年で,北京に定着したのは1601年であった.彼が北京で客死した1610年には,中国に約2,500人のクリスチャンが生まれていたといわれる.徐光啓,李之藻などがそのなかの代表的な改宗者.ジェズイットから暦学やユークリッド幾何学を教わった代わりに布教を許可したのは乾隆帝である (John K. Fairbank, Edwin O. Reischauer, and Albert M. Craig, *East Asia: The Modern Transformation*, Boston: Houghton Mifflin, 1965, pp. 36-43).
4) 「融合」とは一つの術語であり,第6章第3節に後述するように,文化接触の結果,受け手側の文化に起こった変化の結果の一つのパターンを示すことばである.
5) 「隔離」も「融合」と同じく一つの術語で,第6章第3節に後述するように,文化接触の結果,受け手側の文化に起こった変化の結果のもう一つのパターンを示すことばである.
6) この事例は多くの文化人類学の教科書に紹介されている.根拠となった元の研究は,Edward H. Spicer, "Social Structure and the Acculturation Process: Social Structure and Cultural Process in Yaqui Religious Acculturation," *American Anthropologist*, LX (1958) などである.
7) Margaret T. Hodgen, "Glass and Paper: A Historical Study of Acculturation," *Southwestern Journal of Anthropology*, 1, 1945, pp. 466-497.
8) 文化触変研究において,接触状況を考慮することが必要であることを主張したのは,E. J. リンドグレンとハースコビッツである.
9) 「1936年覚書」および Melville J. Herskovits, *Cultural Anthropology*, New York: A. A. Knopf, 1955, pp. 478-479.

第5章　文化触変への「抵抗」

1. 外来文化要素の受容

第一次選択　前章の第2節で，アメリカの平和部隊の同じ隊員たちがコスタリカの同じ村にアリを駆除する殺虫剤と野菜の栽培という二つの新しい文化要素を持ち込んだ例を紹介した．この場合，平和部隊の隊員が技術協力者に近い文化運搬者の役割を演じて，外来文化要素を伝播・呈示したのである．その結果，殺虫剤は村人たちに受け入れられたが，野菜栽培は受けつけられなかった．すなわち，一つの文化要素はフィルターを通過して，選択されたが，もう一つの文化要素はフィルターを通過せず，黙殺ないしは拒絶されたのである．広義の選択に拒絶・黙殺も含め，この選択・受容か拒絶・黙殺かによって，受け手文化による外来文化要素の「第一次選択」がなされたと考える．この選択を「第一次」とするのは，この段階でたしかに選択が行われたのであるが，それはいわば粗選びだからである．たとえば，アリの殺虫剤は即座には効果が歴然としており，村人たちは「これこそ自分たちが求めていたもの」と思って使い始めるが，やがて，最初は予想されなかった問題が生じて，結局，定着しないかもしれない．外国からの技術援助によってもたらされた機械や工場が結局使われずに，放置されることがあるが，それは，第一次選択において現地の人々がそれを選択・受容しても，文化がそれを完全には受容しなかったことを示す．外来文化要素はフィルターを通過しただけでは，文化触変の過程の入口を通過しただけであり，受け手文化に完全に受容されたことにはならないのである．

　第一次選択は，先にも述べたように，受け手文化の側にある新しい文化要素に対する必要性と，その文化要素の，それと高い関連をもつことになる他の文化要素との適合性との組合せによって決定される．この第一次選択は，必要性と適合性を基準として，外来文化要素の呈示後，比較的短期間のうちに実行さ

れる．すでに文化の部分的解体が進行中であるから，機能不全を起こした文化要素に代わる新たな文化要素を早急に必要とすることは明らかである．臓器移植にたとえていえば，機能を停止しかけている臓器を取り替えるために，患者の身体のその部位を切開し，他人の身体から取ってきた新しい臓器をそこに置き換える段階がこの第一次選択に相当する．臓器移植のこの段階では，たとえば血液型の同一性など，ある程度の適合性も検討ずみである．ただし，この比喩にも含まれているように，第一次選択の段階では，必要性の有無が適合性如何の判断に優先されるであろう．適合性に関しては，文化の伝統や人々の価値観・選好にあまり無理なく合致するかどうか，という程度の判断によって，一応の選択がなされるのである．適合性よりも必要性が重要な基準となるのが第一次選択の特徴である．

受け手側の文化の特性 外来文化要素の，そのような第一次選択には，受け手側の文化の特性がはっきりと現れる．まず第一に，第一次的に選択・受容された文化要素は，受け手文化側の必要性と適合性に即して，いわば瞬間的に選ばれたものであるから，その時点での受け手側の文化の特徴を示しているということができよう．つぎに，拒絶・黙殺された外来文化要素そのものが受け手文化の特性をよく語ると考えられる．第一次的に選択・受容された要素と同様に，受け手側の文化の必要性と適合性，ないしは伝統や価値観に相当するフィルターによってチェックされたのであるから，どのような文化要素が拒絶されたか，あるいは黙殺されたかを調べることによって，受け手側の文化がどのような文化であるかを裏側から明らかにすることが可能というわけである．現に，1936年の「研究メモランダム」をはじめ，アメリカにおける初期のアカルチュレーション研究の文献では，拒絶・黙殺された文化要素の研究の意義がことさらに強調された．

　より広く，第一次的に選択・受容された文化要素と拒絶・黙殺された文化要素の双方を包括する，第一次選択全体のメカニズムが，受け手文化の特性，さらには文化一般の特性を反映すると考えることができる．第一に，いわば「入口」に配置されたフィルターによって選択したり，拒絶・黙殺したりすることによって，外来文化要素を第一次的に選択するということは，文化に境界を維持しようとする機構が備わっていると考えることができるということである．

文化が境界維持（boundary maintenance）の機構を有していると考えるのは，文化をシステムとみなす以上，当然のことであるが，具体的には，個々の文化がその文化の社会構成メンバーに対して，メンバーにふさわしい行為を要求する規範的な文化要素を含んでおり，外来文化要素の選択・受容に際して，それを発動するからである．規範に反する文化要素を外から持ち込もうとするメンバーはしばしば社会から「村八分」にされる．導入する必要性がいかに高くても，規範的な文化要素との適合性が低い文化要素は，結果として，拒絶されることになる．フィルターはまさに文化の境界線上に置かれ，境界維持機構の代名詞である．

　ある文化，たとえば「日本文化」について，「開かれた文化」であるとか，「閉ざされた文化」であるとかいうことがある．ある文化について開放的な文化か閉鎖的な文化かをいうことは，その文化の境界維持機構の硬度・軟度を全体的に捉えようとする考えかたにほかならない．しかし，この考えかたは不正確である．ある日，日本文化は開かれた文化であるといった人が，つぎの日には，日本文化は閉ざされているといったりすることがよくある．制度的には開放的でも，精神的には閉鎖的である場合，あるいはその逆の組合せの場合というように，文化の側面によって開放性・閉鎖性は変わるであろう．また，時間的・歴史的にも開放的から閉鎖的へ，あるいはその逆の方向へと変化するであろう．さらに細かく見てみると，何世代かにわたって文化接触が続き，文化交流が実現していても，同時に「村八分的な」態度が継続するという二重の状況があるかもしれない．そもそも，文化触変は文化の特定部分に発生する現象であるから，微視的に，かつ実証的・分析的に考察すべきものであるので，文化全体の境界維持機構の硬軟を云々する考えかたとは相いれない．かつては，ある文化全体を開放的か閉鎖的かと特徴づけ，全体的に開放的な文化であれば，その文化を受け手とする文化触変は円滑に進み，成功する蓋然性が高いとするような仮説も立てられたが，それは単純すぎる考えかたである．個々の文化触変を考察するには，空間と時間を限定し，そのなかで当該の文化要素の必要性と適合性に注目するのが妥当な方法である．境界維持の問題もそのように限定して考慮するのが適当であろう．

　文化触変の第一次選択全体のメカニズムが，受け手文化の特性，さらには文

化一般の特性を反映すると考えることができる第二の点は，それが文化に備わる社会的統制の機構を明らかにするという点である．文化は，その社会でメンバーに許される行為と許されない逸脱行為を定めている．そして，逸脱行為に対して厳しい制裁を加える社会と比較的寛容な社会がある．先の境界維持機構の硬軟が，文化がその境界線上で同一性を守ろうとする強さの度合いであったのに対して，これは社会の内部での構造の柔軟性の多少という文化の違いである．たとえば，北米ペンシルバニア州のある地域に固まって住んでいるアミッシュの人々は，新教一派の小宗教集団で，祖先がかつてオランダから移住してきた当時の文化を今でも守って暮らしている[1]．学校，電気，電話，自動車などなど，初期の移住以後，すぐ隣りにまで押し寄せてきた近代的な文化要素のすべてを拒否してきた．文化的な逸脱者には，追放を含め，きわめて強い制裁が課せられる．このような文化的特徴をもつ社会では，すべての文化触変を禁止する規範が働いて，いかなる外来文化要素も拒絶されることになる．これほど徹底した場合でなくとも，社会的統制の強弱が文化触変の第一次選択の傾向に連動するであろうことは予想される．しかし，社会的統制の弱い社会では外来文化要素が選択・受容され，社会的統制の強い社会では外来文化要素が拒絶・黙殺される傾向がある，というように一般的に捉えることはできない．そのような一般化に反する例外が多いし，社会的統制の強い社会でもときと場合によって外来文化要素を選択・受容する．むしろ，そのような事例こそが文化触変研究の意義を高める興味深い対象なのである．境界維持機構の場合と同様に，社会の内部構造の柔軟性についても，個別の文化触変において，選択の対象となっている文化要素が特定の文化要素とどのような適合関係にあるかに注目するという方法で，それを考慮するのが適当であろう．

　第一次選択の際に明らかとなり，文化触変のその後の過程をも左右することになる受け手文化の構造的特質として，そのほかにも，社会構造の発展段階的な違いや，文化的規範の幅の広狭（いわゆる文化の柔軟性）に注目すべきだという説が唱えられたことがある．しかし，これらの点についても相反する事例が多いので，個別的に文化要素の必要性と文化要素間の適合性に注目する方法が適当と思われる．

文化触変の環境　いずれにせよ，文化触変の過程の「入口」に当たる第一次選

択の段階で，早くも，文化全体の境界や内部構造が深くかかわるようである．もちろん，今述べたように，個々の文化触変過程をすべて文化全体の境界維持機構と内部構造の関連で説明しようとするのは単純にすぎ，不可能である．しかし，文化触変において文化の境界と内部構造がそれに深くかかわる問題として立ち現れることはたしかである．文化の境界と内部構造については，すでに第2章の第1節で文化の体系性を述べた際に，一応の説明をしたが，ここでは一歩を進めて，文化触変，すなわち，二つの文化体系が接触する段階での文化の境界と内部構造について考えてみよう．一般に，システムの境界と内部構造は，システムの環境を考えるときにはじめて出現する概念であるから，文化触変の環境を考えることが文化触変における文化の境界と内部構造を考えることにほかならない．

受け手の文化にとって，文化触変の環境は与え手の文化との接触として出現する．擬人化したいいかたでいえば，文化は，他の文化と接触することがなければ，その境界を自覚することがないであろう．環境が自然環境のみの場合，人々にとって文化は日々の生活のしかたそのものであるから，その外延は意識されることがないであろうと思われる．文化触変があって，文化の境界ができ，それと同時に文化触変の環境もはっきりと姿を現すのである．文化の境界は最初から固定されたものではなく，他の文化との関係において作られるというか，意識され，したがって，文化触変の環境のなかに個別文化は存在する．

ここで視点を一人の個人に移し，その個人を中心に置いて，彼（彼女）を取り巻く文化を考えてみよう．彼（彼女）を直接的に取り巻く文化は家族の文化である．その外側には彼（彼女）が生活する地域（近隣や村・町）の文化がある．また，所属する組織（学校や企業）などの文化がある．その外側には彼（彼女）が所属する民族や国民社会の文化が存在する．さらにその外側には国際的な地域（アジアとかヨーロッパとか）の文化が位置し，今日では，一番外側にわずかながらも国際文化や地球文化の層が存在していると想定される．一人の個人を多次元の文化が同心円状に取り囲み，文化は重層的な構造をなしていると考えられる．もちろん，これらの次元によって複数の文化がきれいに分けられているわけではない．境界は線ではなく幅をもったゾーンであり，二つの次元の文化が重なり合い，相互に影響し合っている．日々これらの文化によ

って生きる個人は，それぞれの文化を異なる次元に位置づけて意識しているわけではなく，同時並列的にしか位置づけていないであろう．しかし，文化の側から見て，それぞれの文化の包括範囲を考えると，異なる次元の文化が重層的な構造をなして，個人を包んでいると考えられる[2]．

それぞれの次元の文化は，同じ次元の他の文化と接触することによって，その境界を明確にする．子供がよその家庭に遊びにいったり，よその学校を訪問したりして，自分の家庭や自分の学校の独自性を意識するのがその例である．しかし，それぞれの次元の文化の境界が意識され，作られるのは，同一次元の他文化との接触によるだけではないと思われる．近代という歴史時代において，他文化との接触が圧倒的に際立ったのは，民族や国民社会の文化の次元においてであった．この次元での文化触変の問題が支配的になったため，他の次元の文化の接触はほとんどゼロとなったかのようであった．しかし，民族や国民社会の文化の次元での文化接触が圧倒的な関心事となっても，他の次元の文化の存在を抹消するにいたることはなく，むしろ民族や国民社会の文化の次元での文化触変の環境が文化の境界の意識を強めた結果，そこに内包される他の次元の文化の重層的な境界が意識されるようになった．すなわち，近代においては文化触変の環境といえば，それは民族・国民文化を取り巻くものにほかならなかったが，今日においては，国内の地域社会や組織の次元にも文化触変の環境が現れ，さらに，民族・国民文化の次元を超える次元にさえも文化触変の環境が現れ始めるというように，これまでにない複雑な状況を呈しており，文化触変の環境の考察に新しい視点を要求しているのである．

すでに前章で接触状況の区分として述べたように，文化触変の環境は，強制的な接触状況の環境と自発的な接触状況の環境とに二分することができる．強制的な文化触変の環境とは，受け手の文化が与え手の文化との接触を求めなかったのに作られてしまう環境であり，植民地の状況や被占領の状況がその代表例である．他方，自発的な文化触変の環境とは，受け手の文化が与え手の文化との接触を積極的に求めた結果作られる環境で，受け手の側が意識的に進める文化交流などがそうした環境のなかで行われる．実際の文化触変を考察する場合，強制的と自発的と，どちらの文化触変の環境においてそれが進行しているかを考慮することが必要であるが，問題は，自発的な文化触変の環境において

外来文化要素の第一次選択が自由になされているように見えても，それを囲む全体的な状況は強制的な文化触変の環境であるというように，強制的と自発的のいずれかに単純に分けることができない場合が多いということである．

ところで，国際関係論の観点からは，1960年代から70年代にかけて，いわゆる近代の終わりの始まりが訪れたと考えられる．ベトナム戦争の終結への動き，石油危機，「成長の限界」説，アポロ11号の月面着陸，ジャンボ・ジェット機の就航，若者の反乱（1968年5月のパリ，大学紛争，文化大革命），「パラダイム」論の登場など，世界史的な出来事がこの時期に相ついで集中的に起こっている．国際関係論においては近代国際関係の唯一の主体とされてきた国民国家の終焉が，この時期に始まっている．近代において重要な文化触変の大半が起こったのは，民族・国民文化の境界においてであった．各民族・国民集団の国際環境の相当部分を文化触変の環境が占め，文化触変そのものが国際関係であるという事例が少なくなかった．そして，文化触変の環境の多くは強制的なそれであった．それに対して，1970年代以降の現代においては，月面着陸に代表される変化が引き起こした人々の意識の変化と，ジャンボ・ジェット機の就航が代表する国際的な交通・通信手段の大きな発達によって，さまざまな文化の次元において文化接触が急速に起こっており，しかも，各次元での文化の境界が揺らいでいる．人々には，たとえば衛星放送やインターネットによる地球規模の瞬間的な接触に眩惑されて，今日の文化接触は豊かで，自発的な文化触変の環境を形成しているとみなす傾向がある．しかし，それらが事実，自発的な文化触変の環境であるかどうかを疑ってみる必要がある．文化触変の環境が自発的か強制的か，一見して明確でない場合には，文化触変論の原点に戻り，当該外来文化要素の必要性と適合性を検討することがよい方法であると思われる．

注
1) ハリソン・フォードが刑事ジョン・ブックを主演するアメリカ映画『目撃者』は，このアミッシュの村を舞台とするサスペンス映画の名作である．アミッシュの人々の独特の生活風景が物語の緊張を高めていた．
2) 多数の次元にわたる複数集団が形成する重層的構造の考えかたについては，Yale H. Ferguson and Richard W. Mansbach, "The Past as Prelude to the Future?: Identities and Loyalties in Global Politics," in Yosef Lapid and Friedrich

Kratochwil, eds., *The Return of Culture and Identity in IR Theory*, Boulder and London: Lynne Rienner Publishers, 1996, pp. 21-44, とくに p. 22, pp. 31-36 をも参照.

2. 文化的抵抗

文化要素の機能連関　文化触変の初期の過程において，外来文化要素が選択・受容される一つの条件がその文化要素の適合性であることは，すでに述べたとおりである．適合性が選択・受容のカギとなるのは，隣接する文化要素のあいだに機能的な連関性があるからである．複数の文化要素のあいだに機能上のつながりがあり，互いに相互を必要とするからこそ，相互関係を空間的に想定してみると，それらは隣接しているといえるのである．たとえば，鉛筆は一つの物質的な文化要素である．それと隣接，あるいは競合さえするかもしれない文化要素として毛筆という文化要素がある．それを使って筆記する紙，それを収める筆箱なども強い機能的連関性をもつので，隣に位置づけることができる．これらは可視的な文化要素であるが，鉛筆の使いかた，あるいはそれを扱うときの態度，鉛筆と毛筆の関係づけのしかたなど，不可視的な文化要素も強い機能的連関性をもって，隣接する．ついでにいえば，こうした不可視的な文化要素の方が，文化のパターンとして，個別文化の特徴をとくに作り出す．こうして，さまざまな文化要素のあいだに強弱さまざまな機能的連関性という関係があるので，そこに構造が生まれ，文化全体が一つのシステムを形成していると考えられるのである．

　ところで，第一次選択によって選択・受容された外来文化要素は，解体しつつある従来の文化要素に置き換わり，受け手文化の体系のなかに位置を与えられて，比喩的ないいかたをすれば，その周辺に位置する他の文化要素に「迎えられる」．そして，一次的に隣接することになった文化要素とのあいだで，機能的連関性がテストされることになる．新来の文化要素と，その周辺に位置することになる従来の文化要素のあいだに完全な連関性が見られるということはありえない．両者の連関性が100パーセントということは，新しい文化要素と古い文化要素が同一ということであり，文化触変によって文化要素を置き換え

る必要がそもそもなかったということになるからである．新しい文化要素は隣接することになった従来の文化要素と不適合でなければならない．従来の文化要素が機能不全を生じ，人々が生きるためには不都合になってきたので，別の文化要素と置き換えなければならなくなったのであるから，周囲の文化要素とは何ほどか不適合なのである．

　隣接する新しい文化要素と従来の文化要素が不適合であるとき，つぎには，以下の三つの変化のいずれかが起こるに違いない．第一のケースは，新来の文化要素が従来の文化要素に合わせて変化するという変化である．新来の文化要素が変わらなければ，周辺の文化要素が拒絶反応を起こし，新来の文化要素を弾き出してしまうであろう．しかし，周辺の文化要素はまったく従来のまま，新来の文化要素だけが変化することで適合度を上げていけば，結局，その文化要素は以前の文化要素と同じになってしまい，前段に述べた状況と同じく，そもそも文化触変は必要ではなかったということになる．第二は，周辺の従来の文化要素が新来の文化要素に合わせて変化するというパターンである．この場合，機能的連関性の論理にしたがえば，周辺の文化要素の変化はつぎつぎに伝染していくことになり，やがて，第三のケースに移行してしまうであろう．

　第三のケースについて述べるまえに，通常発生すると考えられるケースについて述べると，文化触変の多くの場合，この段階で起こる変化は第一と第二のケースの組合せである．すなわち，新来の文化要素と，その周辺に位置する従来の文化要素の双方がともにある程度変化することによって，適合度を高めるという変化である．これなら，新しい文化要素に対する必要性とその適合性がともに満足させられることになる．臓器移植の比喩，たとえば生体肝移植の比喩を用いれば，患者の古い肝臓が死に，患者の肉体に部分的解体が生じたとき，その肝臓を取り出して，別の人間が提供した新しい肝臓を入れる．そうすると，新しい肝臓が新しい身体に合わせて変わろうとするが，その周囲にある組織もその肝臓に馴染むように変わるのである．臓器移植の分野では，両者のあいだの適合性について「組織的適合性」という用語が使われる．臓器移植の場合，移植手術の数日後に必ず拒絶反応が発生する．この拒絶反応を乗り越えたときが「組織的適合性」が獲得されたときで，移植手術はひとまず成功するのである．拒絶反応は必至であるが，それが発生したときに抑えられなければ，移植

手術を受けた患者は死亡する.

文化的抵抗　文化触変のこの段階に関連をもつことばに「いもづる式現象」というのがある. アーノルド・トインビー（Arnold J. Toynbee, 1889-1975）が彼独自の「文明間の邂逅接触（エンカウンター）」を説明するために使ったことば[1]であるが，それをここで文化触変の説明に借用したい. すなわち，文化触変過程の第一次選択のあと，周辺の従来の文化要素が新来の文化要素に合わせて変化する第二のケースからさらに進んで，変化が周辺の文化要素につぎつぎに伝染していく「いもづる式現象」となり，第三のケースに移行してしまう場合があると考えられる. 第三のケースとは，受け手文化が当初予定していた限度を越えて，文化要素がつぎつぎといもづる式に変化していく場合である. トインビー自身は，「異域文明のうちからある要素だけを取り入れようとするにあたって，えり好みをすることは困難になってくる. なぜなら，どんな文化もそれぞれ一つの有機的全体であるために，ある一つの要素が導入されると，つぎつぎと，いもづる式現象を起こすからである」と述べている[2]. 文化のシステム性，文化要素間の機能的連関性の概念から導き出される概念であるので，文化触変にそのまま用いることができる. 第三のケースでは，外来文化要素からの機能的連関性の要求の方が強力であるのだから，実際には，外来文化要素が連鎖的に導入されて，従来の文化要素につぎつぎと置き換わることが多いであろう.

　いもづる式現象の効果は，文化を生き返らせるという点で積極的なものである. しかし，文化にはこのような効果を好まない性質がある. まず第一に，システムとしての文化は，システム性の要件の一つであるホメオスタティックな性格から，ネガティブ・フィードバックにより平衡状態に戻ろうとする. つぎに，そもそも文化触変の環境に置かれた瞬間から，境界と内部構造がそれ以前よりも明確にされ，同一性を維持しようとする動きが始まる. 外来の異物を排除しようとする動きである. 臓器移植の「拒絶反応」になぞらえた動きは，すでに文化的な抵抗の始まりであったといってよい. いいかえれば，さしあたり悪い部分は置き換えたいが，その周辺はそのままにしたい，ということである. 周囲の文化要素まで変わらなければならないのなら，以前のままでもよいから，新しい文化要素を取り込むことをやめようと人々は考えるようになるであろう. 第一次選択を通過した文化要素が一応受け手の文化のなかに収まって，効果を

発揮し始めると，従来の文化要素によって生活をしていた一部の人々は，まさに生業を奪われたり，生の根拠を崩されたりするように感じ，新来の文化要素に激しい敵意をもよおして，それを排斥するようになる．つまり，外来文化要素に対する文化的抵抗が社会的な反対運動として出現することもあるのである．そのようにして，文化触変を最初からやり直せという信号が出される．その信号を先の図3（第4章，58ページ）では「抵抗」と名づけて，然るべき位置に置いてある．

臓器移植では拒絶反応が移植手術の数日後に起こるように，文化触変でも抵抗は選択・受容のあと，しばらくして発生する．当初は，外来の文化要素の方が変化するように思われるが，「組織的適合性」を高めるために，受け手の側の文化要素もいもづる式に変化していかなければならないことが，しばらくしてから明らかになるからである．すなわち，外来文化要素への抵抗は文化触変の過程の最初に起こるのではなく，それを受け入れてしばらくしてから起こると考えることが重要である．先に見たように，文化触変の入口のところで拒絶・黙殺という現象が起こることがある．これも文化の変化に対する抵抗である．そこで，拒絶・黙殺を「第一次抵抗」とよぶこともできるが，それとは時間的にずれて，いったん選択・受容したあとの段階で発生する本格的な抵抗が，もう一つの反応現象としてあるのである．この抵抗は，文化触変の環境が強制的なものであれ，自発的なものであれ，受け手文化の内部で，受け手文化の側の変化に対する反応として起こるものであるから，拒絶・黙殺とは異なる性格をもつ．

土着と外来　この抵抗は，文化触変の全過程のなかでもっとも重要と考えられるので，もう一度節と章をあらためてまとめて述べることにするが，ここでは，激しい抵抗が起こって，いったん受容された外来文化要素が弾き出されてしまったあと，どうなるかを考えておきたい．いったん受け入れた外来の文化要素を，激しい葛藤を経て追い出してしまったあとには，以前よりももっと大きな空白が残るに違いない．その空白をそのままにしておいては，文化の部分的解体がさらに進んでしまうから，早急に埋めなければならないが，もはや元の文化要素で埋めることはできない．もう一度，新しい文化要素の伝播・呈示を受けて，選択と受容をやり直さなければならないのである．図3では，そのこと

を「抵抗」から「フィルター」への矢印で示している．

　やり直しは，もう一度，別の外来文化要素を選択し，受容することによっても可能である．再度の場合でもフィルターを通過しなければならないことはもちろんである．抵抗の経験によって，社会的には人々の関心が高まっており，文化的には他の文化要素との適合性に関して敏感性が増大しているので，今回のフィルターの通過はいっそう容易ではない．再び新しい文化要素への必要性は大きくなっている一方，適合性のテストも厳しくなっている．二度目の文化要素の選択に人々の強い関心が寄せられ，なぜ外来の文化要素でなければならないのかという疑問も出てくる．文化触変そのものが「外圧」と意識されるようになる．

　外圧への対抗として，二度目以降の文化要素を他の文化にではなく，過去の文化に求める動きが起こる．フィルターそのものが受け手文化の伝統や価値から成っているとすれば，その古い文化の宝庫から，今われわれが必要としている文化要素を見つけ出すことが可能なはずであると考える人々が現れる．このようにして，文化変化における「土着と外来の対立」問題が先鋭化する．文化における「土着と外来」は平板な選択の問題ではなく，ましてや並列可能でもなく，鋭い文化的な抵抗による選択の問題として問題化するということができる．

抵抗の重要性　文化触変における抵抗の意味・効果について，ホッジェンの研究による，イギリスにおけるガラス製造と製紙という文化要素のケースを借りて，考察してみよう[3]．前章で紹介したように，13世紀にヴィトレアリウスがチディングフォードで現地生産を始めてから，その一帯では外国人職人によって板ガラスの生産がさかんに行われるようになった．表1-①に見られるように，16世紀にはイギリスの16の地域でガラス生産が行われるようになったが，そのほとんどがこの地方であった．ところが，1615年頃までにはこの地方でのガラス生産は途絶えてしまったのである．その一方，16世紀の後半には，突如，他の地方へガラス生産が広がるようになった．まず，1575年頃，チディングフォードから西へ動いて，バックホルトでガラス生産が行われるようになったが，そこでも間もなく生産は中断され，今度は北上して，ニューエント，つぎにエックルシャル，ウールスタントンなど，バーミンガム周辺の

表1　近代初頭イギリスにおけるガラス製造と
製紙技術の文化触変

① ガラス製造を開始した地域の数

年代	合計	外国人創立	当初外国人関与	外国人非関与
1200-	1	1	—	—
1300-	1	1	—	—
1400-	3	—	—	3
1500-	16	9	4	3
1600-	30	8	4	18
1700-	24	4	1	19
合計	75	23	9	43

② 近代的製紙を開始した地域の数

年代	合計	外国人創立	英国人創立	創立者不明
1500-	4	1	2	1
1600-	28	3	11	14
1700-	54	3	8	43
1800-	51	3	10	38
合計	137	10	31	96

出典：Margaret T. Hodgen, "Glass and Paper: A Historical Study of Acculturation," *Southwestern Journal of Anthropology*, 1, 1945.

地方へ，そしてさらに北上してウェントワースからニューカースルまで広がって，最終的には大ブリテン島のあちこちでガラス生産が行われるようになったのである．ガラス生産の広がりがチディングフォールド地方での生産途絶と関係があるように思われるが，そこにはどのような事情があったのであろうか．

　他方，製紙の方では，16世紀のおわりにジョン・スピルマンがダートフォード（ケント）に製紙技術を定着させたあと，しばらくは同地方に生産が集中していたが，17世紀の初期に，これもかなり突然に，他の地方に広がったのである．ガラスの場合ほどに劇的ではないにしても，ロンドン，ケンブリッジ，オックスフォードから，さらに全国各地へと拡大した様子は，表1-②からも読み取ることができる．ガラスの場合と同じく，この急激な拡大の背後にはなんらかの事情があったように思われる．

　チディングフォールドでヴィトレアリウスが成功したあとを追って，多くの外国人職人がその一帯の村でガラスを生産するようになった．ガラス製造に必

要な燃料の薪が入手しやすかったからである．ガラス生産がさかんになるということは，薪を入手するために，工場主たちが近隣の森や林の木をつぎつぎに伐採して，今でいえば環境破壊を犯すということであった．それまで生活のために利用していた森や林を破壊された土地の人々は，ガラス職人を追い出しにかかった．おそらくガラス工場への焼き打ちもあったであろう．そこで，大陸からの亡命者でもあった職人たちは燃料を求めて，イギリスのなかで生産地をつぎつぎに移していったのである．他方，ジョン・スピルマンなど，当時の製紙業者は原料の繊維を古着に求めていた．彼らは都市で乞食たちに古着を集めさせていたが，当時ヨーロッパの都市でしばしば流行したペストなどの流行病をこの乞食たちが伝染させていると人々が信じたために，古着が集められなくなると，業者たちは工場を閉鎖して，つぎの都市に移っていったのである．

　このように，どちらの場合も，生産の拡大が生産の継続を困難にするというパラドックスに見舞われたのであるが，生産地の移動の直接かつ最大の原因となったのは，地元の人々の新しい文化要素に対する抵抗であった．チューダー王朝はガラス製造にも製紙にも特許状を与えて，奨励した．その意味で，新しい技術という文化要素に対する「ニーズ」が国の中央にはあったことになるが，地元の人々にはさほどのニーズはなく，むしろ，新文化要素はそれまでの生活を脅かすものであった．それが地元の人々を抵抗に動かしたのであるが，皮肉にも，その抵抗がその文化要素を全国に広める原因となったのである．

　人々の抵抗は，まず第一に，生活を変えさせるような文化触変に対するものであった．加えて，ホッジェンは，文化運搬者が外国人であったことに抵抗の第二の原因を求めている．その説明は表1の①と②からも読み取ることができる．16世紀の半ばから18世紀末までに，イギリスの70の地方がガラス生産を開始したが，そのうちの40パーセントには大陸からの渡来者が関与しており，30パーセントは外国人技術者が導入したものであった．人々の抵抗を促進した原因として，たしかに，外国人が文化運搬者であった事実を挙げることができるであろう．製紙の場合も，やはりユグノー系の外国人の名前が初期の製紙工場にかなり結びついているそうである．

　しかし，どちらの場合も，新しい文化要素が結局，イギリス全国に広まり，受容されることになったのは，生産品に対する需要，すなわちその要素に対す

る必要性があったからである．時代は，ときあたかもイギリスが産業革命の第一期を迎える寸前であり，また，シェイクスピアが代表する文運興隆の時代であった．抵抗によって一か所で生産が中断されても，ケンブリッジ，オックスフォードの学生たちは，羊皮紙に代わって大量生産される廉価な用紙を歓迎し，それが新しい文化要素の全国的な普及をもたらしたのである．この二つの事例では，抵抗が直接的なひきがねになって，かえって受容を促進した結果となっているが，それは，必要性と適合性の，時間とともに変化する微妙な関係が生み出した結果であった．新しい文化要素への必要性があるところでは，抵抗がかえって抵抗を乗り越える結果になる場合があると一般化できよう．

注
1) A.J.トインビー,「歴史の研究」刊行会訳『歴史の研究』第17巻, 経済往来社, 1971年, 406-413ページ, あるいは, A.J.トインビー, 松本重治編訳『歴史の教訓』岩波書店, 1957年, 90-92ページ.
2) トインビー『歴史の教訓』90-91ページ.
3) Hodgen, *op. cit.*

3. 抵抗運動

抵抗の必要性　前近代のイギリスにガラス製造が受容される過程には，外国から伝播・呈示された文化要素がいったんは選択・受容されたあとに，抵抗が発生するという経緯が見られた．ガラスの生産のために村の木がどんどん伐られてしまうことに村の人々が反対したのであった．環境と人間との関わりである文化が変化することは，必然的に環境が多少とも破壊されることであるが，当時の村人たちには文化変化すなわち環境破壊という認識はなかったであろう．村人たちは，自分たちの職業や技術が侵されることに直接的に反発して，ガラス職人を追い出したのであった．森や林の木をどんどん伐ってしまうということは，その地方の人々がそれまでずっと慣れ親しんできた生きかた，より抽象的にいえば，人々の文化を破壊することであった．人々は，そのことにしばらく経ってから気づき，反対したのである．

　受け手の側の文化では，すでに文化の部分的解体が始まっている．それはすでに文化の危機の始まりである．その部分的解体に対処するためには，新しい

文化要素を導入しなければならないのであるが,新しい文化要素を注入するということは文化の体系性をいっそう揺るがすことであり,いもづる式に文化の解体をさらに押し進めることにさえなるかもしれない.部分的解体を押し止めるために受け入れられた新文化要素が,文化の危機をいっそう亢進させるのである.人々にとっては,動揺する時代のなかで,長く慣れ親しんできた生きかたを変更させられる危機にほかならない.新しい文化要素の受入れに反対するのは当然であろう.いったん受け入れられた新しい文化要素は,文化の体系全体にとって異物にほかならないから,それを体系の外に追い出そうとするのは当然である.

このように重要な抵抗が文化触変過程の中間段階,すなわち,第一次選択と,つぎの「文化要素の再解釈」から「再構成」にいたる過程のあいだで発生することは,興味深い.イギリスでの二つの文化触変の例でも,最初は新しい文化要素の選択・受容を小さな実験として見過ごしていた人たちが,それが広がり始める頃に,文化の攪乱現象が起こりつつあることを認識して抵抗するようになっている.文化触変を経過しつつある文化が,いわば異物を吐き出そうとする反応を,1936年の「研究メモランダム」の著者の一人であったハースコビッツは「反文化変容運動」(contra-acculturative movements)とよんだ[1].しかし,36年の「メモランダム」自体には「抵抗」(resistance)という概念は含まれていなかった.文化触変の結果の一つの形として,「反文化変容運動」という反応が発生する場合がある,それは抑圧の結果か,外来の要素を受け入れたために予想外の結果が生じたためである,とのみ述べている.これは,36年「メモランダム」が,文化触変のゆえに一つの文化全体が崩壊してしまうような劇的なケースはもちろん,部分的に文化が解体するという考えかたさえも明確にしていなかったためと思われる.その後,この「メモランダム」そのものに慫慂されてさかんになった文化触変の事例研究の結果,ハースコビッツやリントン,さらにウォーレスなどによって「抵抗」が文化触変の中間段階に位置づけられることになったのである.

文化触変は文化の統合,独立性に対する脅威である.新しい文化要素への抵抗は,文化の体系性の論理からいっても,人々の生活の継続性という観点から見ても,必然的なものである.文化要素のなかには単純に人々に歓迎され,抵

抗なく受け入れられるものもあるが，その場合にも「抵抗」概念は必要であり，ただ，実際の抵抗がゼロかゼロに近いと考えるべきである．実際の抵抗の効果は，当該の新文化要素を弾き出してしまう効果をもつ場合と，新文化要素とその周辺の文化要素に「組織的適合性」を作り出す効果をもつ場合の二つに分けられる．前者の場合は顕著な社会現象につながることがあり，注目されることが多いが，文化触変のメカニズムにとっては後者の抵抗も見逃すことができない．どちらも，文化触変によって文化の体系に一時的に生じた歪み，平衡の乱れを調整する作用を抵抗が果たすのである．本書では，このあと，前者の場合を続けて本節で述べ，後者は次章で取り上げることとする．

抵抗の諸形態　再びイギリスにおけるガラス製造と製紙の導入と定着のケースを振り返ってみよう．どちらの場合も新文化要素の導入を担当したのは外国人であった．ホッジェンによれば，導入と定着の接点で発生した地元の抵抗は，新しい文化要素（異物）への反発に，導入者が外国人（よそ者）であったことへの反発が加重されたためであるとされる．たしかに，文化を攪乱させる要因が外国人であったために，地元の抵抗がいっそう激しくなることがあるに違いない．日本でも，明治時代初期にはこのようなケースがたくさん発生した．明治政府が群馬県富岡に官営の近代製糸工場を設立したときのケースはとくに有名である．富岡製糸工場は一時，地元の人たちから焼き打ちされるような状態に陥ったのである．上州は，もともと信州と並ぶ伝統的な製糸技術の先進地帯であった．したがって，原料の繭が入手しやすく，ここに近代的な機械製糸技術を導入しようとしたのは当然であった．しかし，その結果，以前から手繰りで生糸を作っていた人々の生活は脅かされ，文化の攪乱現象が起こることになった．直接には，人々の生活が脅かされるという認識から，反抗が起こったのである．しかも，工場を指導したのがポール・ブリューナという外国人，それも新しい文化要素を押しつける相手側の集団の人物と思われたために，人々の抵抗は加重されたのであった[2]．

　しかし，新しい文化要素への抵抗と，文化運搬者あるいは導入者である外国人への抵抗とは，性格を異にする．そこで，抵抗を①文化要素に由来する抵抗と，②相手集団に由来する抵抗とに分けてみよう．さらに，原理的に考えてみれば，文化触変に関しては，受入れ側の抵抗ばかりでなく，与え手側の抵抗も

表2 文化触変における抵抗の形態

	受容に対する抵抗	授与に対する抵抗
文化要素についての抵抗	I	II
相手集団についての抵抗	III	IV

ありうるので，(i)受容に対する抵抗と，(ii)授与に対する抵抗にも分けてみよう．この二つの区分を組み合わせると，表2のような四つの組合せが得られる[3]．

　第一のタイプの抵抗は，ある文化要素を受容することへの抵抗で，文化触変における典型的な抵抗である．これまで考察の対象としてきたのはほとんどすべてこのタイプであった．第二のタイプは，特定の文化要素を他の集団に与えることを望まない場合である．授与に対する抵抗が起こるのは，ある文化要素を他者に与えてしまうと，その文化要素がなくなってしまうからではない．相手がその文化要素を受け入れることによって，有利になることを嫌うからである．このタイプの抵抗を，さらに内部的授与（internal lending）に対する抵抗と外部的授与（external lending）に対する抵抗とに分ける考えかたがある．内部的授与に対する抵抗の例としては，宗派の非入信者には秘儀を与えることを禁止することや，贅沢禁止法などが挙げられる．文化人類学者によれば，パテントの制度も内部的授与に対する抵抗と関連があり，発明者が発明を独占したいが（すなわち，文化要素の授与に抵抗するが），それを徹底的に行っては発明の効果が失われるので，発明者に有利なように，選択的に授与する制度なのである．外部的授与への抵抗の例として文化人類学者が挙げるのは，特定品目の輸出禁止である．

　他方，相手集団についての抵抗は，受容の場合も授与の場合も，文化の独自性や文化に重ねられた民族的特徴を守るために行われる．文化要素そのものには抵抗がなくとも，その文化要素を受け入れたり，与えたりすると，相手の集団を自己集団と部分的に同一化することになり，そのかぎりで相手を内部集団化することになるので，抵抗が起こるのである．第三のタイプとしては，近隣の他集団（同時に敵視された集団であることが多い）のごとくなるなという禁止や，植民者のあいだで見られた現地化した仲間の追放[4]などが例となる．第四のタイプのうち，内部的授与に対する抵抗としては，貧困層に対する教育制

限，外部的授与に対する抵抗としては，特定集団への全面的貿易禁止（ベニスとジェノアのあいだにあったような），オランダがジャワ植民地で一時期行ったオランダ語の学習禁止などの例がある[5]．

以上，授与者側も含めて，抵抗の形態を形式的に整理してみた．しかし，文化触変過程における抵抗として興味深く，重要なのは，やはり受容に対する抵抗である．

抵抗運動　1870年頃，北米西部のいくつかのインディアンの部族に幽霊踊り（ghost dance）の現象が見られた．白人文化による激しい文化触変にさらされたインディアンたちが，そこから救ってくれる救世主の登場や昔の楽園の復活を願って，復古的で呪術宗教的な運動を起こしたのであるが，これは急激な文化触変に対する抵抗運動であると解釈された．このような抵抗運動は，この例のように，復古的な信仰運動の性格を帯びることがしばしばある．

文化触変が連続すると，受け手側の文化の人々は，それらをひとまとめに「外圧」と感じる．その外圧が文化の完全な解体を招いてしまうほどには強くないが，相当強力であると感じられる場合，人々は在来土着の価値にひきこもり，土着文化の要素によって外圧に対応しようとするのである．先の図3では，一つの外来文化要素に対する強い抵抗をフィルターに向かう矢印で示した．この場合には，一つの外来文化要素を弾き出しておいて，あらためて別の外来文化要素を選択・受容し直す可能性がある．しかし，文化触変が連続すると，もはやそのような余裕は残されない．その間に，新しい文化要素が補充されないため，文化の部分的解体は速度を早めることになる．そのようなとき，急ぎ空白を埋める文化要素として，比喩的にいえば，まさにフィルターのなかに置かれている伝統文化の宝庫のなかから，在来土着の文化要素が再発見され，呈示されるのである．かつて祖先が生きるために珍重した文化要素なら，すでにテスト済みであるから，適合性に問題はないはずであり，文化体系への再包摂にも時間はかからないはずである．文化の危機に，文化触変によって失われかけている文化の独自性，民族的特徴の再確立にはまさにふさわしい．こうして，文化触変における受け手の側の文化の抵抗が抵抗運動となるとき，その運動は外来文化要素を捨てて，在来土着の文化要素を再活性化させ，再利用する運動となる．リントンは，文化触変の過程において，実際には多様な形をとって現

れる抵抗運動に対して，この共通性に着目して，土着主義運動（nativistic movements）の名称を与えた．復古主義あるいは再活性化（revivalism）の抵抗運動もその一つということになるが，千年王国運動，メシアニズムも土着主義(ネイティビズム)の運動の別名である．さらに，民族主義運動や孤立主義の傾向にも，文化的には，土着主義運動の性格があるということができる[6]．

19世紀の後半から20世紀の30年代まで，植民地状況にあったメラネシアの各地で「カーゴ・カルト」（cargo cult，船荷信仰）とよばれる宗教的・社会的運動がつぎつぎに発生した．世界に間もなく大異変が起こり，ヨーロッパ人の所有する銃や商品を満載した船に乗って，自分たちの祖先が帰還するだろうという予言がなされ，その予言を信じた人々が仕事を放棄して，海岸にかがり火をかかげてひたすら船の到着を待つという行動に出たのである．カーゴが到着すれば，現在の苦難から救われると信じた人々の，この「カーゴ・カルト」も文化触変に対する抵抗の運動であった．ヨーロッパ人との接触，植民地支配，キリスト教の伝播など，文化触変の連続する状況のなかで，メラネシア人はメシアニズムの特徴を帯びた抵抗を行ったのである．ただし，この抵抗は相手集団の文化要素を排除するのではなく，獲得することが目的であったのであり，抵抗の正統性はその要素をもたらすのが自分たちの祖先であるとされた点にある．すなわち，文化要素に対する抵抗（タイプⅠ）ではなく，相手集団に対する抵抗（タイプⅢ）であった点が，他の土着主義の抵抗とは異なる点である．このタイプの抵抗については，別途考察することにしよう．

土着主義・国粋主義・文化的ナショナリズム　土着主義の抵抗運動は，個々のケースに既存の文化の性格や文化接触の関係の違いが作用して，それぞれの特色を示すといわれる．復古主義あるいは再活性化運動，千年王国運動，メシアニズム，さらには，民族主義運動や孤立主義など，さまざまな名称が使われるのはそのためである．しかし，そこには共通のダイナミズムが見られる．文化触変がかなり急激であること，そのために文化の解体が相当進行する結果，反動として起こる抵抗運動である．したがって，土着主義運動は文化触変過程の途中から起こるという点も，大きな共通点である．

明治日本に起こった現象として馴染み深い国粋主義も，文化触変に対する抵抗であった．それは，今まで述べてきた土着主義の抵抗運動のすべての特徴を

備えており，国粋主義は土着主義の別名ともいえる．土着主義が国粋主義とよばれるのは，文化触変が国の規模で進んでいること，したがって，救済のために再発見される土着文化がその国在来の，しかも伝統の精華とみなされる文化，すなわち「国粋」であるとされる場合である．明治日本の国粋主義は，明治政府が欧化政策として意識的に進めた大規模な文化触変に対する抵抗として起こった反動であった．「黒船」への対抗として，まずは軍事面の近代化として始まった近代欧米文化との文化触変が，文化のほとんど全面に波及していくことに気づいた人々が国粋主義を唱えるにいたったのである．すなわち，国粋主義者は，一つの外来文化要素の受容がいもづる式につぎつぎと外来文化要素を受容することになるのを怖れ，外来文化要素を排除し，代わりに在来文化要素をもって文化を再活性化すべしと唱える人々である．その国粋主義の主張や運動が，欧化政策が鹿鳴館時代という絶頂期を迎えた明治10年代の後半から20年代にかけて急速に盛り上がったことも，文化触変への抵抗運動の一般的特徴と合致する．国粋主義は，国単位の文化触変への抵抗としての土着主義であることから，当然に，民族主義・国家主義（nationalism）の色彩をも帯びることになる．しかし，それは外来文化要素への抵抗を主とするのであって，本来，特定の外部集団に対する排外主義は帯びないはずである．

　国粋主義に代表される土着主義の抵抗は，国粋主義のような激しい運動の形をとらない場合でも，文化的ナショナリズムの性格を帯びる．国際的な接触がさかんな国際環境のなかで，文化触変に抵抗して，在来土着の文化要素に再活性化のための価値を見いだそうとするからである．これを少しいいかえれば，ハンス・コーン（Hans Kohn, 1891-1971）が指摘したとおり，近代の非西欧世界のナショナリズムはすべて文化的ナショナリズムであったということができる．ナショナリズムの代表的研究者の一人であったコーンは，西欧と非西欧のナショナリズムを比較して，非西欧のナショナリズム自体が西欧ナショナリズム思想との文化接触の産物であるとまでいったことがある．非西欧のナショナリズムの思想と運動は，非西欧の人々が，西欧との全面的な文化触変の環境のなかで，抵抗の手段を模索してみずから編み出したものであるから，西欧ナショナリズム思想に大いに学ぶことはあったとしても，その全面的な借用ではなかったといわなければならない．しかし，文化触変の抵抗の原理からして，非

西欧のナショナリズムが西欧のそれと比較していっそう文化的な性格を帯びたことは，コーンのいうとおりであろう[7]．

文化の危機とマージナル・マンの役割　文化触変は文化の危機を救うために試みられるか，文化の危機を招来するかである．いずれにしても，連続的な文化触変は文化が激しく変化する状況，文化の危機とほとんど同義であることが多い．ウォーレスによれば，一つの文化は一つの迷路（mazeway）にたとえられる．ある文化は，それに馴染んでいない人にとっては迷路に等しいが，その文化によって生きてきた人々にとっては，その隅々まで掌を指すようにわかっているものである．しかし，それはその文化が全体としては比較的安定しているあいだだけである．文化触変が連続するとき，文化の危機の時代には，その文化に慣れ親しんできた人々にさえも，一転して迷路そのものになる．人々が混迷するとき，いわば文化の道を示し直して，人々を救う救世主となるべき予言者的人物が出現することがあるといわれる．その一例を太平天国の指導者，洪秀全（1814-64）に見ることができる．

　太平天国は中国史上でも最大級の危機の時代のできごとであった．清朝は末期の衰亡に陥り，欧米列強の侵略にさらされて，しかもその列強との文化触変に救難のすべを求め始めようとしていた．広東省の客家の生まれであった洪は，それでも伝統的な官僚になるべく科挙の試験を繰り返し受験し，不合格を繰り返していた．30歳を越した彼は，現存の社会秩序に入ろうとして拒絶され，挫折した，典型的なマージナル・マン（境界人）になっていた．そのとき彼は，きわめて不完全なものではあったが，キリスト教の教義に触れたのである．何度目かの科挙の試験にも失敗して，病に倒れ，瀕死の状態に陥った彼は，キリスト教の色合いを帯びた夢を見たあと，再生し，夢で出会った超自然的存在の命令を預かる予言者となり，太平天国の運動を開始したのである[8]．生き返った彼は姿形まで別人のようになったといわれるが，この夢は精神分析学でいわれる「人格変容夢」（personality transformation dream）に相当する．文字どおり再生した洪秀全は，人々に古いメイズウェーと訣別すべきことを説き，新しいメイズウェーを指し示す革命運動の指導者になったのである．その新しいメイズウェーは不完全なものではあったが，文化触変の産物であった．マージナル・マンは一面で旧文化に不満をもち，一面でそれをよく知っている．そ

のような人物が別の文化に接触するとき，文化触変を梃子として社会変革を指導する役割を果たすことがあるのであろう．

注

1) Melville J. Herskovits, *Man and His Works: The Science of Cultural Anthropology*, New York: Alfred A. Knopf, 1951, pp. 531-532.
2) 吉田（古田）和子「明治初期製糸技術導入における土着と外来」『科学史研究』121号（1977年春），16-23ページ．なお，富岡製糸工場に据えられた機械は，当時の絹生産の先進国であったイタリアからのものであったが，技術指導をしたのはフランス人のブリューナであった．
3) 以下，文化触変における抵抗の諸形態についての説明は，George Devereux and Edwin M. Loeb, "Antagonistic Acculturation," *American Sociological Review*, Vol. III (1943-44), pp. 133-147 によっている．
4) 熱帯の植民地では，植民者も土地の生活様式，たとえば現地人の服装を採用した方が合理的である．しかし，ヨーロッパ諸国からの植民者たちは，そうすることを "go native" とよんで，嫌った．サハリ・ルックはそうした状況のなかで行われた文化触変の産物である．
5) この分類にしたがえば，軍事秘密も特定の相手集団に対する授与への抵抗ということになる．
6) 土着主義，復古主義などについては，A. L. Kroeber, *Anthropology*, New York: Harcourt, Brace and Company, 1948 [1923], pp. 437 ff. を参照．
7) Hans Kohn, *Nationalism: Its Meaning and History*, Rev. ed., New York: Van Nostrand Reinhold, 1965, pp. 9-10.
8) リンドレー，増井経夫・今村与志雄訳『太平天国——李秀成の幕下にありて』第1巻，東洋文庫［平凡社］，1964年．本格的な太平天国研究は，洪秀全の宗教的体験，ひいては太平天国のキリスト教との文化触変の側面をあまり重視しない．たしかに，いささかエピソード的ではあるが，文化触変の観点からはほかにも興味深い側面のある事例である．

第6章　文化触変の結果

1. 文化要素の再解釈

文化要素の再解釈　文化要素の機能についてはすでに繰り返し述べてきた．一つの文化を構成する，無数に近い文化要素の一つ一つが特有の機能を営む．その機能のあいだの連関性の強い文化要素同士が隣り合って並び，構造を作り出すので，文化全体が体系として成り立ち，存続することができると考えるのである．そのような関係と構造のなかで，文化要素は文化全体にとって一つ一つ特有の意味をもつということもできるので，文化要素の「機能」を「意味」といいかえることができる．文化触変の過程において，外来文化要素が十分に受容されるには，その文化要素の意味の再解釈が起こらなければならない．

　文化要素の「再解釈」(reinterpretation) とは36年の「メモランダム」で提起された概念で，おおよそつぎのような内容をもっている．第一次的な選択の結果，一応受容された外来文化要素は，機能不全を起こして文化の部分的解体を招いた従来の文化要素に置き換わる．比喩的にいえば，従来の文化要素が空けた穴を新しい外来の文化要素が埋めるのである．しかし，その穴にすっぽりと完璧にはまることはない．はまるとすれば，それは元の文化要素と同じものであり，置換の意味がない．新しく置き換えられる文化要素にはなんらかの不適合があるので，その文化要素と，その周辺に以前から位置する連関性の強い文化要素の両方に変化が起こる．新しい外来の文化要素は，それが与え手の文化の体系のなかでもっていた機能・意味のゆえに選ばれたのであるが，そのままでは受け手の文化の体系に適合しないので，なんらかの程度にその意味を変えられるのである．しかし，受け手の文化の側でも，新しい要素が入ってきたので，その圧力を受けて，その周辺の文化要素が変わる．外来の文化要素の側だけが適合するように機能・意味を変えてしまっては，置換の意味が失われ

るので，受け入れる側の関連する文化要素もある程度，機能・意味を変えなければならない．

このように，文化触変の過程の中間の段階で当該の文化要素の再解釈が起こるのであるが，それは外来の文化要素だけに起こるのではなく，受け入れる側の文化要素の一部にも起こると考えるべきであろう[1]．そして，外来文化要素と在来文化要素の双方が互いに再解釈を施し合う動きは，ことばをかえれば，受け手の文化による拒絶反応にほかならないと考えられる．この拒絶反応を乗り越えて，「組織的適合」が生み出されたとき，そこに相互に適合的な再解釈が成立しており，つぎの再構成の段階に進むのである．外来文化要素と在来文化要素の再解釈の動きが受け手の文化による拒絶反応であるとすれば，それはまた，受け手文化の抵抗にほかならない．すなわち，抵抗の内容の大半は，受け手の文化を主体とする文化要素の再解釈の運動であり，その結果，適合的な再解釈が生み出せなかったときには，外来文化要素を受け手文化の体系の外に弾き出す，明確な抵抗となるのである．逆に，外来文化要素が変化しながら受け入れられ，文化触変が「成功」する場合にも，抵抗が必要であるが，それは，抵抗によって双方の文化要素に適合的な再解釈が成立したからである．図3（第4章，58ページ）では，抵抗のつぎの段階に「再解釈」が位置づけられているが，それは抵抗の過程で成立した再解釈の結果を示したものである．

なお，外来文化要素に対する文字どおりの抵抗の結果，土着主義運動の諸形態をとって，置き換えるべき文化要素を伝統のなかから求めてくる場合にも，その伝統文化の要素は元の形のまま新しい文化に受け入れられて，再活性化されるのではなく，この段階で再解釈を施されなければならない．先にも見たように，外来文化要素の受入れを一時的にも拒否し，代替可能な要素を自文化の伝統のなかから探してくるということがしばしば行われるが，その場合も，外来文化要素の場合と同じく，再解釈が行われるのである．伝統の再解釈とはそういうことであると理解される．

先述のとおり，トインビーが使った「いもづる式現象」ということばを文化触変過程に適用して，一つの外来文化要素を受け入れたために，それと機能的連関性の強い外来文化要素をつぎつぎに受け入れざるをえなくなる現象を指すことばとして使うことができる．しかし，このことばの意味をもう少し拡張す

れば，外来文化要素の受入れ過程で，在来文化要素にも必然的に発生する再解釈がつぎつぎに波及していく現象をも「いもづる式現象」とよぶことができる．試みに外来文化要素を導入した結果，その周辺の文化要素も少しずつ意味を変えていく．そして，それがつぎつぎに波及していく．この現象が起こらなければ，新しい文化要素を受け入れた意味もないといえよう．そして，通常はこの現象はあるところまで進み，やがて機能的連関性が薄れるにしたがって消滅すると考えられる．しかし，他方で，そうしたいもづる式の効果への怖れが出てくることも，外来文化要素のいもづる式受容の場合と同様であろう．

文化の翻訳　文化要素の意味の再解釈という表現から連想されるのは，文化触変は文化の翻訳だということもできるという点である．文章を一つのことばの体系からもう一つのことばの体系に移し換える翻訳は，けっして元の文章と同じものを生み出さない．たとえば，われわれは「文化」と"culture"を互換的なことばとみなして，そう翻訳するが，二つのことばはその意味が完全に重なるものではないであろう．翻訳は，翻訳をしたとたんに違うものを生み出すが，同時に，文化を豊かにしてもいる．

　清末中国から英国に留学して，近代西欧からの文化運搬者となった厳復が文化触変の具体的な活動として行ったのは，文字どおりの翻訳であった．近代西欧の富強の秘密を探しにいった彼は，1879年に帰国して，母校，福州船政学堂の教員となったが，95年，中国の日清戦争敗北を機に，18-19世紀西欧の政治経済思想の代表的著作をつぎつぎに翻訳していった．近代西欧の富強の秘密が18-19世紀の社会思想，とりわけハーバート・スペンサー（Herbert Spencer, 1820-1903）の社会進化のビジョンにあるというのが彼の発見であり，それを中国の同胞に伝えたかったからである．98年，スペンサーの社会進化論の抜粋を紹介するために翻訳刊行した『天演論』を皮切りに，『原富』（アダム・スミス『国富論』の翻訳，1900年），『法意』（モンテスキュー『法の精神』の翻訳，1904-09年），『群己権界論』（ミル『自由論』, 1903年）などを刊行し，とくに『天演論』は明治日本における福沢諭吉（1834-1901）の『学問のすゝめ』にも匹敵するベストセラーとなり，大きな思想的影響を残したといわれる．

　厳復はまず，西欧のビジョンが万物は進歩する，競争によって進化するとするのに対し，中国人はものみなすべて循環すると考える宇宙観の違いに，西欧

の発展と中国の衰弱の根因があると考えた．また，社会を生物有機体に類比される有機体とみなし，個人を社会有機体の細胞とみなす考えかたに西欧の強さのもう一つの理由を見つけた．近代西欧の基本的価値である自由，平等，民主は，厳復の見るところ，開明的な自己利益を追求する個人の能力のエネルギーを十分に解放する競争的な環境を用意し，それが西欧社会全体の富強を招くのであった．それがスペンサーの称揚する自由競争による社会進化であると考えたのである．

たしかにスペンサーは生存競争，適者生存をあくまでも肯定したが，元来非国教徒であった彼は，社会に対して国家を優先する意図はなかった．しかし，厳復は，大英帝国が世界最強の国家となったのは，自由の価値を強く信奉したゆえに，個人の自由と国家の力が互いに強め合ったのだと理解したのである．ミルなどによって，それ自身目標価値であると理論づけられた近代西欧の個人の自由を，厳復は，外部的な国家の富強という目標の手段と翻訳したのである．そもそも厳復の翻訳は，『天演論』が原著（トマス・ハックスレー［Thomas H. Huxley, 1825-95］のオックスフォード大学講演）の前半のみで，後半の社会進化論を批判した部分は全面的に無視したものであったことをはじめ，いわば意図的な誤訳に満ちたものであった．厳復の再解釈は一貫して，中国を国民国家として形成したいという彼の念願，当時の国際関係のなかに置かれた中国社会の必要性に立脚して施されたものであったということができる．彼はまた，儒教の教義を核とする中国の文化を守るためにこそ，近代西欧の思想を受容することを主張したために，中国の伝統的文化要素に否定的な再解釈を施し，究極的には儒教そのものを否定せざるをえないという悲劇に陥ることになったのであった[2]．

「中体西用」および托古　危機的な文化触変の環境のなかで外来文化要素をつぎつぎと受容せざるをえなくなった社会では，「いもづる式現象」への恐怖が顕在化する．外来文化要素を一つ受け入れたために，つぎつぎととめどもなく外来文化要素を受け入れることになるのではないか，また，在来文化要素の意味もつぎつぎと再解釈せざるをえなくなるのではないかという不安である．そして，挙げ句の果てには，外来文化要素の選択的受容によって救済するはずであった自文化そのものの全体を喪失することになるのではないかという恐怖であ

る．このような不安，恐怖は，通常，文化触変に反対する勢力によって表現され，文化触変を停止すべしとする主張の根拠とされることが多い．しかし，そのような危険を文化触変を推進する勢力の側も意識している場合がある．その場合，文化触変の推進者側が文化触変の進行に限度を設けるような，一種の再解釈を施すのである．その代表的な例が清末の中国に見られた．

清末の中国で欧米の文化要素を限定的に取り入れようとした有名な試みが，洋務派官僚による洋務運動であった．イギリスへ留学した厳復もまた，当初は，洋務派に連なる若者であったのである．洋務派の狙いは，中国に対して欧米列強が優位に立つ軍事面にかぎって，その文化要素を受容し，清朝中国の独立の喪失を防ごうとするところにあった．限定的な文化触変の試みに対しても反対を唱える朝廷内の保守派官僚に対して，洋務派官僚は，その試みが中国の文化のエッセンス（「中体」）を守るために西洋の文化を手段（「西用」）として用いるものであると弁護した．この弁護の主張は，第一に，文化触変の推進者も文化触変を無限に続けようとは意図していなかったことを示し，第二に，特定の文化要素（たとえば軍事技術）に特定の意味（手段としての意味）を付与することによって，文化触変を限定しようとしたことを示している．この第二の点は，個々の文化要素の再解釈とは異なる，より大きな規模での再解釈の企てであったということができる．

清末の中国で欧米の文化要素を導入しようとした人々が，反対派に対してその試みを弁護するために使ったもう一つの方法は，その文化要素が元来は古い中国の文化に含まれていた文化要素であると主張する方法であった．紙の場合には事実そうであったが，それ以外の文化要素についても，文字どおり，昔の中国に起源をもつ文化要素がさまざまな土地を経て，近代欧米にまで伝播し，今中国に戻ってきたのにすぎないと主張された．あるいは，欧米から受け入れようとする文化要素とほぼ同一の文化要素が古い中国文化のなかにも発見されると主張された．この主張は，外来文化要素を拒否したのちに，伝統のなかに代替文化要素を見いだして用いようとする土着主義の方法とは異なり，外来文化要素の受容を正当化するために行われる主張である．この「托古」といわれる文化触変正当化の方法（「付会」，「古已有之」説ともいわれる）は，中国のように古く，広範な文化をもつ社会ではしばしば用いられる方法である．「中

体西用」の論法と同じく，これも個々の文化要素の再解釈とは異なるが，より大きな規模での一種の再解釈であるといえよう．そのように解釈することで文化触変を進めようとするのである．

文化要素の多義性の意味　文化要素の移動にともなう文化要素の再解釈，あるいは意味の移動の最適例としてしばしば挙げられるのは，プエブロ・インディアン，ナバホ・インディアン，西アパッチ・インディアンという三つの隣り合うインディアンのあいだで起こった現象である．プエブロ・インディアンに仮面踊りという文化要素があった．これがナバホに伝わり，西アパッチに伝わるというように，伝播し，受容されていったことが確認されている．三者とも表面的には同じ仮面踊りである．ところが，プエブロの文化のなかで実際に踊られる仮面踊りの機能・意味は豊作祈願・雨乞いの儀礼にあったが，それがナバホに伝えられると，病気治療を祈願する内容に変わり，それがナバホから西アパッチに伝わると，今度は少女が年頃になったことを祝う儀式として踊られるようになったのである．表面的には同じ踊りでありながら，機能・意味が二転三転したわけである．おそらくナバホがある病気の流行に困っていたときに，隣りのプエブロが仮面踊りをして雨乞いの効果があったということで，その霊験あらたかな踊りを取り入れて病気治療の祈願を行った，ということであろう．この例も，受容される文化要素がどのようなものかが重要なだけでなく，周辺の文化要素とどのように関連するかが重要であることを示しているということができる．

　文化触変過程においては，外来と在来の文化要素が多少とも再解釈を受けるのが文化のメカニズムであるが，そのことを可能にする条件が文化要素の側にも潜在している．それが，ボガトゥイリョフによって最初に指摘された文化要素の多義性の意味である．一つの文化要素がもつ複数の機能・意味のどれを用いるか，それを決定するのは，受容文化の側の必要性であり，文化要素間の適合性である．

注
1) 36年「メモランダム」は外来文化要素の再解釈のみを強調していたが，そうではなく，両側に起こると考えるべきなのである．
2) 詳しくは，シュウォルツ，前掲訳書．なお，「文化の翻訳」論一般については，

青木保『文化の翻訳』東京大学出版会，1978年がある．

2. 文化の再構成

文化の再構成　これまで見てきたように，外来文化要素の呈示，選択・受容に続いて，受け手文化の抵抗が発生するが，この間，受け手文化の自立性，体系性は多少とも脅かされている．その動揺が新しい文化要素をめぐる保守対革新の政治的な葛藤にまで発展することも珍しくはない．文化要素をめぐる争いが世代間の対立となって表れる場合もある．その間に受け手文化の部分的解体はさらに進行しているが，それを停止させるために導入した外来文化要素をめぐる葛藤が文化の解体をさらに進行させる危険がある．文化全体が安定を取り戻して，自立的な体系として存続するためには，新しい文化要素が完全に受容され，その部分での解体が停止しなければならない．

　新しい文化要素が完全に受容されるためには，抵抗が必要である．抵抗によって，外来文化要素と，それに関連する在来文化要素の再解釈がなされ，新しい適合関係が作り出されるからである．文化要素の再解釈はいもづる式に連続するが，やがてあるところまできて落ち着くであろう．そのとき，新しい文化要素を完全に取り込んで，文化全体が新しい活力に満ちた文化として息を吹き返す．文化は新しい要素を含んで再構成（reorganization）[1]され，新しい平衡状態に達する．そして，文化全体が解体にいたることは食い止められる．

　外来文化要素の再解釈の段階がすべて再構成の段階につながるわけではない．36年の「メモランダム」では，比較的簡単に，再解釈がうまくいって文化の平衡が再現すると考えられていた．しかし，常にそのように簡単に進むわけではなく，再解釈がうまくいかない場合があり，文化要素の選択・受容→再解釈の過程が繰り返されることがある．そこで，約20年後，ウォーレスなどが中心となって，外来文化要素の再解釈を受け手文化の側の文化的抵抗とみなし，文化要素の選択・受容→再解釈の過程の繰り返しを明確な抵抗運動とみなして，重視するようになったのである．たしかに，抵抗によって文化要素は適当な再解釈を施され，再構成され，新しい平衡状態を実現すると考えるのが妥当であろう．

文化の統合　受け手の文化は，新しい文化要素を含んで再構成され，新しい平衡状態を達したときに，再び「文化の統合」を達成する．しかし，後述するように，新しい平衡状態はときに「平衡状態」とよぶのを躊躇するほど，きわどく，一時的なバランスでしかない場合がある．そのような状態を含めて「文化の統合」とよぶことには疑問があるかもしれない．だが，文化は本来，たえず変化するものである．すなわち，ある部分では，文化触変の過程を終了した直後で，一応安定していても，他のあちこちの部分では，今まさに文化触変などの文化変化が進行中であるという状態が文化の常態なのである．文化には固い，完全な統合状態はありえないので，解体が避けられた程度の，一時的なきわどいバランスでも，平衡状態にあると見られるならば，文化は統合されたと考えてよい．しかし，その平衡は間もなく再び揺らぎ始めるかもしれない．そのようにして，人々が常に生きる工夫として依拠する文化は，全体として変化しつつ，継続すると考えられるのである．

　また，「文化の統合」は，変化がいかに激しくとも，人々の主体性が発揮され，維持されるかぎりにおいて，失われないと考えられる．前々章から見てきたように，新しい文化要素は外から取り込んできたものであるから，借り物であることはたしかであるが，重要なのは，それを受け手の文化のなかへ取り入れてからの反応の方である．そこでは受け入れた文化の側の主体的な操作が行われる．受け入れた文化要素が適合するかどうかを判断する主体は，受け入れた文化の側にある．受け手文化の主体的な判断を元に，受け手文化の人々がそれを本当に自分たちのものにするかどうかが決まるわけであるから，外来文化の受容といっても，けっして模倣ではない．抵抗・再解釈によって，元の文化とまったく違う意味を与えたりもするわけであるから，模倣ではないと考えられる．文化触変の一連の過程に生じる激しい摩擦や葛藤と，それを乗り越える困難をも考えれば，文化触変もまた文化創造であるといえるであろう．外来文化要素を再構成しえたとき，受け手の側の文化創造の作業が完了し，文化の統合が回復されたと考えられる．

　最近の免疫学はわれわれにつぎのことを教えてくれる．生命体は，外部から侵入するすべての「非自己」から「自己」を識別し，個体のアイデンティティーを決定するという行為を，微小な遺伝子の次元で行う．これが免疫である．

生命体の「自己」と「非自己」の境界は，実は，曖昧なことがさまざまな実験によって示されているのであるが，この免疫によって，「自己」のアイデンティティーがたしかめられるのである．各生命体は外部からの侵入によって免疫「原基」を作り，その「原基」に由来する免疫細胞（T 細胞）が，人間の場合には遺伝子上に六種類ある HLA 抗原という組織適合抗原の微細に異なる組合せを識別して，免疫行為を行うと考えられるという[2]．文化は，他の文化から文化要素を受け入れながら，それに抵抗することによって，みずからを賦活すると同時に，自他を識別し，文化の境界を画定し直すことを繰り返すのである．

　以上で，図3のフローチャートのスタートからゴールまでを見た．旧平衡から始まった，ある文化要素をめぐる文化変容のサイクルは新平衡で終わる．この文化触変の過程は，文化全体として見ればその一部で発生した変化となるが，一つの要素については一応終わったことになる．

　ところで，このサイクルの始まりと終わりは，研究者・観察者が判断して決める，ある種恣意的なものであってよい．特定の文化要素に注目すれば，その変化の始まりと終わりはおのずから明らかになるであろう．では，その1サイクルの長さはどれくらいであろうか．1サイクルの長さを1世代30年間とする説がある．たしかに，親の世代によって選択・受容された外来文化要素が，子の世代になると当然のように受け入れられているということはありそうである．しかし，たとえば，かつてのイギリスにおけるガラス製造と製紙技術のように，はるかに長い時間がかかった例も多い．したがって，より大きな歴史の流れにそって，どの程度の速度で文化の変化が進むかを考え直してみる必要があるであろう．印象としては，現代に近づくにつれて，文化変化の速度が速まっている，サイクルが短くなっているように思われるが，文化触変のサイクル一つ一つを切り取って，長い短いをいうのではなく，一つの文化触変が文化の全体とどのような関係を作り出すかをそれよりも重視すべきであろう．

　注
1)　再構成（reorganization）は Kroeber の用語．
2)　多田富雄『免疫の意味論』青土社，1993 年，19-20 ページ．

3. 文化触変の結果

文化触変の結果　新しい平衡状態を達成して，文化触変の過程は終わる．システムとして新しい安定状態を達成しなければ，その文化は解体したことになってしまう．文化触変の結果とは，部分的には相当性格が変わったとしても，全体としては文化としての連続性がある，という状態である．再解釈・抵抗の段階でいもづる式効果がどんどん波及して，その文化の担い手たちが思ってもみなかった変化が生み出される結果になるかもしれないが，人々はそれを新しい時代の文化として受け入れ，それによって新しい生活をしていくであろう．

　もう少し具体的に見て，一つの文化触変の結果はどのような形を示すことになるのであろうか．いいかえれば，図3の「新平衡」はどういう状態になるか，ということである．36年の「メモランダム」では，文化触変の結果の一つのタイプとして，狭義の「受容」（acceptance）状態となって終わるものを挙げている．外来文化要素の受容が繰り返されれば，全体として，従来の文化要素が相当多量に置き換えられた状態となる．文化がまったく解体して，なくなってしまったわけではないが，性格を大きく変えてしまった状態までいくのである．しかし，受け手文化の人々は，新しい時代だから新しい生きかたをしなくてはいけないという意識で，自分たちの文化が大きく性格を変えたことを認める場合もある．これは，ことばを換えて，「同化」（assimilation）ともいわれる．一人一人の個人にとっては，新しい文化への同化であり，人々は生活様式を大きく変え，文化の核心にあるような基本的な価値観までも変えてしまうのである．

　日本が戦前，台湾や朝鮮で試みた植民地政策は同化政策とよばれる．多くの植民地政策がそうであるように，日本の植民地政策も文化政策——文化を変えさせようとする政策——の色彩を強く帯びていた．植民者側が文化要素の与え手となり，受け手の側を強制的に与え手の文化に同化させる状況，ということは，受け手の文化の一部が置き換えられてしまう状況を作ろうとしたのである．植民地状況という強制的な接触状況のなかで，与え手の側が同化を強制し，受け手の側はそれを容認しなかったのであるから，強制的な同化であった．それ

に対して，非強制的な同化というものもないことはない．たとえば，日本の明治の海外移民は，日本の苦しい生活を逃れるために，ぎりぎりの選択を迫られて（その意味では強制であったが），ハワイへ移住したり，東南アジアへ出稼ぎにいったりした．たとえばハワイへ移民して，そこでよりよい生活を見つけることができるとなれば，ハワイ化，アメリカ化の努力，すなわち現地文化との大規模な文化触変をみずから心がけ，1世はできなくとも，2世に希望をかけて，積極的にアメリカ文化を身につけさせるために，小さいときから教育し，学校に行かせる．このような努力によって，日系移民はハワイ文化，アメリカ文化に同化したのである．「同化」は学術用語としては中立的なことばであるが，社会科学が対象とする国際関係や政治関係，そしてその歴史となると，個々の事例に中立的な用語としては使えない多くの現象がある．

文化触変の結果の二つ目のタイプとして挙げられたのは，「適応」（adaptation）という状態で終わったものである．これは，受け手の側にある従来の文化要素と，新しく取り入れた外来文化要素とがうまく結合され，全体としてスムーズに機能する新しい文化を作っている，というものである．もちろん，完全に調和的な状態というのは理念的あるいは理想的な状態であって，現実には，従来慣れ親しんでいた文化の相当部分が変わっているわけであるから，人々のあいだで，そして人々の内部でも矛盾，摩擦が続くが，時間とともに新しい文化に慣れていくのが適応という結果である．

このような考えかたをすると，大体世界中のどの文化も，大局的には文化触変による適応を繰り返し繰り返ししてきて，現在あるものになっていると理解される．文化触変によって大きな変化を経験する時期があり，それは受容もしくは適応の状態で終わる．まだそこに「ぎくしゃくする」ものがあったとしても，時間をかけて部分修正していくことにより安定度が高まる．そうすると，新しい時代の人々はそれを自分たちの本来の文化であるとして，それによって生きることになる．たとえば，日本は，6-7世紀に，多くは朝鮮を経由して中国の文化を大量に取り入れた．きわめて大規模に文化触変がなされ，その結果は「適応」というよりも「受容」に近かった．しかし，それがとにかく収まると，今度はそれを国風化する時代がやってきた．平安時代には新しい日本文化が作られたのであるが，それは，一言でいえば，文化触変とそれに続く国風化

によって作られた文化である．日本にかぎらず，どの文化もそういう変化の繰り返しであり，元をただせば外来であった文化要素を再解釈し，再構成して適応させながら，自分の文化にしてしまう，そういう歴史を繰り返してきている．たとえば日本文化は，実は文化変容の歴史の繰り返しによって今，現に日本文化だと思われるにいたっているものであり，歴史的に形成されたモザイク絵にほかならない．

　文化触変の三つ目の結果として36年「メモランダム」が挙げたのは，「反発状態」（reaction）である．文化触変の過程が一応終了しても，外来文化要素の組織的適合が不十分なままに残った状態，すなわち，異物を含んだ状態であり，受入れ側の文化の持ち主がそれにこだわる状態が続く場合もあるのではないかというのである．文化触変への反対運動が表面的には収まっても，心理的な反発はいつまでも残るというのである．本書の立場では，より分析的に考え，そのような状態は早晩再び抵抗現象を招くであろうから，過程全体が終結していないものとみなすことになる．

編入・同化・融合・隔離　36年の「メモランダム」を受けて事例研究が重ねられ，文化触変の結果についても整理が行われた．もっともよく整理しているのが，1960年代のはじめにアメリカの文化人類学者エドワード・スパイサー（Edward H. Spicer, 1906-83）がアメリカ・インディアンの経験した文化触変に即して行った類型化である[1]．スパイサーによれば，文化触変の結果はつぎのいずれかの形態になる．

　　編入統合　（incorporative integration）
　　同化統合　（assimilative integration）
　　隔離統合　（isolative integration）
　　融合統合　（fusional integration）

この四つは，一つの文化触変の結果，外から入ってきた文化要素がその他の文化要素とどのような関係を作り出すか，という見かたで分けた類型である．

　まず，一つ気づく点は，四つの類型が共通に統合と特徴づけられているということである．文化触変がどのような結果に終わった場合でも，文化要素は統合された状態にあるという考えかたである．これは1930年代の社会科学にはなかったもので，システム論的な考えかたである．部分同士が一定の関係を持

ち合って一つの全体を構成している状態を「統合」というが，そうでなければ文化も存続しないので，統合の程度や質の違いはあっても，統合状態にあるとみなすのである．図3の終着点の「新平衡」も同じ考えかたにもとづく用語である．文化は，全面的解体にいたるまれな場合を除き，大きな変化のあとでも，とにかく新平衡の状態に達し，多少なりとも統合を回復するとしたうえで，どういう形の統合が達成されたかを考えるわけである．

　第一の「編入統合」は，外から取り入れた文化要素を，受け手の文化の方に適応させるように再解釈しながら受け入れて，文化の内容を豊かにする目的を達成する場合である．文化触変の主体はあくまでも受け手側であって，受け手の側が必要とするかぎりにおいて新しい文化要素を取り入れて，新しい統合状態を作っている．全体的には，受け手の側の以前からある文化，伝統文化の中核の連続性，あるいは同一性は保持できることになる．接触状況が強制的でなく，受け手が文化要素を自主的に選択できる自由をもって始まった文化接触は編入統合という結果になることが多いと考えられる．

　二番目の「同化統合」は，第一の編入統合と逆の形である．外から，優勢な文化の文化要素がつぎつぎに入ってきて，在来の文化要素に置き換わり，全体としては従来の文化の中心部分までをも，外来のものに合わせるように変えていった場合の結果である．受け手の文化が主体性を発揮することができず，いわばこちら側が向こう側に同化するという形で統合が達成されている．強制的な接触状況で文化触変が進むと，この結果になりやすいであろう．これがさらに進むと，たとえば日本文化がもはや日本文化とはみなされないという結果になろう．文化の部分的解体を停止させるために始めた文化触変の過程の連続が，全面的な解体とは別の性格の解体を招いたことになってしまうかもしれない．現在，われわれが日本文化の構成について論争するのは，近代日本が主として欧米から受け入れてきた新しい文化要素が日本文化の中核まで壊してしまったかどうかという点，すなわち，文化触変が同化統合の連続であったかどうかという点で，見解が分かれるからであろう．

　第三の「隔離統合」は，辛うじて統合の形になっているが，従来の文化要素と新しく入ってきた文化要素が，ほぼ同一の機能を果たすものであるにもかかわらず，隔離された形で並存する結果になっている場合である．受け手の文化

の，ある時代のある人々が中核と思っている要素を保持しようという態度が重要な働きをする点は，第一の編入統合と似ているところがある．違うのはおそらく接触状況である．強制的な接触状況下では，文化の中核を侵すような文化要素も受け入れざるをえないことがある．しかし，中核とみなしている従来の要素は維持したい．そこで，強制された外来文化要素を表面上は受け入れるが，以前からある固有の文化要素をそれで置き換えることはせず，二つを隔離して，並存させるのである．スペインの宣教師からカトリックを強制された先のプエブロ・インディアンの例が隔離統合のよい例である．カトリックを政治的に強制され，表面的には儀礼として一応受け入れたが，従来の信仰を守ったのである．外来文化要素に対して，文化触変の過程中にもかなりの抵抗が試みられるが，その抵抗ではそれを弾き出すことができず，一応取り込むが，それと在来の文化要素のあいだには壁が設けられる．これは，形を変えた抵抗の継続であり，政治的・経済的・社会的な圧力のゆえに拒否できない文化要素を受け入れた上で，壁を設け，在来文化が侵されないようにする効果を狙った形ともいえる．したがって，統合の度合いはもっとも低く，一番不完全である．

　四番目の「融合統合」は，従来の文化要素と新しく取り入れた文化要素とを融合させて，第三の新しい文化要素に作り変えて，統合度の高い文化体系を再形成した状態である．先にも見たように，ヤーキ・インディアンの場合は，スペインの宣教師によりカトリックがもたらされた結果，3万人のヤーキ・インディアンのすべてが数十年のあいだにカトリックに改宗することになった．ヤーキ・インディアンは，カトリックに特有の行事とか，十字架や祭壇といった文化要素に彼らが従来もっていた伝統宗教の意味を結びつけたのである．結果として，外来のカトリックと固有の宗教とのあいだに融合の状態が生まれた．常識的には，この融合統合がもっとも理想的な文化と文化のあいだの受容関係であるかもしれない．二つの文化が対等に作用し合って，そのどちらとも違う第三のものを作り出した統合なのであるから．しかし，融合統合のすべてが望ましいと一概にいうことができるかどうかはわからない．

　他文化との接触による文化の変化を表すのに，以前から「習合」ということばがよく使われてきた．たとえば日本への仏教伝来など，日本の歴史的な文化触変を説明するときに，「結果として習合が起こった」という．これは融合に

近いことばではあるが，それほど厳密には使われていない．編入や同化，ときには隔離状態の統合にも習合ということばが使われることがあるので，注意する必要がある．また，文化触変の結果は，融合と同義の習合が必ず起こるとはかぎらない，ということにも注意する必要があろう．

日本文化の多重構造　スパイサーの四類型の背後にあるのは，隔離状態さえも統合であるという考えかたであったが，文化変容の結果，文化がいつも統合状態を示すとはかぎらないとする見かたもある．たとえば，鶴見和子は土着文化と外来文化との出会いないしは衝突によって起こる社会的緊張を処理するパターン（通時的なパターン）として，独占型，競争型，統合型，多重構造型の四つを指摘している．「統合」は文化触変を通過した文化の形態の一つのパターンとされているのである[2]．

文化触変のプロセスの旧平衡の時点を t_1，新平衡の時点を t_2 とし，文化要素を $a, b, ..., n$ とし，＋は受容，－は拒否，±は両面価値，両義性の容認，あるいは二つの矛盾する要素の並存を示すとすると，鶴見説はおよそつぎのように要約される．独占型は，t_1 では〔$+a$〕である．そこに b が入ってくると緊張が高まり，緊張処理が行われる結果，t_2 では〔$+a-b$〕か〔$-a+b$〕のどちらかに収まる．要するに a か b のどちらかが選択されるので，独占型という．競争型では，最初 t_1 では a だけだったのに新しい b という要素が入ってくると，t_2 では〔$\pm a \pm b ... \pm n$〕というように，相変わらず競争が続く状態になっている．統合型は，t_1 で〔$+a$〕だったところに新しい要素が入ってくると，t_2 では〔$+a'+b'...+n'$〕というような状態になっているのである．それに対して，多重構造型では，〔$+a+b...+n$〕という状態で緊張処理が終わったことにされるのである．独占型，競争型，統合型のいずれもが矛盾律を前提にしているのに対して，多重構造型のみが矛盾律を無視するという著しい特徴をもつという．

鶴見説では，日本文化は多重構造型で，徹底した文化要素間の闘争をしない文化と特徴づけられる．アメリカ文化は競争型であり，統合型は中国文化である．角度を変えて共時的に見てみると，日本文化はコンパートメント型，たこ壺型をとっている．多数のコンパートメントあるいはたこ壺を備えていて，外来文化要素が呈示されると，「これもいいから入れておく，あれもいいから入

れておく」となるというのである．第8章で取り上げる丸山真男説に相通じるものがあるといえよう．

　この鶴見説をスパイサーのタイポロジーと照合してみると，「統合」という概念の用法が異なるなど，似ているようで違いも大きいが，多重構造型はスパイサーの隔離統合にほぼ重なるといってよいであろう．しかし，多重構造型といわれる日本の文化触変のすべてが隔離統合であったといえるであろうか．スパイサー説で日本の文化触変を特徴づけるとすれば，日本文化を形成してきた多数の文化触変を個々に見ると，隔離統合はもちろん，編入統合もあり，同化統合もあり，融合統合もあったということになり，その総計こそが日本文化全体の多重構造を生み出したという理解になる．

　ここで，文化触変が生み出す結果を全体的に整理するために，一つの文化触変の過程の最終段階，すなわち新平衡の段階で見られる結果だけでなく，文化触変過程全体を見直してみよう．すると，文化触変は，スパイサー説や鶴見説で示された四類型以外の形態をとる場合もあることが明らかになる．すなわち，論理的に考えられるパターンを列挙すれば，(1)外来の文化要素を受けつけない（拒絶もしくは黙殺），(2)外来の文化要素が完全に在来の文化要素に置き換わる（置換），(3)外来の文化要素優位に在来の文化要素が変化して，両者が合体する（スパイサーのいう同化統合の結果がもたらされる），(4)在来の文化要素優位に外来の文化要素が変化して，両者が合体する（スパイサーのいう編入統合にいたる），(5)両者が対等に変化して合体し，第三の新しい文化要素となる（スパイサーのいう融合統合にいたる），(6)両者が無関係に並存して，二重性を作り出す（スパイサーのいう隔離統合にいたる），(7)在来の文化要素が存在しないので，外来の文化要素がそのまま受け入れられる，の七つの場合である．

　日本の文化も中国の文化も膨大な数の文化要素からなる巨大な文化である．しかも，それらが無数の外来文化要素に接触し，それらを一つずつなんらかに処理してきたし，これからも処理し続けるであろうと考えられる．とすれば，いずれの文化においても，文化触変のパターンは上の七つのパターンのすべてを含むはずであり，ある一つの文化の文化触変のパターンをどれか一つに限定するべきではない．そして，接触する文化要素は相互に異質のものであるから，七つのパターンのいずれの場合にも摩擦，葛藤，受け入れ側の抵抗が起こるの

であり，どれもけっして平穏な過程ではないと考えるべきである[3]．
　注
1) Edward H. Spicer, ed., *Perspectives in American Indian Culture Change*, Chicago: The University of Chicago Press, 1961. なお，姫岡勤『文化人類学』ミネルヴァ書房，1967年，200-202ページにこの説が的確に要約紹介されている．四つのタイプの名称の訳語はそれによっている．
2) 鶴見，前掲書，117-118ページ．
3) 平野健一郎「書評　宇野重昭・天児慧編『20世紀の中国——政治変動と国際契機』」『アジア研究』第42巻第1号（1996年4月），105-106ページ．

4. 文化触変の創造力

文化触変と世代，ジェンダー　19世紀から20世紀へと，文化触変は世界的に激しい勢いで増加した．日本文化はその典型的な例といえる．文化触変の量的な拡大はもちろん，その加速化をもたらしているのは，明らかに，近代の国際的なコミュニケーション手段の急速な発達である．20世紀の最後の10年に，突如，人々の関心を捉えたグローバリゼーションとよばれる現象は，世界の隅々にまで連続的な文化触変を広げている．国境を超えて激化する文化要素の移動はもはや抑えがたいように思われるが，文化はそのような文化触変の激増，それによる激変に耐えられるものであろうか．この疑問に答えるには，文化触変を歴史の問題として考えることが有効であろう．その一つの方法は文化触変を世代間の問題として考えることであり，もう一つの方法は，より大きな歴史的変化の枠組みで考えることである．

　そもそも，ある一つの文化変容のサイクルの長さはどれくらいであろうか．先にも紹介したように，その長さを30年とする説がある．すなわち，文化触変を含む文化変容は1世代でほぼ完結するという考えである．まえの世代が新しい文化要素の呈示を受け，選択・受容の段階で葛藤し，再解釈・抵抗の段階で苦闘したのち，つぎの世代がその要素をもはや所与のものとして当然視するということは十分ありそうである．30年で世代交替が起こるとすれば，旧平衡が崩れ始めてから新平衡に達するまでに30年を要するというのは，論理的に正しいように思われる．しかし，イギリスにおけるガラス製造と製紙の文化

触変は数世紀の長さを要していた．他方，今日では，技術革新のもと，1世代の内に何度も製品が変わるなど，文化触変のサイクルははるかに短縮されている．テレビの衛星放送やコンピューターのインターネットを通じる文化触変は，瞬時に完結するようにさえ思われる．日本の場合でいえば，明治・大正・昭和初期に生まれた世代が成人以後に経験した文化触変の連続は，実に目まぐるしい．長いあいだ受け継がれてきて，自分たちも受け継いだ盥と洗濯板の洗濯が，二槽式の洗濯機から全自動の洗濯機による洗濯へ，そして乾燥も機械が自動で行う洗濯にまで変わってしまったのである．この世代は，テレビで世界中から目まぐるしく入ってくる新しい情報に日々接して，平然としているようにも見える．それは，世代の新旧は意味を失ったことを示すようでもあり，さらには，人間精神の可塑性，文化の可塑性を示しているようにも思われる．

　文化人類学者のマーガレット・ミードは，人間文化の歴史を大きく，(1)過去志向型（postfigurative）の文化の時代，(2)現在志向型（cofigurative）の文化の時代，(3)未来志向型（prefigurative）の文化の時代の3期に分け，文化のありかたについて深い示唆を残した[1]．それによれば，第一の時代は，文化が過去から未来へと連続する時代，すなわち親が子に文化を教える時代であり，文化は変化するとしても連続性を保ちながら変化することが可能であった．第二の時代は，現在から未来が予測できるような文化の時代であり，文化変化の速度は早まるが，その変化に親子が同時代人として対応することが可能であった．第三の時代には，新しい文化の権威が子供たちに移り，親たちはそれを批判できないどころか，子供たちから教わらなければならなくなる．このように文化のありかたを3期区分したミードは，世界的規模で世代の断絶が明白となった1960年代末に，人類は第三の文化の時代に突入したと宣告したのである．

　文化触変のサイクルの長さという問題にも，ミードのこの考えかたにしたがうことによって，より的確な答えを与えることができる．すなわち，その長さが第一の時代から第二の時代へ，そして第三の時代へと，段階的に大きく短縮されることになるのは当然であった．前近代から近代へ，近代から現代へ，あるいはモダンからポストモダンへという，大きな歴史的変化の枠組みで考えて，はじめてミクロな一つの文化変容のサイクルの長さを十分に論じることも可能となるのである．ミードの議論は，さらに，文化触変のサイクルの長さという

問題が人間の文化のありかたという問題と密接にかかわっているかもしれないこと，両者の関係は鶏と卵のような関係かもしれないこと，すなわち，今日の目まぐるしい文化触変が，逆に文化のありかたそのものを変えているのかもしれないことを暗示している．

ところで，テレビのまえに座って世界中からつぎつぎに入ってくる新情報に接している旧世代は，それを新世代と同様に受け入れているのであろうか．人間精神や文化は，実は，さほど可塑的なのではなく，テレビからの情報は旧世代の精神の表面を流れていくだけかもしれない．新世代の方がそれをより多く受け入れ，文化を変えていくとすれば，文化触変には世代の差が作用することになる．

それでは，ジェンダー（性差）によって文化触変とのかかわりかたが異なるということはあるであろうか．かつて1950年代中頃に，メノミニ・インディアンの文化触変についてこの問題を検討したスピンドラー夫妻（George and Louise Spindler）は，性差と文化触変のあいだには一見，相当に有意の関係があるといった[2]．すなわち，白人世界との文化接触によって大きく文化を変化させざるをえなかったメノミニ・インディアンにおいても，古くからの説話がさほどの変化をこうむらなかったのは，それを伝承するのが女性であり，女性が家庭に残るからであった．心理テストによって，女性の保守性が文化触変への不参入，あるいは抵抗という効果をもつことが明らかになるという．

しかし，男性が家庭に残って説話の伝承を担当すれば，逆の結果となることがこの論理自体から導き出されるであろう．結局，スピンドラー夫妻自身も，当時においてさえ，文化触変とのかかわりかたの違いは性差に帰するのではなく，役割の違いに帰するとしたのである．一般に，女性が文化触変に積極的に関与した例は多く，さらには，役割の違いに帰することが不可能な例も少なくない．性差と文化触変との関係については，世代の場合以上に歴史的な考察が必要と思われるし，もう一つ別の説明も必要である．もう一つ別の説明とは，文化触変が文化のどの部分で発生するかを考えるという方法である．

文化触変の発生部位──文化の構造による説明　文化触変は文化のどの部分に発生するのであろうか．内発的な文化変化についても，同様に，文化はどの領域で変化しやすいかを考えておくことが必要である．この問いに対しては，文化の

構造によって説明する答えがいくつかある．

　第一の説明は，文化を大きく，物質的な領域と非物質的な領域の二つに分け，文化触変は物質的な領域で起こりやすいとする．分けかたを可視的と非可視的とにしてもよい．物質的な要素は目につきやすいので，まずその領域で他の文化の特徴が認められ，選択が行われて，文化触変が発生する．それに対して，非物質的な目に見えないものは捉えにくいので，文化触変も起こりにくいと考えるのである．

　周知のように，清末の中国や明治のはじめの日本の近代西欧文化との接触は，軍事面の文化要素を受け入れるところから始まった．大砲や軍艦を受け入れるのは容易であり，それらを作る技術や工場程度までは受け入れても，制度や思想や価値の領域は文化触変を受けにくいので，そこまで進むことを怖れる必要はない．「中体西用」「和魂洋才」「東道西器」の主張はこの二分法（ダイコトミー）に依拠するものであった．しかし，宗教などの非物質面の文化触変を受け入れ，物質文化の面では抵抗するという逆の例もないわけではない．加えて，つぎの点にも留意する必要がある．近代から現代へ，中国，日本だけでなく，非西欧社会のほとんどが西欧文化と大量の文化触変を行い，その大半はたしかに技術の側面においてなされた．それは，当時の西欧が実は技術面に重点を置く文化をもっていたからであり，それゆえに圧倒的な優勢を誇る西欧との接触を強いられた非西欧世界から見ると，技術面での西欧の優越性が明らかであったからである．とすれば，文化を物質面と非物質面とに二分して考える考えかたは，当事者にはさほど重要な意味をもたなかったかもしれない．

　新しい文化要素で従来の文化要素を置き換えようとすると，その変化は文化的・社会的な緊張を生じ，政治的な闘争が起こることも多い．変化にともなって生じる緊張がなるべく少ない方がよいとすれば，緊張があまり起こらない文化要素の文化触変の方が起こりやすいと考えられる．人々があまり感情移入をしていない文化要素，すなわち，情意的な関連の少ない文化要素には文化触変が起こりやすいとするのが第二の考えかたである．たとえば，贅沢品がそのような文化要素に当たる．第二次世界大戦敗戦直後の日本にアメリカ文化が滔々と入り始めるとき，駐留米軍の兵士たちと交際した日本女性が文化触変に先駆的な役割を果たした．アメリカ女性の服装，派手な口紅，マニキュア，アイシ

ャドウなどが彼女たちを通じて入ってきたのである．日本社会の多数派が黙殺しようとした文化要素が贅沢品として，アウトカーストとされた階層の文化受容者によって受け入れられ，やがて全社会によって受け入れられることになるのであった．

　三つ目は，具体的な要素に対して抽象的，象徴的な要素は受け入れられにくいとする説明である．これは，たとえば技術は受け入れられやすく，社会制度や宗教は受け入れられにくいとする，第一の物質対非物質という分けかたによる説明への部分的反論である．たとえば，宗教のなかにもイコン・聖像や儀式などのように目に見えるものと，言葉に表しても捉えられないもの，明瞭でないものがあり，具体的で明瞭なものは，実は道具と同じように受け入れられやすく，変わりやすいのではないか，宗教というだけで，それに関連するものがすべて受容されにくいとはいえないのではないか，というのである．

　四つ目の説明は，文化の体系における文化要素の構造的連関性の強弱によって説明しようとするものである．文化要素はすべて機能的・構造的な連関性を有するが，その連関が比較的弱い要素と強い要素とがあるであろう．構造的連関の弱い要素，文化体系のなかで比較的孤立した要素が外から入ってくれば，他に変化を及ぼさないので，入りやすいと考えられる．たとえば，先のマニキュアなどはそれまでに存在しなかった要素で，構造的な連関が弱いために，一部分にはすっと入ってしまう．しかし，それはやはり価値観とつながるので，日本の社会のなかでも，特定の女性とその他の女性とでそれがもつ意味は違っていた．後者には構造的な連関性の強い文化要素となり，受け入れられるまでに時間を要することになったのである．

　要するに，構造的連関性が強い文化要素では文化触変が起こりにくいという考えかたである．構造的連関の強い文化要素はトインビーのいう「いもづる式現象」を招きやすいので，それが予想される文化要素は最初から拒絶されるであろうというのである．この考えかたに立つと，中国の洋務派に反対した保守派・頑固派，明治日本の欧化政策に反対した人々は，文化変容のメカニズムを文化触変推進派よりもよく理解していたと評価できることになる．彼らは，あるものを受け入れたら，あとはとめどがなくなるとわかっていたから最初から反対した．技術を受け入れたらそのつぎになにが変わるかわからないと考えて，

技術を受け入れることにも反対したのである．問題は，徹底的な抵抗が不可能な状況ではどうなるかということである．

　五番目の説明は，文化を中心的領域と周辺的領域とに二分して，中心的領域の方が文化触変を受けにくいとするものである．物質・非物質という二分法ではなく，中心対周辺という二分法で捉え，中心的領域の方が文化要素間の連関性が強く，情緒的な連結性も強いと思われるので，文化触変が起ころうとすると，社会的緊張，個人的葛藤が強くなるので，抵抗が多く，変容が起こりにくいと考えるのである．中心的領域に入るのは家族組織，親族組織，価値体系，言語など，周辺的領域の代表的な要素としては奢侈品が挙げられるが，中心的領域，周辺的領域になにが入るかは一概には決められない．

　六番目の説明は，成長段階説あるいは文化学習段階説と名づけられるような説明である．人間は成長段階にしたがって文化を学習して，人格を形成していく．とすると，成長段階の初期に学習したもの，たとえば親族組織，価値観，役割体系，言語・母語などは，成人後に習得する制度などよりも変わりにくいということになる．

「文化の焦点」説　上のどの説明も満足のいく説明ではない．具体的にどのように二分するのかは明らかでなく，実際の文化要素が二分された領域のどちらに属するかを決定するのは困難である．文化触変が起こりにくいとされる領域の方に明らかに属する文化要素に変化が生じる，例外も少なくはない．その例外を説明する力はどの説明法にもないように思われる．むしろ，文化触変が起こりにくいとされる文化要素に起こる文化触変の方が歴史上重要であろう．人々は激しく抵抗しながらも文化触変を辞さないことがある．

　そのような歴史上重要な文化触変を含め，すべての文化触変の事例を説明できるのが，メルビル・ハースコビッツが唱えた「文化の焦点」(cultural focus) という説である[3]．ある時代のある社会には，人々がこぞって話題にする共通の関心事がある．これを文化の焦点とよべば，文化触変はこの文化の焦点に起こるという考えかたである．ある時代のある社会で人々が話題にしていることが，結局変わるというのである．なぜなら，そこに問題が生じてきたから，文化として十分に機能を果たさなくなってきたから，人々は話題にするのである．十分な機能を果たしている文化要素は人々の意識にも上らない．人々

が話題にしている要素は，たとえそれが感情移入の対象であるために，変化が緊張を起こすものであっても，中心領域の文化要素であっても，成長段階の初期に学習した文化要素であっても，結局変わらなければならない．どんなに抵抗があっても変わらなければならないのである．同様に，おしゃれや贅沢に類する文化要素も，人々が話題にするときに変化すると説明することができる[4]．

　この説明は他の説明と質が違う．他の説明はいずれも，問題の文化要素が文化のどこに位置するかに注目しているが，「文化の焦点」説はそういうことを一切無視して，まったく別の，一般性に富んだ考えかたを出している．抵抗が起こりやすい文化要素か起こりにくい文化要素かという問題の立てかたをする必要もなく，文化触変に時間がかかるかかからないかも問題にしていない．世代や性差の問題も乗り越えられている．結局，実際にどこに変化が起こるか，どうしてそこに変化が起こるのかだけを問題にする見かたである．人々が激しく抵抗しながらも文化触変によって文化を変えていく，歴史的に重要な事例も，この説明が例外なくよく説明してくれる．とくに近代の日本やアジアの文化変容について，文化のどこに，なぜ変化が起こったかを考えるとき，それがやはり人々の切実な関心事になったからだと集約することができる．また，今日，人々は環境問題，教育問題，高齢化社会の問題など，多くの問題を抱え，それらを話題にしている．それが現代社会の文化の焦点である．人々は自分たちの必要性を満たしてくれない現代文化を問題にして，ほかの社会の文化によい解決法となる文化要素があれば，それを変容させつつ受け入れることに努めるに違いない．「文化の焦点」説は，結局，文化変容がなぜ起こるのかという根本をもっともよく押さえているといってよい．

必要性　文化の焦点の背後には，必要性という基本概念がある．人々が生きていくためになにを必要とするかという基本問題が基底にあって，それが特定の文化要素に人々の関心を集め，文化の焦点を生み出すことにつながっていく．さらに，文化の焦点が文化変容につながっていくとすれば，文化触変をもたらす原動力は受け手の文化にある必要性，より具体的には，その文化によって生きる人々が感じる，生きるための必要性である．相当大量のいもづる式変化を覚悟してまでも外来文化要素を受け入れていくのは，基本的に，必要性があるからである．人間が生きるための必要性が文化触変を説明する基本概念である．

まさにそのような必要性から文化の焦点は生まれてくる．人々がどうしようかとたえず頭を悩まし，話題にしていること，そこから発明・発見の営みが行われるか，犠牲を覚悟しても異文化からよりよいものをもってこようという営みが生まれる．もはや変えなくてはいけないと思って，話題にしているから，よりよいものが見つかれば，抵抗があっても受け入れ，文化を変えるに違いない．

　近代における非西欧社会のいわゆる近代化も文化の焦点説によってほぼ説明できると思われる．西欧に対抗するために，西欧の文化から文化要素を選んで受容しようとするとき，まず第一の段階で，ある文化領域の文化要素を選択して文化触変を試みるが，それはその領域の文化要素であるからではなく，その時点で人々がそれを文化の焦点としたからである．つぎの段階では，また別の領域の文化要素について文化触変を試みるが，その文化要素は構造的連関が強い要素であるかもしれない．それでも文化触変を試みるのは，人々がその必要性を感じ，話題とするからである．このときすでに「いもづる式現象」は広く，深く進行しているであろう．さらにつぎの段階では，中心的な文化領域の文化要素であっても，それを選んで文化触変を試みるであろう．それまでと同様に，人々がそれを必要と認識して，話題とすればである．段階が進むごとに社会的・政治的な抵抗が強まり，文化内部の抵抗も繰り返される．したがって，この文化変容の連鎖はけっして西洋化にはならないことにも注目しておきたいが，その過程は，「いもづる式現象」の拡大をともないつつ，文化の焦点が連続的に移行する過程であった．このように，人々の必要性を元基として，人々が話題とするところから文化触変のプロセスは始まって，進行していくと考えられるのである．

文化触変の創造性　以上述べてきたことを要約すれば，文化触変は単なる模倣や借用ではない．受け手の文化によってこれまで生きてきて，これからも生きようとする人々が，みずからの必要性によって選択し，再解釈して，再び文化になんらかの統合をもたらす，いわば文化的格闘の過程である．そこには激しい文化内部の抵抗と，社会的・政治的抵抗がある．このような過程が単に与え手の文化のレプリカを再生産することで終わるはずがない．文化触変は，受け手の文化およびその担い手の人々が主体性を発揮して，外来文化要素と在来文化要素とから新しい文化要素を作り出す創造の過程である．たしかにいもづる

式効果は相当強力な場合が多いが，それによって受け手の文化のすべてが入れ替わってしまうことはほとんどない．むしろ文化が，新しい文化要素とその波及効果によって，息を吹き返し，再び活発になる．活発になるとは，人々がそれによってよりよい生活ができる，ということである．文化の交流・接触・変化によって文化の一部が変容するが，それは人々の生活を活性化する，一つの文化的創造なのである．

注
1) マーガレット・ミード，太田昭子訳『地球時代の文化論——文化とコミットメント』東京大学出版会，1981年．同書はミードの遺書ともいうべき書である．
2) Louise and George Spindler, "Male and Female Adaptations in Culture Change," *American Anthropologist*, LX (1958), pp. 217-233.
3) Herskovits, *op. cit.*, pp. 484-487, 495-496.
4) もちろん，人々の関心事になっていない文化要素に文化触変が発生することも少なくはない．そのケースには「文化の焦点」説は説明力をもたないであろうか．他の文化と接触して，受け手の文化にはない要素に気がつけば，それはやはり話題（文化の焦点）になり，文化触変の過程を経て受容されることになると考えられる．このプロセスがほとんど瞬間的に起こることがあるであろうから，そこには，凝縮化された「文化の焦点化」のプロセスがあるといってよい．そうでなければ，入口のところで黙殺されるのであり，その場合には，その文化要素を文化の焦点とする前提条件，すなわち，人々の必要性がない，ということである．

第7章　抵抗としての文化触変

1. 敵対的文化触変

敵対的文化触変　第5章の第3節で述べたように，一般的に，文化触変における抵抗には四つの類型が考えられる（表2）．すなわち，タイプ I（文化要素についての抵抗×受容に対する抵抗），タイプ II（文化要素についての抵抗×授与に対する抵抗），タイプ III（相手集団についての抵抗×受容に対する抵抗），タイプ IV（相手集団についての抵抗×授与に対する抵抗）である．これまで見てきた文化触変における抵抗は，ほとんどすべてタイプ I の抵抗，すなわち，ある文化要素の受容を，その文化要素の特性ゆえに拒もうとする抵抗であった．伝播・呈示される文化要素の拒絶および黙殺という第一次の抵抗，一度選択・受容された文化要素に対する文化内部での抵抗および再解釈という，第二次の本格的な抵抗は，いずれも受け手文化側の文化的な抵抗である．そして，それらには，受け手文化の担い手社会のメンバーによる外来文化要素に対する社会的抵抗，政治的抵抗の運動が重なることもしばしばである．

　ここでは，授与に対する抵抗（タイプ II，タイプ IV）をしばらく脇に置いて，タイプ III の抵抗を考えてみることにしよう．この抵抗は，相手集団が特定の集団であるために，その集団の文化の要素を受容しまいとするものである．相手集団が嫌いなので，その集団の特徴となっている文化要素や，その集団が誇りにしているような文化要素など，特定の文化要素を受け入れようとしない場合もあるであろう．しかし，相手集団に抵抗するためには，その集団のあらゆる文化要素の受入れを拒否しようとする方が自然かもしれない．その場合には，相手集団そのものを忌避すれば，その目的を達することが可能となるから，実際には，自集団を閉ざすか，相手集団から遠ざかるという行為によって，相手集団との接触を避けることになるはずである．その典型が鎖国であろう．

しかし，相手集団が強力で，忌避を貫くことができず，鎖国の維持も不可能となった場合はどうであろうか．相手は強力な敵であり，それに敵対せざるをえないという形で接触を強制される．接触を強制されながらも，防衛のために自文化に固執し続けるならば，物理的に強力な文化をもつ相手に軍事的，政治的あるいは経済的に制圧され，集団の存在そのものを抹殺されてしまうであろう．そのことが明白なとき，その集団は，逆に敢えて相手集団の文化を，それも大量に受容することによって，自己防衛を図る．いわば相手の武器を使って自分を守ろうとするのである．そうすれば，相手に勝つことは望めないとしても，負けないかもしれない．

このように，相手集団に対する抵抗のために，相手集団の文化を受容するタイプの文化触変を「敵対的文化触変」(antagonistic acculturation) という[1]．いいかえれば，敵対的文化触変とは，相手集団への抵抗という意味ではタイプIIIの抵抗でありながら，文化要素については，それを拒否せずに受容するという点で，タイプIの抵抗の裏返しであり，それとタイプIIIとを組み合わせた性格をもつ．したがって，敵対的文化触変によって辛うじてその存在を維持することができたとき，その集団の文化は大きく変わってしまって，嫌うべき相手の文化に似てしまっているかもしれない．近代西欧の文化に直面した非西欧社会が行った「近代化」は，敵対的文化触変であったということができる．近代の国際関係のなかで，非西欧社会が政治的，経済的独立を守るために，文化的には相手に屈する形になることがあった．ただし，その場合でも，それは「近代化」であって，「西欧化」ではなかったといわれるように，敵対的文化触変を行っても完全に相手と同じにはならないところが，やはり文化触変である．この点についてはあとで説明する．

刺激伝播　鎖国は不可能という条件のもとでも，しかし，敵対的な相手集団への抵抗の方法は敵対的文化触変にかぎらないであろう．一つの方法は，部分的に，あるいは特定の目的にかぎって，相手との接触を制限することによって，自己防御を果たそうとする方法である．全面的な鎖国が無理であれば，社会的接触の一部をかぎるか（例，外国人居留地），特定の文化要素の受容を禁止して（例，禁輸，ボイコット，貿易関税），防御のための隔離 (defensive isolation あるいは purposive isolation) を図ることは可能である．二つの集団が

境界上の木の下などに交換品を交互に置き去りにして，直接交渉をせずに物物交換を行う，いわゆる「沈黙交易」（あるいは「沈黙貿易」）は，文化触変の観点からは，この種の制限された接触と文化要素受容の原型であったということができる．

　相手集団との切断を望むがゆえに，意図的に相手とは異なる手段や形態を編み出すことによって，相手と同じ目的を達成しうるような別の文化要素を作り出すのも一つの方法である．相手集団の文化要素を受容せずに，相手集団に対抗しようとするのである．これは集団独自の文化要素の発明・発見を試みるのと同じように思われるであろうが，相手の存在，相手の文化要素を鋭く意識している点で，状況が異なっている．このような文化的対抗は「対極的文化触変」（negative acculturation）とよんでもよい．たとえば，西欧の医薬品の治療効果を知りながら，敢えてシャーマニズムの祈禱によって効果を得ようとするなどである．このように，対極的文化触変の具体的な方法の一つには，接触以前の文化への退行があり，土着主義的な文化変化になる．もう一つの方法は，相手とは異なる手段や形態の異質性を誇張して強調する「異相分化」といわれる方法である．接触したがゆえに，異質性を誇張し，見せびらかすのであるが，その異質性は表層的なレベルのものであることが多い．さらには，相手集団のやりかたと正反対のやりかたを故意に採用し，あるときには，善悪の価値を転換させてまで，相手を否定するという方法がとられることもある．

　これらの方法のなかには，相手集団への抵抗を目的とするものでありながら，敵対的文化触変とは対照的な構造になっているものがある．敵対的文化触変の性格は相手集団への抵抗と相手文化要素の受容の組合せにあった．これと対照的に，相手集団への抵抗がなく，相手の文化要素は不完全にしか受容しないという組合せもある．「刺激伝播」あるいは「着想伝播」といわれる文化変容の方式である．相手集団との接触がない状態で，その文化要素のあるものについての漠然とした情報，あるいはアイデアが伝わってくる結果，それを刺激剤として，相手の力を借りることなく，独自の文化要素の発明・発見が行われるというものである．相手集団への抵抗，集団の自己保存欲求の自覚，あるいは自文化の独自性へのこだわりなどの要素が不在で，他方，刺激を受けた結果作り出された文化要素は，刺激の元となった文化要素とは異なるという点で，刺激

伝播は敵対的文化触変と対照的である．ということは，敵対的文化触変に関しては，相手集団との接触が特徴的な条件ということになる．

そもそも接触という条件，相手集団への抵抗という要素を欠いている刺激伝播をここで述べるのは適当ではないかもしれない．しかし，現実に，相手集団と接触しながら，それを遠ざけた状態で相手の文化要素を必死にわがものにしようとする，刺激伝播的な文化触変の試みは数多く行われてきたのである．また，上述の，敵対的文化触変とは若干異なる文化的抵抗の方法にも，構造的に刺激伝播に近いものがあることに注意しておきたい．

ヘロデ主義とゼロト主義（もしくは開国と攘夷）　歴史家アーノルド・トインビーは，文明間の邂逅において，自己よりも活発で創造的で，さらには侵略的な異文明と接触し，それから挑戦を受けた側に起こりうる反応は，徹底的な反抗か，敵対的文化触変の性格を帯びた抵抗かのいずれかであるという．彼は，歴史にはそのような反応が繰り返し起こったとし，その代表的な例を紀元前後にヘレニズム文明と接触したユダヤ文明がとった反応に求め，その例から名前をとって，徹底的な反抗主義をゼロト主義（あるいはゼロティズム，ゼロット流儀），敵対的文化触変的な抵抗の態度をヘロデ主義（あるいはヘロディアニズム，ヘロディアン流儀）と名づけた．トインビーの場合は壮大な文明間の邂逅を対象としているが，この二つの反応の類型は文化間の接触の場合にも当てはまるので，続けて彼の説明を見てみよう．

ヘロデ主義は，当時のユダヤのヘロディアン党が示した反応である．彼らは，侵入してきた異文明がもつ武器をわがものにし，その借りものの武器を本来の発明者であり所有者であるものから自分たちを護るために使用して，侵入文明にひけをとるまいとしたのである．ゼロト主義の特徴である熱狂とは対照的に，ヘロデ主義は冷静で打算的であるということができる．紀元前1世紀のユダヤの王，ヘロデ大王がとった反応に加えて，トインビーは，ロシアのピョートル大帝，日本の明治維新の指導者たち，オスマン・トルコ帝国のスルタンであったセリム3世，マフムット2世，メフメット・アリおよびケマル・アタチュルクらがとった反応・政策をヘロデ主義の例として挙げている[2]．

ゼロト主義は，侵入してきた異文明を全面的に，しかも熱狂的に排斥する．ユダヤ教の熱狂的信者ゼロット（Zealot）派の人々は，自分たちが忠実であれ

ば，自分たちが信じる神が自分たちに味方して破滅から救ってくれるという信念をもち，自分たちの伝統的な生きかたを固守し，先祖伝来の掟を厳密に守り奉じることによって，自文明を守りぬこうとしたのである．紀元 1-2 世紀のパレスチナにおけるゼロット派のほかに，トインビーがゼロト主義者の例として挙げたのは，紀元 18-19 世紀頃の，アラビア・北アフリカにおけるワッハーブ派，サヌーシ派およびマフディー派，鎖国時代の日本人，17 世紀末から 20 世紀はじめまでの中国人（義和団が代表的であるという），19 世紀のアメリカで白人開拓者に対抗したインディアンたちである[3]．

　ヘロデ主義は本質においてゼロト主義と同じであるとトインビーはいう．彼によれば，両者の違いは政策だけであって，原則は同じであった．ヘロディアンの人々も，対処せざるをえなくなった異文明を嫌っており，それゆえ，自己保存に必要な最小限度の道具と手段だけを取り入れることを企てたのである．その結果，ヘロディアンはゼロットのような玉砕あるいは没落の運命は免れるとしても，代わりに侵略者側の文明の生きかたに転向するという運命をみずから招くことになり，そのことによる特有の苦痛や「たたり」を経験することになるのである[4]．

　近代西欧列強の侵略を受けるか，その脅威にさらされた非西欧の社会にとって，それは強力な異文化との強制的な接触という性格をもつものでもあった．その挑戦への反応は，トインビー流にいえば，ゼロト主義かヘロデ主義のいずれかに分類されるものであった．とくに「近代化」とよばれたそれらの反応は，敵対的文化触変，すなわちトインビーのいうヘロデ主義の反応であったということになる．近代の入口に当たる時代，強力な異文化は非西欧の社会に「開国」を迫ったが，それは単に鎖国を解くことではなく，文化を入れ換えることを迫るものであった．「開国」することが文化を変えることであれば，自己保存を図って，敵対的文化触変で臨むほかにない．「攘夷」に固執することは単に鎖国を続けようとすることではなく，異文化の受容を拒んで，文化を守ろうとすることであったが，ゼロト主義者として玉砕する意志的な選択であったように思われる[5]．

与え手の抵抗　文化触変における抵抗，そして抵抗としての文化触変を考察するときには，どうしても受け手についての考察が主となる．与え手の側にも抵

抗がありうることは，先に，授与に対する二つの抵抗の類型（タイプ II，タイプ IV）として示しておいたとおりである．大きく考えれば，ある文化要素を相手に与えても，与え手の文化にその文化要素がなくなるわけではなく，文化の構造に変動が起こるわけでもないから，授与についての抵抗は受容についての抵抗ほどには問題にならない．しかし，相手の集団が敵であり，しかも当の文化に対して敵対的文化触変を試みる相手である場合には，与え手の側の反応も複雑になる．受け手の側が特定の文化要素の受容を制限するように，与え手の側が特定の文化要素の授与を禁止することもある（例，軍事機密，貿易制限，経済封鎖，言語学習の禁止）．その一方で，みずからの文化要素を強制して，相手を文化的に制圧したり，みずからに似せようとしたりする試みもしばしば行われる．

　与え手がみずからの文化要素を受け手に受容させるために，その文化要素に改変を加える場合がある．その場合は，文化接触によって与え手の文化も変化することになるが，その改変をめぐって与え手の側に大きな抵抗が発生する．たとえば，清朝中国にカトリックを布教しようとしたとき，カトリック内部にそれに相当する変動が起こった．ジェズイットは布教を容易にするために，儒教とカトリックという，どちらも普遍宗教的な文化のぶつかり合いにおいて，儒教の教義を全面的に否定せず，むしろ類似点を見つけて宣教するという方法をとったのである．カトリックの教えを儒教の方に合わせるという妥協によって布教にある程度の成功を収めたのであるが，それがカトリックのなかにセクト争いを生んだのであった．ポルトガルの後援を受けたジェズイットは，マカオを根拠地にして広東から北京にまで入り込むことに成功したのであるが，スペインを背景に，マニラを根拠地としてアジアに布教活動を行おうとしたフランシスカン，ドミニカンなどのセクトが，ジェズイットの成功を嫉み，ジェズイットはカトリックの教えを曲げていると非難するようになった．法王庁にジェズイット非難が続々と届くようになった結果，ソルボンヌで神学裁判が行われることになった．そこでは原理派が勝ち，ジェズイットは教えを曲げて，中国の文明や儒教に媚びているという判定が下された．ローマ法王は清の雍正帝に，ジェズイットの教えは誤っている，フランシスカンやドミニカンにも布教させるように，という手紙を送った．「典礼論争」といわれる，この与え手側

の紛糾に巻き込まれることを嫌った雍正帝は,カトリックの中国布教を一切禁止してしまったのであった.

注
1) Devereux and Loeb, *op. cit.*
2) トインビー『歴史の教訓』, 89 ページ.
3) 同上, 87-88 ページ.
4) 同上, 90 ページ.
5) 藤田雄二「尊皇攘夷運動についての考察」上・下, 国際関係論研究会『国際関係論研究』第 6, 7 号 (1987 年 6 月, 1989 年 3 月) および同「近世日本における自民族中心的思考――『選民』意識としての日本中心主義」『思想』No. 832 (1993 年 10 月) 参照.

2. 文化触変とナショナリズム

文化と近代国家 近代国民国家を成立させる要件としては,(1)国民意識の形成,(2)国民経済の成立,(3)全国的な政治・行政機構の成立を挙げるのが普通である.社会的コミュニケーションの観点から近代国家の形成を見事に解き明かしたカール・ドイッチは,この通説をより精密にして,(1)コミュニケーション・システムの発達による人々の地理的統合,(2)言語の統合,(3)社会的エリート内の統合,(4)同胞意識の拡大による,エスニック・レベルからナショナル・レベルへの統合,(5)意味を共有し,連動的なコミュニケーションの習慣をもつ「国民」観念の成立,(6)行政区画の統合による,狭義の政治的統合の成立,という六つの部分的な統合を国民国家への政治的統合の要件としている[1]. このうち五つは文化的な性格のものであるといってよいであろう. すなわち, 文化的な要件が整ったとき, いわば熟柿が落ちるように, 全国的な政治・行政機構が成立すると考えられる. ベネディクト・アンダーソンは国民国家の前提となる国民を「想像の共同体」と定義し, その「文化的起源」をまず考察している[2]. いいかえれば, 通説の三要件のなかでは, 第一の国民意識の形成がもっとも重要ということになるが, これをドイッチ流に解きほぐすと, 近代的な科学・技術と産業の発達が人々を社会的に動員し, そうした人々のあいだに社会的なコミュニケーションのネットワークが成立することによって, 国民意識の形成に辿り

着く，ということになる．社会的コミュニケーションのネットワークは，交通・通信のネットワークというハードウェアの建設を必要とするが，それだけでは十分ではなく，そのハードなネットワークの上を流れて，人々の意思疎通を可能にするソフトウェア，すなわち，言語の共通性と，それを中心とする文化の共通性の仕組みができていなければならない．要するに，近代国民国家の形成には共通文化の存在が不可欠なのである．

近代国民国家成立の第一要件である国民意識の形成に必要な共通文化，少なくともその土台は，それぞれの地域で，長い歴史をかけた文化変容の繰り返しによって，すでに形成されていることが多い[3]．しかし，それだけでは十分ではない．その土台の上に文化の共通化をさらに押し進める必要があるのである．たとえば複数の異なる方言を話している人々が一つの国民になろうとするならば，方言を超えた共通語を作り出さなければならない．人々が一つ一つのことばに同じ意味を感じるようになるためには，価値観，善悪の判断，好み，美的感覚などもさらに似たものになる必要がある．人々の行為が同胞の予想や期待どおりのものになれば，人々の一体感は強固になるはずである．同様に，もともと一つの国民となりうる基盤があったのだという神話や信仰を作り出すか発見しなければならない．

文化をいっそう共通にするためのこうした努力は，国民国家建設の作業と同時進行的に，意識的に行われる．そして，そうした努力は，まさにその結果によってできあがる国民国家があたかもすでに存在するかのごとく，国内的な努力とみなされるために，文化触変とはみなされないが，実は，ほとんど文化触変と同じ性格の文化変化である．多くの人々は従来慣れ親しんできた文化とは異なる文化に，みずからの生きかた，考えかたを変えていく．中央の政治指導者は，学校教育政策，言語政策，文化政策，言論政策などによって，文化の共通性を高めるための文化変化を意識的に促進するが，交通・通信手段の近代化もそれに必要な社会的基盤を造ることにほかならないのである[4]．

国家建設と文化触変　さらに，近代国家の建設には国際的な文化触変がほとんど不可欠である．近代とは，科学・技術・産業の世界的な発展により，国内における人々の接触・交流がさかんになるようになっただけでなく，国際的にも接触・交流が避けられなくなった時代である．どの国も他国を意識して国家建設

を進めざるをえなくなった．ある国の政府が国家建設に有効な政策や方法を実行すれば，他の国の政府も早晩それを輸入し，採用しなければならない．政府が留学生を送り，外国人技術者や顧問を招いて，国家建設に必要な文化要素の伝播・選択・受容を積極的に推し進めることになる．実際，近代に関していえば，本書でこれまで述べてきた文化触変のすべてが，国家建設のための政府による企ての説明であったかのようである．近代とは，国家がみずからのためにほとんどすべての文化触変の担当者(エイジェント)になる時代であったといいかえてもよい．人々はその企てに参画すると同時に，文化触変過程の抵抗を具体化する社会勢力となった．しかし，その抵抗も，社会に厳しい摩擦や葛藤をもたらしながらも，ある国にその国らしい文化を実現させることによって，国民の共同意識を強化し，独自の国家を建設することに貢献することが多かったように思われる．

　たとえば，先述した明治日本の富岡製糸工場は，明治政府が率先して行った文化触変であった．開国とともに急増する国際的な接触のなか，日本の製糸技術が在来型のまま遅れた状態であれば，原料の繭のままどんどん外国へもっていかれてしまうので，明治政府としては，外国から新しい技術を入れて日本の原料を生かし，国家建設の資源を得ようとするのは当然であった．土着の技術を犠牲にして，西欧の新しい技術を入れようとしたので，敵対的文化触変の代表的な試みの一つとなった．現地においては，外国人技術者を起用したことを直接の原因として，その文化触変に対する内部的，部分的な抵抗が起こる．在来技術ではもっとも先進的な地方であった富岡の人々は，それを守るために，地元の山に住むと信じられていた天狗の力を借りてでも外来文化要素に反抗しようとする，ネイティビズムの行動にも出た．富岡製糸工場のケースには二重のナショナリズムが絡んでいたと考えられるのであるが，そのような土着主義的な抵抗が盛り上がったあと，外来の新しい技術を変容させながら受容し，最終的には世界をリードする技術を生み出すという完全な文化触変を結果したのである．

　ついでながら，吉田（古田）和子らの研究によれば，伝統的な製糸技術で相拮抗していたのが上州と信州であったが，糸の手繰り技術においては上州の方が進んでいたために，外来の機械製糸技術に対する抵抗もそれだけ激しかったのであった．外来技術との接触においてやや後発となった信州の方が新しい技

術に対してより早く積極的になり，さまざまな工夫を重ねて，日本的な機械製糸技術を作り出し，今度は上州が信州を追いかけて，技術を洗練させていったのである．そして，上州，信州の双方が明治・大正・昭和期の日本の主要輸出産業，製糸業を担い，国家建設に不可欠な，いわゆる資本の原始蓄積に大きく貢献することになったのである[5]．

　この例のように，近代国民国家建設のための文化触変がナショナリズムを刺激し，それが国民国家建設にさらに有利に作用した事例が多い．ところが，国民国家建設やナショナリズムの概念そのものが文化触変によってもたらされた国が多かったともいえるのである．第5章第3節で紹介したように，ナショナリズム研究の泰斗ハンス・コーンは，西欧のナショナリズムと非西欧のナショナリズムを比較して，後者は前者との文化接触によってもたらされたとする．非西欧諸国から西欧諸国に派遣された留学生たちは，それぞれの分野で，個別の文化要素の文化運搬者となるにとどまらず，彼らの多くが留学先の社会で実見し，学習した国民や国民国家のありかた，ナショナリズムの思想や装置を母国に持ち帰り，それを母国に受け入れさせようとしたのである．たとえば，先にも触れた中国からのイギリス留学生，厳復は，中国を富強の国にするために必要なのは具体的な個々の文化要素であるよりも，ネーション・ステートやナショナリズムの思想という抽象的な文化要素であることを発見し，帰国後はそのことを同胞に伝えようと腐心したのであった．一人一人の国民があたかも細胞のように，その能力を十分に発揮することが，全体の社会・国を優れた有機体にするという思想と実際は，厳復にとって驚くべき発見であった．個としての人間と全体としての社会・国民が利益を一致させるということは，それまでの中国にはありえないことであったが，帰国後の厳復はその福音をなんとか伝えようとしたのである[6]．

　ハンス・コーンはさらに，非西欧型ナショナリズムが西欧型ナショナリズムとの文化接触によってその特徴を形成したという．すなわち，非西欧型ナショナリズムは，帝国主義と化した西欧型ナショナリズムとの文化接触に導火されたために，西欧型へのリアクションの性質を帯びることになり，想像のネーションが過去に生んだ文化の遺産を過大に賛美する傾向を強く示す点に特徴があるというのである．全体として，非西欧の社会では，ナショナリズムが政治領

域よりも文化領域にいっそう強く出現するのも特徴とされる．さらに，コーンは，西欧型ナショナリズムが西欧の理性の時代の産物であることから，その内に個人の自由の理念や合理的なコスモポリタニズムの要素を含むのに対して，非西欧型ナショナリズムは，異邦の自由主義，合理主義への反発から，過去の神話や「理想の祖国」の崇敬，メシアニズム（救世主待望），さらにはカーゴ・カルト（船荷信仰）など，非合理主義的な特徴をも見せると指摘する．カーゴ・カルトは非西欧の西欧に対する劣等感の典型的な現れだともいう[7]．

　西欧型ナショナリズムがそれほどに合理主義的かどうかは疑問としても，たしかに，コーンも例として挙げるインドのタゴールなどには，西欧を物質主義として，東洋の精神主義を強調する傾向が強く，非西欧のナショナリズムには排欧と拝欧の両面がせめぎあって存在する．少し見かたを変えると，西欧のナショナリズムが，中世ローマ帝国の解体のなかから地方が分立する「同質異化」の過程で形成されたのに対して，非西欧のナショナリズムは，西欧ナショナリズムあるいは帝国主義と直面するなかで，それまで分立していた地方が合体する「異質同化（あるいは異質馴化）」の過程で形成されたということもできる．したがって，西欧型ナショナリズムは，「同質異化」であるかぎりにおいて政治的であり，さらには合理主義的でもありえたかもしれない．それに対して，非西欧型ナショナリズムは，「異質同化」の産物である以上，より文化的であらざるをえなかったのであると考えられる．すなわち，非西欧のナショナリズムは国内的にも国際的にも文化触変の形成物であったということができるのである．

文化触変の政治　非西欧のナショナリズム運動の多くには，西欧文化との文化触変に起因する土着主義的運動の傾向が重なり合った．その土着主義的傾向が単なる退行ではなく，相手の否定や相手からの異化を操作的に行う場合がナショナリズムであるということができる．非西欧新興国のナショナリズムは，最初，西欧文化との文化触変過程に入るに当たって，新しい文化要素への反発から，古い在来土着の文化要素に拠点を求める抵抗運動として開始される．すなわち，非西欧新興国のナショナリズムは外圧への抵抗の形をとって始まるが，その過程でカリスマ的な指導者を生み出す．人々のあいだに，苦境からの脱出を導いてくれる救世主への期待が生じるからである．抵抗の指導者であると同

時に救世主でもなければならない指導者は,やがて救いの手段として西欧文明を逆用する以外にないことを発見する.敵対的文化触変である.他方では,バランスをとるために土着・伝統をも称揚するが,文化触変が進行するにしたがって,土着と外来の乖離は甚だしくなり,その矛盾を突く,より土着主義的な第二世代の政治指導者が現れて,ナショナリズム指導者の第一世代の時代は終わるのである.実際,非西欧型ナショナリズムの初期の指導者の多くが西欧への留学生であったこと,それに対して第二世代の指導者には国内派が多いことは注目に値する.

第二次世界大戦後のアジアにおける政治発展を研究したアメリカの政治学者,ルシアン・パイは,非西欧諸国の国民国家建設に大きな役割を果たした知識人について,さらに詳しく,つぎのような世代交替が見られることに注目した.すなわち,植民地時代には植民地下級官僚の役割を果たした知識人が,独立前後には西欧的知識人に交替し,その後,西欧的でありながら反西欧色を強調するタイプに替わり,ついには土着的知識人に取って代わられるのである.ある国の人々が国民国家建設の基本を学習するには,指導者だけでなく,一般国民もある程度まで西欧文化と文化触変を経験することが必要である.その結果,人々も外部世界に接触し,知識を得て,指導者が全能ではないことを知ることになる.文化触変の過程が,逆に国家建設の努力を阻害し,挫折させるような心理的反応を生み出すことになるのである.このように,西欧文化との文化触変は非西欧諸国の国民国家建設に政治的な効果を発揮するのであるが,文化触変が進行していくと,ある時点で突如その効果が逆転するのである.その時点で,近代世界との文化触変が多い勢力から少ない勢力へと,政治指導者の世代交替が起こり,土着主義あるいは国粋化の風潮のなかで,民族主義的な指導者でさえも「親西欧」という理由で追放される事態となる[8].

注
1) Karl W. Deutsch, *Nationalism and Its Alternatives*, New York: Alfred A. Knopf, 1969, pp. 4-20（勝村茂・星野昭吉訳『ナショナリズムとその将来』勁草書房,1975年,4-23ページ）.ドイッチの社会的コミュニケーション論による国民国家形成過程の研究を本格的に知るためには,Karl W. Deutsch, *Nationalism and Social Communication: An Inquiry into the Foundations of Nationality*, Cambridge, Mass.: The MIT Press, 1953, 1966を参照のこと.

2) Benedict Anderson, *Imagined Communities: Reflections on the Origin and Spread of Nationalism*, London and New York: Verso, Revised Edition, 1991（白石さや・白石隆訳『増補 想像の共同体――ナショナリズムの起源と流行』NTT 出版，1997 年，第 2 章）．
3) その一例を，平野健一郎「中世日本の文化的・政治的統合――文化運搬者としての連歌師宗祇をめぐって」日本国際政治学会編『国際政治 59 非国家的行為体と国際関係』(1978 年 8 月) で見て頂きたい．
4) 国民国家建設の過程で，人々が，身分と地方的な民俗文化とによって規定されていた従前の帰属意識から，義務教育と全国的なカリキュラムとによって造られる新しい文化にもとづく新しい国民への帰属意識に移行することは，アーネスト・ゲルナーをはじめ多くのナショナリズム研究者が指摘するところである．たとえば，Ernest Gellner, *Nations and Nationalism*, Oxford: Basil Blackwell, 1983, p. 57.
5) 吉田（古田），前掲論文．
6) シュウォルツ，前掲訳書，とくに第 3 章．
7) Hans Kohn, *The Idea of Nationalism: A Study of Its Origins and Background*, New York: Macmillan, 1944, pp. 43-47.
8) Lucian W. Pye, *Politics, Personality, and Nation Building: Burma's Search for Identity*, New Haven: Yale University Press, 1962.

3. 非西欧の近代化

非西欧の抵抗としての文化触変 近代国際社会の歴史を通じて，最大の通奏低音は西欧と非西欧の対抗であった．非西欧社会の側からすれば，圧倒的な力で膨張し，迫ってくる西欧にどう抵抗するかがほとんど唯一絶対の課題となった．その抵抗は軍事的，政治的，経済的なものにとどまらず，より広範で根本的な，文化的なものにならざるをえなかった．文化的な抵抗の方法は，すでに繰り返し述べてきたように，敵対的文化触変の性格を如実に示す「近代化」という方法であった．圧倒的な力をもつ相手に対抗するために，相手の文化をつぎつぎに取り入れ，なおかつ相手には呑み込まれないようにし，相手と同じ像にはならないようにする，その企ては根本的な矛盾に満ちた瀬戸際の試みであった．それぞれの国内社会は，抵抗の方法をめぐって大きく二分する．東アジアを例にとれば，中国の洋務派対保守派，日本の欧化主義対国粋主義，朝鮮の開化派対斥邪派というように，いみじくも相似形の対立が出現した．トインビーの類

型を用いれば，いずれも前者はヘロディアン，後者はゼロットであり，前者による文化的抵抗の方法が敵対的文化触変であったということになる．これから見るように，両者のあいだには著しい対照性が認められるが，みずからの社会の独立を守り，文化の核心を保とうとする点は両者に共通であった．

洋務対保守，欧化対国粋，開化対斥邪という三つの対立は，開国対攘夷という対立と同じではない．保守・国粋・斥邪の態度が攘夷の流れを承けるものであったとしても，三つの対立はすでに攘夷を諦め，開国を受け入れたあとのことである[1]．すでに強いられた開国を受け入れたあとであれば，洋務派，欧化派，開化派が行おうとする文化触変は強制されたそれであり，近代西洋文明をその「輸入可能性」のゆえに輸入するというような簡単なものではなかった．

全体として強制的な接触状況で行われた文化接触であったが，しかし，そこには外来文化要素の選択がまったくなかったというわけではない．いわば必死の選択が想像以上に行われたのである．まず，洋務派が典型的に行った，軍事技術面にかぎって西欧の文化要素を受け入れようという試みは，文化接触の分野面の選択であったということができる．接触分野は軍事技術面から技術全般へ，法制度面，経済制度面，政治・行政制度面と，制度の分野へ，そして教育・科学・学術の分野へも移っていったが，その分野の順位と移行に受け手側の若干の選択がなかったわけではない．さらに，より細かな局面においても，受容することを決定した具体的な文化要素の選定に受け手による選択がなされている．有名な事例は，日本の明治政府が憲法のモデルをいくつかの国に求めたのち，プロシアの憲法を選び，その摂取に伊藤博文を派遣したケースである．立憲君主制の国制と憲法の制定に選択の余地はなかったとする説もあるが，そこにも選択はなされており，具体的な憲法モデルの選択は当事者に明確に意識されていた．中国の場合も，清朝政府は憲法調査団をいくつかの国に派遣している．いうまでもなく，表面的には政策決定者によってなされたこれらの選択は，本質的に，受け手文化の必要性と適合性という文化触変の二原則によってなされたものである．

洋務派，欧化派，開化派は，それぞれの国の体制内にあって敵対的文化触変を推進したと思われるかもしれない．たしかに，体制側の政府には敢えて火中に栗を拾うような文化触変を行う責任があった．強いられて開国の交渉を担当

した責任は，そのまま文化触変を担当する責任につらならざるをえなかった．しかし，体制内のすべての勢力が，敵対的であるからといって文化触変に賛成したわけではない．むしろ，中国の保守派が代表するように，文化触変の企てそのものに強く反対する人々が体制内に牢固とした勢力をもち，国粋を強力に主張したのである．一つの政府のなかに文化触変の賛成派と反対派が同居したのは，それが一人の人間のなかにも賛成と反対が渦をまくような問題であったからである．Aが文化触変を推進し，Bがそれにあくまでも反対するのは，偶然のめぐりあわせの結果であったかもしれず，二人が立場を逆にしても不思議ではなかった．そのような関係からも，文化触変に反対するゼロト主義の主張は徹底的に研ぎ澄まされ，原理主義の主張となりやすかった．

　非西欧社会の，西欧文化との敵対的文化触変は，国内からばかりか，同じ非西欧の別の社会からの原理的な批判にもさらされる．なぜなら，隣接する社会のそれぞれが文化触変を強制される状況に置かれ，その内部で賛成派と反対派の対立が鋭くなる一方，文化触変の進行には社会間に若干の遅速の差が生じるからである．その遅速の差は，文化共通性の原理が個々の社会に不均等に作用するという現実（第2章）があることにもよる．文化触変を遅れて開始した社会の文化触変反対派からすれば，先行する社会の西欧文化との文化触変はとりわけ危機意識をかきたてるものである．朝鮮の衛正斥邪派は，日本の明治政府による近代化政策のすべてを誤った文化触変として激越に非難した．明治初期の日本が，政府の指導によって洋服を採用するようになった変化に対しても，伝統的な服装を棄てて夷狄の服装を採用するのは禽獣の行為であるとまで非難したのである．

　明治日本に対する同じ批判が，実は，中国からも，それも洋務派の巨魁ともいうべき人物からもなされたのである．すなわち，中国洋務派の大立者の李鴻章は，1876年には当時駐清公使であった森有礼と，84年には伊藤博文と，両回とも朝鮮の地位をめぐって歴史的な会談をしたが，彼は外交交渉の席上で日本人の洋服着用を取り上げ，それはアジアの伝統文化を棄てる誤った行為であると繰り返し述べたのである．彼は，明治政府の近代化を賞賛する一方で，服制の文化触変には反対であった．敵対的といいつつも，その文化触変は悪しき「西洋化」にすぎず，すでに文化の核心を売り渡してしまったのではないかと

する非難が，近代化という名の敵対的文化触変に，当時から国際的に加えられていたのである．

欧化主義　李鴻章の批判に対する森有礼（のちに文部大臣）の反論は，明治日本の選択についての自信に満ちていた．今や机に向かって効率的にどんどんと仕事をするには，かつてのゆったりした着物は不向きであり，洋服が適当である，かつて中国から多くの文化を受容して正しかった日本は，再び今，文明の西洋から必要な文化を受容するという正しい選択をしている，というのが彼の主張であった．環境の変化が文化の変化を求めているというのが彼の論拠であったといえる．また，彼の確固とした態度は，西欧の文化を「文明」とみなす思想に支えられていたということもできる[2]．文化触変の敵対的性格と文明開化を信じて，逡巡なしに欧化政策を進めていくのが体制内欧化主義者の態度であろう．思いを振り切って，明るくヘロディアンの道をいく以外にないのかもしれない．

　李鴻章に衣服を取り上げられたことは，森には意外であったかもしれない．衣服という文化要素のもつ意味が中国，朝鮮と日本とでは異なっていたのである．森には小さなことと思われた，この文化要素の変化は，すでに明治のはじめから明治政府によって意図的に進められているものであった．明治新国家の建設という「大事」にとって必要な小事であった．その必要性は，森自身がみずから述べたとおり，文化要素の機能的連関性に発するものであった．この「いもづる式」効果は，明治維新から僅か数年で形を現している[3]．突如フロック・コートと山高帽をまとわされた官員にとっては窮屈このうえなく，帰宅したらなにに着替えるかが緊急の問題であった．洋服はたしかに文明開化ではあっても，文明の輸入ではなく，文化の変容であった．

　明治日本の文明開化の一つの到達点が鹿鳴館であったことは，いまさらここにいう必要もないほどである．条約改正という，明治政府にとってのもう一つの「大事」に必要なものとして，東京の真ん中に建てられた西洋式の舞踏場に，慣れないローブ・デコルテを着た政治家夫人たちが毎夜集い，西洋音楽に合わせて踊る「鹿鳴館」は，滑稽な欧化主義の行き過ぎとして，あまりにも有名である．文化触変の観点からは，これもまた「いもづる式」の例となる．しかし，鹿鳴館は日本が身も心も西洋文明に売り渡したことになるであろうか．鹿鳴館

の風景は西欧のどこにもなかったに違いない．

誤 訳 中国の洋務派によって留学生としてイギリスに送られた厳復は，帰国後しばらくして，18-19世紀の西欧の代表的な政治思想・経済思想の翻訳紹介に努めるようになった．第6章の第1節に述べたように，近代西欧の強さの秘密が18-19世紀の西欧の思想にあることを発見したからである．彼の痛切な選択は，当時の中国が行わなければならない西欧文化との文化触変は技術，制度の分野を越えて，思想・宇宙観の分野にこそあるという発見によって実行された．彼が実際に行ったのは，文字どおり翻訳という文化の再解釈の作業であったが，それは意図的なものを多く含んだ誤訳であった．たとえば，彼は1903年にジョン・スチュアート・ミルの『自由論』を翻訳して『群己権界論』として刊行したが，それは彼自身の注釈を大量に含んだ不思議な翻訳であった．

周知のように，ミルの自由論の特色は，自由の概念を，物質的な利益の発見と追求として現れるような外面的行動の自由から，精神的独自性の発揮という意味にまで高めた点にある．ミルにおいては，個人の自由は人間の能力を解放し，社会の経済成長を促すような手段ではなく，それ自身が目的であり，成功や才能に恵まれない人々が自分自身の存在様式を続けていく自由を含むものであった．ミルが唱えた自由のうち，思想および言論の自由は，知的自由の環境が真理を進展させ，真理が人民の知識，徳性を進歩させ，それが国家の富強をもたらすという筋道で捉えられるかぎりにおいて，厳復の目的に適うものであった．他方，ミルの個性の自由は精力的な個性を称揚するもので，国家利益からは縁遠いものであった．これを翻訳する厳復は，個性を「民徳」すなわち人民全体の徳力に置き換えることによって，辛うじて受け入れることができたのであった．個人の自由の価値は国家の富強を増進させる力にあるとする考えかたから逃れられない厳復は，個人の自由を目的としてではなく，手段として，歪曲したのである[4]．

厳復に代表される近代非西欧の知識人たちは，自国の悲痛なまでの衰微を目のまえにして，西欧社会の富強の源を探ることを最大の関心とした．厳復は，近代西欧の力が物質的な力にとどまるのではなく，精神的・知的な力が大きな位置を占めることを発見したのである．しかし，個人のその力も国家の力の手段としてのみ評価される結果となることは，すでに最初から予定されているこ

とであった．厳復は民主主義をも高く評価したが，それも国家の力の達成手段として有効であると考えたからである．

　厳復のこのような誤訳，歪曲は，当時の非西欧社会による西欧社会との文化触変として正当なものであった．圧倒的な集団（国家）の力をもって迫ってくる相手に対抗するために，同じく集団（国家）の力を強めようとするのは，悲劇的なことではあるが，当然であり，受け手の側の主体性を精一杯に発揮しようとしたものということができる．また，そのような意味において，文化触変における「誤訳」は受け手社会のその時代の特性を表すものということができる．それどころか，シュウォルツとルイス・ハーツ（Louis Hartz, 1919-86）も指摘したように，受け手による再解釈の歪みは，実は，与え手社会の文化の特性，与え手自身は気づかない特性を逆照射しさえするのである．厳復たちが力の観念の虜になったのは，当時の西欧社会と，西欧が牛耳る国際社会が力の支配を許す社会だったからであり，西欧が個人の自由を強調したのも，集団の力が暗黙の既定条件として存在していたからなのである．

国粋主義の意味　中国の保守派，日本の国粋主義者，朝鮮の衛正斥邪派など，ゼロト主義者の主張を国粋主義ということばでまとめて，その意味について考え，それをもって，非西欧社会における近代化に対する文化触変の視点からの考察をしめくくることにしよう．ここでの国粋主義とは，まず，ある国の文化の精髄を保守しようとする主張であって，政治的な運動の主張となるのはつぎの段階のことであると理解する．

　明治日本の国粋主義が社会的現象として表面化したのは，よく知られているように，明治政府が主導する欧化主義が「鹿鳴館」という，一見滑稽な状況を呈した頃である．しかし，国粋主義的な思想はすでに幕末から攘夷思想のなかに存在していた．先述のとおり，洋務対保守，欧化対国粋，開化対斥邪などという対立は，開国対攘夷という対立と同じではないにしても，保守・国粋・斥邪の態度は攘夷の流れを承けるものであるから，一般的に，国粋主義思想は開国以前から存在すると考えることができる．しかし，国粋主義が本来の意味を帯びるのは開国によってである．なぜなら，開国によって強力な外国に直面することになったとき，異質な文化との接触の面が受け手の社会に実感されるようになるからである．その意味で，国粋主義は，まず第一に，異文化の呈示に

対する受け手社会の文化的な反応とみなされるべきであろう．「開国」という強制された状況のもとで，指導体制による外来文化の選択・受容が先行する．日本の場合には，それが欧化主義である．欧化政策が体制によって進められ，したがって，それへの受動的な反応としての国粋主義は反体制側によって主張されるという構図にならざるをえないが，文化変容の問題に対する欧化対国粋の対抗は，体制対反体制の区分に一致するわけではない．

つぎに，その国粋主義思想が明確な社会運動の形をとるようになるのは，たとえば日本では鹿鳴館時代であったように，開国すなわち異文化との最初の接触からしばらくのちのことである．いくつもの外来文化要素が受容され，それらが受け手の文化において在来文化要素に置き換えられ始めるときである．つまり，国粋主義は受け手文化による文化的抵抗の社会的表現である．文化触変の観点からは，これが国粋主義の最大の意味である．

本節のはじめに述べたように，そもそも，近代の非西欧社会が置かれたような状況では，敵対的文化触変が文化的な抵抗の方法そのものである．そして，その敵対的文化触変に対する反動である国粋主義もまた文化的抵抗である．対抗的な文化触変への対抗・否定が国粋主義である．非西欧社会の近代化は二重の抵抗の構図をもっていたことになる．文化における抵抗の二重構造はまた，非西欧社会のナショナリズムの性格にも転移したということができるかもしれない．本来文化的保守主義である国粋主義が，日本の場合，対外的にウルトラ・ナショナリズムへと転化したのはなぜか，という興味深い問題もあるが，それは別の検討に委ねざるをえない．いずれにせよ，文化触変の一般的な構図に戻れば，国粋主義は文化触変の過程に通常発生する抵抗に相当するものである．国粋主義がなぜ文化触変に抵抗するかといえば，それは文化触変の「いもづる式」効果を予測し，強烈に意識するからである．国粋主義は，単にはじめから文化的保守主義であるというよりも，文化触変のメカニズムそのものに萌すものであるということができる．

注
1) 藤田雄二「日本，朝鮮，中国の近代にみるゼロト主義の論理——攘夷論と守旧論に関する比較研究」東京大学国際社会科学専攻博士論文，1999年はこの問題に関する最新の精緻な研究である．

2) 李鴻章と森有礼の1876年の会談の記録は,『森有礼全集』第1巻,宣文堂書店,1972年に収録されている.
3) Hirano Ken'ichiro, "The Westernization of Clothes and the State in Meiji Japan," in Hirano Ken'ichiro, ed., *The State and Cultural Transformation: Perspectives from East Asia*, Tokyo, New York and Paris: United Nations University Press, 1993, pp. 121-131.
4) シュウォルツ,前掲訳書,第6章ほか.

第8章　文化触変論から見た近代アジア・日本の文化

1.　近代西欧の影響——社会進化論を中心に

社会進化論の文化触変　すでに十分明らかにしたように，文化触変論の観点からすれば，ある文化要素に関して，世界のある地域が別の地域よりも進んでいるということはない．二つの地域のあいだに授受関係があったとしても，基本的に，そういうことはないのである．そのことを，社会進化論を例にしてやや具体的に見てみることにしたい．

社会進化論という文化要素群をここでの例として取り上げることには，興味深い多重的な意義がある．まず，社会進化論自身が，一方の社会を他方の社会よりも進んでいるとか，遅れているとかを云々しやすい，文化進化論の一変種である．その社会進化論が文化進化論全盛時代の近代西欧に生まれ，そこから非西欧社会に伝播し，受容されたのである．近代西欧の強さの理由の一つが社会進化論の考えかたにあると，非西欧社会の人々が考えたからである．社会進化論は非西欧の多くの社会を風靡したが，さらに，その考えかたは国内だけでなく，国際社会の次元にも応用され，国際関係の見かたを律する思考方法となった．しかも，国際関係の見かたを律する思考方法としての寿命は，国内社会についてのそれよりも長く，現在でもその影響力は払拭されていない．

19世紀の後半は進化論の時代であった．生物も文化も，そして社会も進化の見かたで論じられた．ダーウィンの『種の起源』が最初に出版されたのが1859年であり，文化進化論の代表作とみなされるモルガンの『古代社会』の出版は，先述のとおり，1877年であった．しかし，まず生物について唱えられた進化論がつぎに人間という生物の社会について応用され，さらに人間の文化についても適用された，というわけではなかった．社会進化論は Social Darwinism とよばれるが，その主唱者，ハーバート・スペンサーの主著の一

つ『社会静学』(Social Statics)が出版されたのは1851年で,『種の起源』より早い．進化論の重要な概念である「生存闘争」,「自然淘汰」はダーウィンが創出したものであるが,「最適者生存」(survival of the fittest)はスペンサーがいい出したものを，ダーウィンが渋々採用したものであるという．このように，19世紀の後半の世界，とくに西欧世界は，進歩や進化を時代思潮としていたのであり，社会進化論も文化進化論もそのなかから生まれたのである．当時はまた自由主義思想の時代であり，自由競争(レッセフェール)が肯定された時代であった．自由競争のなかで生存闘争が行われ，適者が生存し，それによって社会が進歩するという考えかたが受け入れられたのである．

　社会進化論は，第3章で触れた文化進化論と強い類縁関係があるが，国際関係の歴史にとっても直接関係が深い．当時の国際社会のなかを伝播していき，異なる社会によって異なる受容・変容を受け，しかも近代の国際関係に深い影響を与えたのである．社会進化論の提唱者，スペンサーは英国の非国教徒で，社会と国家を合一的に捉えることには反対し，社会は軍事的闘争段階から，より平和的な産業的闘争段階に進化すると考え，その観点から自由競争を肯定した．生物進化論，社会進化論は同時代のアメリカ社会に伝えられ，むしろイギリスとアメリカのあいだの国際学術交流によって，議論が深まったところもあるという．たとえば，ハーバード大学では，形而上学クラブという集まりにおいて，1870年頃から生物進化論が天変地異説と対抗する形でさかんに論じられていた．そこで生物進化の説を熱心に主張した学生の一人が，後述のように，日本に進化論を紹介したエドワード・モース(Edward Sylvester Morse, 1838-1925)であった．結局，西部開拓時代を終えて，南北戦争や最初の不況を経験しつつあったアメリカで，社会進化論は個人主義的な生存闘争，優勝劣敗の説として受容された．そして，大陸横断が完成したばかりの米国は，国全体がそうした個人の達成の総和として大陸国家に膨張し，両洋国家となった．強靱な個人に機会の平等を与えて能力を発揮させ，その結果として，国が新帝国として上昇するという膨張主義が信奉されるようになった．ポピュリズムと膨張主義との合体から生じたのが「ホワイトマンズ・バーデン」や「マニフェスト・デスティニー」という，当時の米国を特徴づけた信念であった．すなわち，米国の外交やアメリカ人の対外態度にも社会進化論は影響を及ぼしたということ

ができるのである．

　では，社会進化論の非西欧社会における文化触変はどのようなものだったであろうか．日本，中国，ベトナム，韓国について簡単に見てみよう．社会進化論が日本に最初に伝えられたのは1874年から75年だといわれている．1877年には若き尾崎行雄が *Social Statics* の抄訳である『権利提要』を出版した．その頃，アメリカからのお雇い外国人教師モースが東京大学で進化論の紹介に努め，本格的な社会進化論の紹介書となった松島剛の『社会平権論』が1881年から83年にかけて刊行された．明治初期の三大翻訳書の一つといわれる松島の訳書をはじめ，社会進化論の書物は，当初，自由民権論の参考書として熱心に読まれたが，やがて一変して，社会進化論は国家間の優勝劣敗，弱肉強食の原理を明らかにする国権論の説として受け止められるようになった．その明白な転機となったのが有名な加藤弘之の天賦人権説から国権論への転向（1879年）であった．山下重一の綿密な研究によれば，加藤はこの間にスペンサーの書物を熱心に読んでいた．しかし，その読みかたは恣意的で，すでに国権主義に傾斜していた自分の関心にそう箇所のみを拾い読みするものであったという[1]．当時の日本社会が社会進化，とくに国家社会の進化の方向に関心を向け始めていたということと，スペンサー自体にそうした関心に適した読みかたを許す多義的な傾向が内在していたという事実が，加藤においてこのように合致したのであった．

　そもそも，日本では生物進化論よりも先に社会進化論が呈示され，受容されたという興味深い事実がある．渡辺正雄の調査によれば，1877年から88年の12年間に日本で出版されたダーウィン関係の書物は4冊であったのに対して，スペンサー関係の書物は20冊を数えたという．また，1881年に創刊された『東洋学芸雑誌』に，80年代に掲載された進化論に関する記事は，全体の8パーセント，社会科学分野にかぎると26パーセントに及んだ．同誌がモデルとした英米の科学雑誌に掲載された進化論関係の記事が，80年代ではもはや1パーセントにも満たなかったという事実とはきわめて対照的な数字である[2]．モルガンなどの文化進化論に似て，未開と文明の段階を対比し，半開の日本を文明化すべしと説いた福沢諭吉の『文明論之概略』の出版が1875年のことであったこと，その背景でこのような社会進化論の受容・変容の過程が同時に進

行していたことにも注目しておきたい．

　日本の場合，一言でいえば，社会進化論は弱者の立場から「強者の論理」として受容された．それに対して，中国の場合は，半植民地・半封建の状況を脱却するための，抵抗の思想として受け入れられたということができる．社会進化論を中国に本格的に伝えたのは厳復であった．スペンサーの学説を要約して紹介した彼の『天演論』(1898年) はベストセラーとなり，のちの中国革命にも深い影響を与えたとされる．先にも述べたように，イギリスに留学した厳復は，中国の儒教文化を守るためには，中国に富強をもたらさなければならず，そのためには，物事すべてが循環すると考える中国人の伝統的な思考を，物事は日々進歩するという新しいビジョンに改めさせなければならないと考えるようになり，スペンサーの説にそのビジョンを見いだしたのである．しかし，前章の「誤訳」の項ですでに見たように，彼の翻訳のすべてが意図的な誤訳を数多く含んでいた．彼の最初の翻訳で，福沢諭吉の『学問のすゝめ』に匹敵したといわれる『天演論』の翻訳からして，あからさまな誤訳であった．すなわち，これはトマス・ハックスレーの講演，「進化と倫理」(*Evolution and Ethics*)[3] を翻訳したものであったが，厳復は "Evolution" 部分のみを訳出して，"Ethics" 部分にはまったく触れなかったのである．ハックスレーは当時のイギリス科学界の大御所で，はじめはスペンサーのパトロンとして，その社会進化論を推奨していたが，やがてその倫理性に疑問を抱くようになった．この講演でも，後半の部分ではスペンサーが主張する「進化過程」を「倫理過程」で置き換えることこそが人間の人間たる所以であると説いたのであるが，それは厳復によって受入れを拒絶されたのである．

　このような作為は，誤訳とか恣意的とかいわれようとも，選択であった．その選択は，中国を半植民地・半封建の状況から脱却させるため，中国を富強の国家にしようとして行われたものである．しかし，中国を富強にするためには，中国を有機体的な社会，すなわち近代的な国家に作り直す必要があることをも厳復は説かざるをえなかった．中国への社会進化論の伝播ルートとしては，もう一つ，梁啓超を運搬者とする日本経由のルートがあったが，厳復のルートを通じるものであっても，中国に伝えられた社会進化論は，明治日本で受容され，変容された社会進化論の後期の内容に最初から近づくことになった．加えて，

厳復の場合は，儒教を守るために社会進化論を受け入れることにしたために，儒教を根元から否定せざるをえなくなるという深い矛盾に逢着することになった．中国文化を守るために中国文化を捨てる．中国における社会進化論の受容・変容は文化と文化のあいだの闘争の性格を強く帯びたといえる[4]．

一方，社会進化論がベトナムに伝えられたのは，ベトナムがすでにフランスの植民地になったあとであった．ベトナム独立運動の指導者ファン・ボイチャウ（潘佩珠，1867-1940）らは，中国の梁啓超らによる紹介をとおして社会進化論を知るようになったが，日露戦争に勝利した日本を，その社会進化論の成功的受容によって国家の独立を確保し，アジア唯一の強国となった国とみなした．中国で厳復が日清戦争を契機に活動を本格化させたように，ベトナムのファン・ボイチャウは日露戦争をきっかけとして活動を本格化させ，ベトナム青年を日本に留学させる「東游運動」を敢行した（1905-08年）．黄色人種の国・日本が白色人種の国・ロシアに勝ったということは，ベトナムがフランスに勝利する可能性を教えるものであった．勝因とみなされた社会進化論は，人種間の闘争の理論に変容していたといえよう[5]．このように，ベトナムに到着した社会進化論は，非西欧社会による文化触変の極限的な特徴を示す結果となった．帝国主義に抑圧されるベトナムは，そこから脱却する方途を，中国よりもさらに徹底化させた社会進化論の「福音」に求めた．その福音とは，人々を区分する集団の次元を人種の次元にまで上昇させるという悲痛な企てに，最後の手掛りを求めることによってのみ与えられるかもしれないものであった．

また，韓国には1890年代から1900年代にかけて社会進化論が浸透したが，日本と中国とから伝えられたのであった．開化派が，西欧の富強の原動力と韓国の落伍の原因を明らかにする理論的根拠としてそれをさかんに用いる一方，ベトナムと同様に，人種間の闘争の理論として受け取る傾向も現れ，日本を盟主とする黄色人種の団結を主張するために使われる，という悲劇的な結果をもたらした[6]．

ところで，イギリスにおいては，社会進化論は1870年代にはすでにその影響力を急速に失い始めていたといわれる．アジアではまさにその時期に受容され始め，20世紀の前半まで強い効果を残したのである．世界全体としては，19世紀後半を社会進化論の時代とよぶことが可能であろう．実際，社会進化

論は，国際政治・経済・文化の関係においては生存闘争，優勝劣敗，弱肉強食が当然の原理であると考える態度，強国・大国を筆頭にすべての国を序列化する思考となって，今日にもその影響をとどめている．社会進化論は近代国際関係の思想的支柱の一つということができる．その思想が近代国際関係に必要な要素として世界各地に伝播したのであるから，まさに国際文化論に恰好の主題であるが，今簡単に展望したとおり，アジアの国々のあいだでも異なる受容・変容の過程を通過したのであれば，いっそう国際文化論にふさわしいテーマであるということになる．社会進化論の場合，起源は19世紀半ばのイギリス社会であったが，受容する側の社会の状況の違いに応じて違った性格の思想に変容したという点にとくに注目したい．非西欧社会によって受容され，変容された社会進化論は，遅れて受容されればされるほど，より激しい闘争の形態の説として受け取られるようになったのであるが，このような文化触変こそが近代西欧の非西欧に与えた影響を典型的に示すものである．

「人権」の文化触変　第二次世界大戦後の国際社会の一つの特徴は，時代の進行とともに人権が国際的に重要視されるようになったことであろう．今日のアジアにおける人権を考えるためには，まず歴史的に，「人権」ということばあるいは思想，概念が近代西欧から入ってきた外来文化要素群であったことを認めるほかないように思われる．たとえば，中国の古語の辞典である『辭源』（商務印書館編輯部, 1979年）には「人権」の項目はない．人権を構成するいくつかの文化要素は，まさに社会進化論の一部としてアジアに導入されたのである．近代西欧の「力」に対抗する「力」を国家につけるために受容された社会進化論，それに付随して人権概念が導入されたことが，その後のアジアにおける人権概念の運命を決定したといえる．

　近代西欧との最初の接触直後には，一瞬，「人権」が「天賦人権」の説として日本と中国に現れた．初期の福沢諭吉の天賦人権説であり，康有為の『大同書』に現れた説である[7]．アジアの社会に内在していた土着的な人権思想が束の間に地表に顔を現したものであったかもしれない．そして，外界との接触の衝撃で瞬間的に現れた地肌であるだけに，それは普遍的なものであったのかもしれない．しかし，その直後からアジア諸国が経験した苛烈な国際政治が，「国権か民権か」を緊急の課題とさせたために，「天賦人権」はおろか人権その

ものが姿を消すことになったのである.

　中国では，近代に入ろうとする清末になると,「人権」ではなく,「民権」の語がさかんに使われるようになった．それは「人権」に代わるものではなく，もっぱら「君権」に対置されるものであった.「民権」は君主の封建専制を否定するためのものであり，自由平等，自由独立を主張するものではあったが，自由，平等，独立は個人のために求められたのではなかった．君主に対置される人民（集団）のために求められたのであり，亡国の危機に瀕する中国を自由・平等・独立の国家として建てるために求められる集団の権利であった．清朝が瓦解して，まがりなりにも共和制をもった国民国家として中華民国が成立すると，当然，君権に代わって国権が民権と対置される位置についた．そして，民権は国権に対立するとするよりも，国権に奉仕するものとする見かたが主流になった．この変容過程において先駆的な役割を担ったのが，先述の，厳復による自由の解釈，あるいはミルの『自由論』の「誤訳」であったのである．中国の歴史に則して見るならば，君権に対置される民権は人権に近づく可能性をもったが，国権に対置される民権，ましてや国権と抱き合せにされる民権は，近代西欧の人権観念に照らし合わせるときには，むしろ人権と対立する性格を帯びることになった．このような文化触変の原因となったのが，当時のアジアを包む国際環境を支配した近代西欧の影響であったことは，もはや繰り返すまでもないであろう．

西欧の逆照射　社会進化論にしても人権にしても，近代西欧起源でありながら，アジアの社会に伝播し，受容・変容をこうむった結果は，近代西欧のそれとむしろ正反対の側面をもつものになった．この結果によって，近代西欧と非西欧は異なると結論するだけで十分であろうか．実はそうではなく，これまでに見てきたような非西欧社会による文化触変は，敵対的文化触変であることによって，近代西欧を逆照射し，その根本的特徴を明らかにするのである．逆照射の光線には二筋の流れがあった．

　一つは，近代西欧に隠された特性を非西欧から露呈させる逆照射の光線である．近代西欧は個人の自由，個人の個性を強調する，個人主義の次元に到達したかのように見える．しかし，非西欧は，個人の「力」に着目し，それが集団の力に集積されるとみなすことによって，シュウォルツやハーツも指摘したよ

うに，近代西欧の個人主義や自由主義の暗黙の前提に集団の力の実現が存在したことを明らかにしたのである．ルネッサンスによって集団の力が獲得されたからこそ，そのあとに個人の自由の追求が主題となり，集団の力は近代西欧人の意識には上ることさえなくなっていた．非西欧は，文化触変の過程で個人の自由を集団の自由，集団の力の手段とみなすことによって，近代西欧の無意識化された前提を露呈させたのである．たとえば厳復は，西欧の「力」の源泉および表徴としての近代西欧国家の発達に注意をひかれた．しかし，近代西欧の思想は，国家社会の発達を当然視して，社会内部の個人の自由や人権を論じており，厳復が注目する社会全体の「力」の問題は無視していたのである．スペンサーの社会進化論もそうした思想動向の産物であったが，そのなかでは社会有機体論が厳復の関心に答えてくれるものだったのである．多義性をもったスペンサーの社会進化論の，当の西欧の人々は気がつかない，思いがけない側面が，非西欧によって光を当てられることになったといってもよい．

　もう一つの逆照射の光線は，当時の近代西欧の全体的な特徴を一気に照らし出す光線である．非西欧社会は西欧社会の力による圧迫を跳ね返すために敵対的文化触変の方法を選んだ．圧迫を跳ね返す力は相手の西欧がもつ力にほかならなかったからである．非西欧社会の「文化の焦点」は西欧の力に集中した．ということは，個人の自由をみずからの「文化の焦点」としていた近代西欧社会が気づこうが気づくまいが，近代西欧の最大の特徴は全体の力であった．実際，国家社会の軍事力と経済力の形をとった近代西欧の力をもって，西欧社会の外で非西欧社会を押しまくる西欧が，非西欧社会における文化触変を極限にまで導いたのである．近代西欧の文化とは正反対とも見られるような非西欧社会の文化触変の結果は，実は，近代西欧の極限の姿にほかならなかった．

　ここで少し一般的に考えると，社会進化や人権の考えかたは思想（idea）ではなく，概念（concept）であるということができる．その受容・変容も，一人の偉大な思想家が抽象的な思想として呈示したものを，受容者側がどこまで忠実に受け入れたか，あるいは原型から外れたかということを問題にする，思想史的な性格のものではない．社会進化も人権も，ラインハルト・コゼレック（Reinhart Koselleck, 1923-　）を中心とするドイツの研究者たちが1967年に開始した「概念史研究」（Begriffsgeschichte）にとって恰好の研究対象になる

であろう．概念史研究の考えかたによれば，社会的，政治的に意味のある「ことば」は，「思想」ではなく，「概念」であり，概念は社会的，政治的な文脈のなかでたえず変化することによって，歴史的に概念として成立していくのである．具体的に，あることばは，思想家や哲学者によってもてあそばれることによってではなく，人々の生活に近いところで，政治家や役人によってあまり厳密にではなく用いられることによって，そのなかで意味を確立していく[8]．たしかに，社会進化論は，提唱された当のイギリス社会においてさえも，19世紀半ばの社会状況によって目まぐるしく変化したのであり，アメリカではやや異なる意味を帯びたのである．同じ西欧のなかでも，社会によって異なる文化変容を起こしたのであるから，思想史よりも概念史的に扱われるべきであろう．

　ドイツ概念史研究は文化触変研究にも示唆するところが多い．ただ，近代的概念の発祥地としての西欧に視野を限定しているため，その内部での文化変容については優れた考察を行っていても，外来文化要素の伝播・受容という側面の考察を基本的に欠いている．非西欧の側から近代的概念を検討するには，この側面の考察が不可欠であり，それゆえに，非西欧は概念史研究や文化触変研究に新しい貢献をすることができる．

西欧への影響　1948年に国連総会で採択された世界人権宣言は，すべての人民とすべての国とが達成すべき共通の基準として受け入れられている[9]．しかし，個人の人権と国家の関係は不明確なままである．1950年代から90年代にいたるまで，国際人権規約の制定（1966年）や国連世界人権会議（ウィーン，1993年）など，多くの機会に人権の概念をより明確にするための論争が行われてきた．要約すれば，論争は西欧と非西欧とのあいだで，人権概念の普遍性をめぐって繰り返されてきた．人権概念の普遍性をめぐる議論とは，いいかえれば，人権の主体を個人とするか集団とするかの議論である．西欧側は，個人の国家からの自由を核とする市民的・政治的権利を重視してきた．それに対して，60年代にようやく政治的独立を果たし，つぎに経済的自立を求め始めた国が多かった非西欧側は，経済的・社会的権利はもちろん，文化的権利や発展の権利という新しい人権（第三世代の人権）をも主張するようになった．集団の権利としての文化的権利や発展の権利である．個人の権利に固執する西欧の人権は西欧の歴史を背景にした特殊なものであって，けっして普遍的なのではないとす

る非西欧側，たとえばアジアからは「アジア型人権」の主張もされるようになった．その間，たとえば中国では，『辞海』（中華書局，1979年）という代表的な辞書が近代西欧の人権概念を丁寧に紹介するということをしながらも，西欧側が普遍的人権を規定することに強く抵抗している．このような論争の過程で，西欧の人権研究者のなかにも，非西欧の人権相対論に触発され，近代西欧の人権概念の普遍性の主張に疑問をもつことから考察を始める研究者も現れている．その研究方法は，さまざまな人権概念を複数の文化要素からなるものとみなして，要素ごとの比較研究を行うとともに，人々の「文化化」に注目し，人権の普遍化を将来に構想しようとするものである．このような非西欧から西欧への影響のなかにも文化触変の考えかたが含まれているのは興味深い[10]．

注
1) 山下重一『スペンサーと日本近代』御茶の水書房，1983年．
2) 渡辺正雄『日本人と近代科学——西洋への対応と課題』岩波新書，1976年．
3) この講演全体の日本語訳がある．トマス・ハックスレー，矢川徳光訳「進化と倫理」，同訳『科学と倫理』創元文庫，1952年．上野景福訳『進化と倫理』育生社，1948年．
4) シュウォルツ，前掲訳書，とくに第3，10-12章．
5) Masaya Shiraishi, "Phan Boi Chau and Japan," *South East Asian Studies*, Vol. 13, No. 3 (December 1975), pp. 427-440.
6) 田福姫「韓国近代史における社会進化論」東北亜文化研究院『東北亜』第4輯（1996年12月），270-286ページ（韓国語）．日本語への仮訳は金東明による．
7) 『大同書』が刊行されたのは1919年であったが，1885年には康有為はその構想を終えていたといわれる．そこには「人は天の生ぜしところなり．これに身体あらば，すなわちその権利あり．権利を侵す者はこれを天権を侵すといい，権を譲る者はこれを天職を失うという」ということばがある．
8) さらにいいかえれば，ひとつのことばの意味を明らかにするためには，厳密な辞書学的な方法と社会史的な方法とを組み合わせる研究が必要となる．そのような方法論を提唱したコゼレックらのグループは，多数の重要な「ことば」（概念）を取り上げて綿密な検討を行った成果を，『基本概念史——ドイツ政治社会言語歴史辞書』(*Geschichtliche Grundbegriffe: Historisches Lexikon zur politisch-sozialer Sprache in Deutschland*. GGと略称される)，『哲学用語歴史辞典』(*Historisches Wörterbuch der Philosophie*. HWPと略称される)，『フランス政治社会概念手冊』(*Handbuch politisch-sozialer Grundbegriffe in Frankreich*. Handbuchと略称される）という三つの概念辞典シリーズの形にまとめ，一部はなお刊行中である．いず

れも，概念の変遷を追究しているのは 17 世紀から 19 世紀の期間についてである．ドイツ概念史研究の概要について知るには，Melvin Richter, *The History of Political and Social Concepts: A Critical Introduction*, New York and Oxford: Oxford University Press, 1995 が手引となる．
9) 田畑茂二郎『国際化時代の人権問題』岩波書店，1988 年，49 ページ．
10) 世界人権宣言以後の西欧と非西欧の人権論争について，より詳しくは，平野健一郎「世界人権宣言とアジアの人権」日本国際問題研究所『国際問題』No. 459（1998 年 6 月），43-58 ページを参照されたい．

2. 雑居文化・雑種文化・純粋文化

雑居文化論 日本文化論といわれるものは無数といってよいほどある．それを大別すると，多くは日本文化の現状を考察するタイプのものか，時間を遡って，日本文化の原基を明らかにしようとするタイプのものかである．もう一つのタイプは，上の二つの中間で，歴史的に日本文化を捉えようとするものである．ある時点におけるある文化の様相は，文化のそれまでの歴史的変化の集積であるから，たとえば近現代の日本文化を理解するためにも，それ以前の歴史における変化を十分に踏まえることが望ましいであろう．今日のわれわれの日本文化を形成した歴史は，明治はじめ以来の日本文化と外国文化の接触，それにともなう日本文化の変容，すなわち文化触変の歴史であった．今日の日本文化を形作ったのは文化触変であったといっても過言ではないほどであるから，それを論じるには，文化触変の観点を忘れることができない．文化触変の観点を取り入れて今日の日本文化を論じた論考として，ユニークな性格をもつ三つの優れた日本文化論がある．以下では，それを一つずつ簡単に紹介して，今日のわれわれの文化の特徴を考えると同時に，文化触変論の有効性をたしかめることにしよう．

まず，明治時代以降の日本の文化を近代西欧「文明」との接触のしかたで捉え，その特色を論じて，日本文化を「雑居文化」と特徴づけたのは，丸山真男（1914-96）の『日本の思想』（1961 年）という日本文化論である．書名のとおり，思想という文化要素群における接触の方法と，その結果としての日本の思想文化のありかたを論じたものであるから，それを日本文化論というように拡大す

るのは正当ではないかもしれない．しかし，丸山の論法は鋭く，日本文化の深層までも抉りぬいているので，日本文化を雑居文化と特徴づける考えかたを丸山説と名づけても間違いではない．

　丸山は，まず第一に，日本人が近代西洋思想を受容するに当たって「思想的座標軸」を欠如していたと述べる．文化触変論の用語でいいかえれば，近代西洋の文化要素に対して主体的な選択を行わず，フィルターをつぎつぎに通過させ，受容したというのである．丸山のつぎの指摘は，第一の思想的座標軸の欠如の結果として，日本文化は「タコツボ型」の様相を呈しているという点にある．「タコツボ型」とは，文化触変の結果の一つのタイプを独特な命名法で名づけたものということができる．タイプとしては，おおよそ鶴見の「コンパートメント型」，あるいはスパイサーの隔離統合に相当するであろう．一方，丸山によれば，西欧の文化はすべてその根幹にキリスト教思想をもち，そこから派生し，発展したものであるから，全体として「ササラ型」あるいは掌の形をしている．ところが，明治日本の思想家や知識人は，そのときそのときの流行の思想を，あたかも指の先端だけを切り取るように断片的に取り入れ，しかもそれを一つ一つ無関係にタコツボのなかに収めてしまったというのである．丸山の第三の指摘は，以上の結果として，日本文化は「雑居型」であるというものである．その雑居性は外来思想の受容のしかたに起因すると，丸山自身も指摘している[1]．

　文化触変論から見て，丸山説について気づくのは，まず，選択という概念が希薄であることである．思想的座標軸を欠いたまま，近代西洋のあらゆる思想を無限抱擁的に受容することができたのは，実は，主体的な選択が行われていたからだと考えることも可能である．ヨーロッパのどこから，なにを，どのように輸入したかを見ると，驚くほどの自主的な選択があった[2]．つぎに，西洋一般を理想化し，その反動で，日本中心でありながら，日本文化を特殊なものとみなす傾向が目につく．「合理的な」機構化を達成したヨーロッパの制度を「輸入」した日本[3]は，それを「和魂洋才」あるいは「西洋芸術・東洋道徳」の精神で受け入れるほかなかったのであるとしている．ヨーロッパ文化を多様，雑種と見る視点はない．第三に，文化を歴史的視点に立って捉え，総合的な体系として見るという見かたに欠けているように思われる．明治時代の日本の思

想にかぎって考察したのであるから，そのような見かたを求めるのはないものねだりかもしれない．しかし，時間の幅を少し広げて見ると，丸山が対象にした時期は，外来文化要素の吸収に皮相的に熱中した短い時期に相当するだけのように思われる．また，思想面のみを分離したために，文化の体系のなかの構造的連関を軽視する結果となり，思想を輸入したつぎの時期に，思想以外の部分から，そして大衆によって，その思想への抵抗が起こることなどは考えられていない．

雑種文化論　加藤周一は，3年余のフランス留学から帰国した直後の1955年に発表した「日本文化の雑種性」と「雑種的日本文化の希望」という二つの論文[4]で，日本文化を雑種文化と特徴づけた．この見かたも文化触変の視点を前提としたものであるが，それは，フランスから帰国する船上で加藤が啓示のようにして得た見かたである．そのときの発見を，長い引用になるが，加藤自身のことばで読んで頂きたい．

　　日本の第一印象とでもいうべきものはこうであった．海に迫る山と水際の松林，松林のかげにみえる漁村の白壁，墨絵の山水がよく伝えているあの古く美しい日本，これは西ヨーロッパとは全くちがう世界であるということが一つ，しかし他方では玄界灘から船が関門海峡に入ると右舷にあらわれる北九州の工場地帯，林立する煙突の煙と溶鉱炉の火，活動的で勤勉な国民がつくりあげたいわゆる「近代的」な日本，これは東南アジアとは全くちがう世界であるということがもう一つ．神戸に上陸したときの印象も全く同じものである．神戸はマルセーユともちがうが，シンガポールともちがっていた．外見からいえばシンガポールの方が神戸よりもマルセーユにちかいが，それはシンガポールが植民地だからであって，シンガポールの西洋式の街はマレー人が自分たちの必要のために自分たちの手でつくったものではない．そういう植民地にとっての問題は，原則としては，はっきりしている．植民地か独立か，外国からの輸入品か国産品か．もしそういうところで文化が問題になるとすれば純粋に国民主義的な方向でしか問題になりえないだろう．ところが神戸では話がそう簡単にゆかない．港の桟橋も，起重機も，街の西洋式建物も，風俗も，すべて日本人が自分た

ちの必要をみたすためにみずからの手でつくったものである．シンガポールの西洋式文物は西洋人のために万事マルセーユと同じ寸法でできているが，神戸では日本人の寸法にあわせてある．西洋文明がそういう仕方でアジアに根をおろしているところは，おそらく日本以外にはないだろうと思われる[5]．

　西ヨーロッパと日本の違いよりも，他のアジアの国々と日本の違いの方が強烈であったことから，加藤は，日本的なものとは，伝統的な古い日本よりも，他のアジアの諸国との違い，「つまり日本の西洋化が深いところへ入っているという事実そのもの」に求めるべきであると考えるようになったのである．日本の文化の特徴は，伝統的な日本と西洋化した日本という二つが「深いところで絡んでいて，どちらも抜き難いということ」にあり，「英仏の文化を純粋種の文化の典型であるとすれば，日本の文化は雑種の文化の典型」であると結論したのである[6]．日本文化は雑種文化だとする見かたが上の引用文を含む2ページに凝縮されて示されている．

　日本文化を雑種文化とする加藤の説には説得力がある．それは，加藤の文化や文化触変の把握が妥当だからである．加藤の「文化」が本書の第2章で述べたような文化の捉えかたに合致するものであることは，上の引用文に十分明らかである．文化触変の視点が採用されていることもこの引用文に窺うことができる．受け手の文化の人々が選択を行い，受容された文化要素は，構造的な連関性によって変えられながら，つぎつぎと波及していく．その結果が西洋化ではない近代化として現れているのである．さらに，受け手の文化の側の選択の基準となるものが何であるかも明確に示されている．すなわち，「自分たちの必要」である．

　加藤説の問題点はつぎの三つであろう．第一に，シンガポールなど，他のアジアの諸国の文化は西洋式のままの植民地文化だとしておいてよいのであろうか．近代日本文化に当てはめた文化触変の見かたを他のアジアの事例に当てはめないのは，そもそも自己矛盾でもある．この問題はおそらく第二の問題点と結びついている．第二の問題点は，丸山ほどではないにしても，加藤も歴史を短い幅でしか見ていないという点である．雑種の根本にある「日本種」を，加

藤は「伝統的な日本」としているが，それは，加藤が渡仏前に訪れた京都嵯峨野の竹林[7]に象徴され，留仏中に「純粋」西洋文化との対比で想定していた，静止した日本文化であろうか．シンガポールその他，アジアの港で彼が見た日本以外のアジアの文化は，1955年の一瞬に彼が見たにすぎないものである．それぞれの文化について，文化触変の歴史から見る必要があるであろう．第三の問題点は，西ヨーロッパの文化は純粋文化かという問題である．

純粋文化論　加藤の雑種文化論の第三の問題点を，ヨーロッパ文化こそ雑種であって，それに比較すれば日本文化の方がむしろ純粋である，と逆転させることによって解決したのが増田義郎『純粋文化の条件』(1967年) である．増田が指摘するとおり，歴史上ヨーロッパほど民族移動が激しく，人の混血と文化の混ざり合いが多かったところはほかにない．それは，実は，われわれの世界史の常識でもあった．それに比較して日本文化が純粋でありえた条件は，増田によれば，外国文化に接し，受容する日本人の態度，すなわち文化触変のやりかたにある．その日本人の態度を，増田は外来文化に対する「ケロリ主義」と名づけ，それに国風文化を作る余裕をもつという条件を加えている．太平洋戦争の敗北によって連合軍の占領を受けるまで，日本は一度も征服をこうむったことがなく，激しい混血もなかった．外国と接触して，その文化だけを少しも痛い目に遭わずにどっさり頂戴するということを繰り返してきた[8]．室町時代末期から徳川時代はじめの期間，日本を風靡した「南蛮風俗」が「ケロリ主義」の典型である．しかし，それに続く鎖国時代には，あたかもバーゲンセールで買いあさった品物を自宅でゆっくりとえりわけるように，受容した外来文化を選別したうえで，国風文化を作る余裕をもってきたのである[9]．たしかに，平安時代にも国風文化の時代があった．奈良時代に中国から隋唐文化を大量に受容したあと，平安時代には遣唐使を廃止し，国風文化を作り出した．この二つの条件を駆使して，日本人は縄文時代以来，外国の文化と人を切り離し，必要な文化要素のみを受け入れ，それを含む雑多な要素を「文化的複合体」に組み立て，「妙に均一で，確定的で，相も変わらぬ」固有文化を生き残らせてきたのである[10]．

　日本文化を純粋文化とする，意表をついた増田説は，文化を体系的に捉える見かたに支えられている．また，三説のなかでは時間の幅をもっとも大きくと

り，文化の変化を歴史的に捉えている．その結果，加藤説の第二の問題点も解決している．残された問題の一つは，文化と人を分離することで葛藤を少なくしたというのが増田説であるが，それで文化の接触・変容の面に葛藤がないかといえば，そうではないという点である．さらに，もう一つの問題は，「純粋文化の条件」とあるように，増田が挙げた条件が今日，日本文化のみならず，すべての文化に与えられるかということであろう．増田は，過去の日本文化を以上のように特色づけることによって，このことを問おうとしたのに違いない．

文化触変論から見た近代日本文化 以上のように，日本文化を文化触変論的な見かたで見ると，代表的なものだけでも，雑居文化，雑種文化，純粋文化と，対照的な見かたが提出される．古来，日本は異文化の影響を受けてきた，というよりも，それを受容し，変容させて日本文化を作ってきたのである．さかんな文化触変の繰返しの結果である近代日本文化は，雑居文化なのか，雑種文化なのか，純粋文化なのか．かつて柳田国男（1875-1962）は，この問題について，「日本人が外部の感化に対して案外抵抗力の弱きこと，外国風にかぶれ易い傾向といふものも，決して明治以後の事では無いのである．然しそれに伴なって，新旧を調和させる能力も亦一方で養はれた．二種以上の異なる系統の文化因子が久しく共存する事は，闘争を意味する．それを避けんとする技術，無理な折合，或は曲解，所謂洋服に下駄を履くやうな妥協にも，日本人はやや辛抱が良すぎるのである．長所であると同時に短所であり，之が為に文化混融の過程が屢々正解されずに終らうとする」といった[11]．たしかに，外国人からも，日本人は独自の文化をもっていないとか，簡単に西洋のものを受け入れて他のものを捨ててしまったといわれる一方で，伝統文化と近代文化，現代文化を巧みに調和させているといわれることもあり，まったく正反対の批評を耳にすることがしばしばである．グローバリゼーション論の代表的論客，ローランド・ロバートソンは，「個別主義の普遍化と普遍主義の個別化」を巧みに同時進行させてきたという点で日本文化に注目している[12]．

　日本文化は隔離統合しかしていないのか，融合統合をしているのか，どちらであろうか．日本文化を全体としてどちらかで特徴づけるのは，実は，基本的に無理である．隔離統合にしても，融合統合にしても，あるいは編入統合，同化統合にしても，それらはいずれも文化の一部分，すなわち，いくつかの文化

要素に短期的に起こる変化である．しかし，長期的には，日本文化が全体としてかなりの程度に雑種文化であり，しかも比較的に純粋文化であるということがいえなくはないであろう．よほど他の文化から隔絶した文化でないかぎり，文化触変を前提にすれば，雑種文化でない文化はなく，また，ある程度個別性を示すという意味で純粋であるといえない文化はないのである．

　青木保『「日本文化論」の変容——戦後日本の文化とアイデンティティー』(1990年) は，第二次世界大戦後刊行された数多くの日本文化論を巧みに整理して，それ自身を興味深い日本論に仕立てた著書である．日本文化論の時代的特徴を取り出して，戦後を5期に分け，それぞれの時期の代表的な日本文化論を取り上げている．その5期とは，(1)日本文化の否定的特殊性が認識された時期 (1945-54年)，(2)歴史的相対性が認識された時期 (55-63年)，(3)肯定的特殊性が認識された時期の前期 (64-76年)，(4)その後期 (77-83年)，(5)日本文化の認識を特殊から普遍へと転回させようとする時期 (84年以降) である[13]．文化触変の視角からなされた代表的な日本文化論として，先に取り上げた三著がいずれもほぼこの第二期に発表されたものであることは興味深い．もちろん本書独自の視角から取り上げたためでもあるが，これらが，日本文化は特殊か普遍かを問題にするよりも，その歴史性と相対性が論点となった時期に揃って発表されたという事実が重要である．近代日本文化の特徴を捉えるには，そのような認識の姿勢が必要なのであろう．

　加藤説を中心にして，丸山説と増田説をそれに組み合わせると，日本文化にかぎらず，文化が文化触変によって雑種性を獲得するには，ある程度以上長い時間の幅のなかで，外来文化要素の受容に集中する時期と，それらに選択と抵抗（第二次選択）を加えて「国風化」する時期とが必要ということになる．奈良・平安時代，室町・江戸時代には，実際，二つの時期がバランスよく得られたが，近代日本文化を作り出す過程に相当する明治・大正・昭和初期（すなわち，太平洋戦争まで）の期間に，そのような二つの時期の組合せは得られたであろうか．加藤に啓示を与えた風景から判断すれば，辛うじて与えられたということになる．近代史のなかで，文化触変における抵抗と国風化の作用を営もうとしたのは，国粋主義と，近代西洋を普遍とみなしたうえで日本文化の特殊性を強調しようとした1930年代の日本浪漫派，「近代の超克」論，軍国主義で

あろう．しかし，焦燥の発散としての太平洋戦争での敗北は，望ましい国風化に十分な時間が与えられなかったことを証するものである．

前章の後半と本章の前半ですでに明らかにしたように，国粋主義と国権論とは同じではない．明治日本の国粋主義は，文化触変そのもの全体に関して，欧化主義に対立する全体的な態度であった．国権論は，文化触変については欧化主義の選択がすでになされたのちに，政治社会の主体を個人とするか，人民とするか，国家とするかという部分的な選択における選択肢の一つであった．理論的には，国粋主義は欧化主義とはけっして合体しえない文化的な態度である．国権論は欧化主義と組み合わせられる政治的な議論である．国粋主義が国権論になるとはかぎらないのである．文化触変の全行程を欧化主義よりもよく見抜くことができた国粋主義は，かりに欧化主義によって文化触変が進められた場合にも，その結果を国風化する動力となりうるものであった．しかし，現実の明治日本で，国粋主義と国権論とが結びつく政治史が展開したのはなぜであろうか．それは，欧化主義という文化触変が圧倒的に明治政府によって推進されたからであり，それが敵対的文化触変であるという大義名分を国家がほぼ独占したからである．文化の領域が国家によって占拠された結果，国粋主義も国権論と合体して政治的な主張に転化したのである．それが対外膨張という近代日本の文化触変の悲劇をもたらした原因と考えられるが，しかし，より広く見れば，それは国民国家体系である近代国際社会の運命でもあったといえる．

注
1) 丸山真男『日本の思想』岩波新書，1961年，11ページ．
2) 同上，14ページ，49ページ．現在，グローバリゼーション論の先頭に立っているローランド・ロバートソンは，日本文化が外来文化要素に対して，注意深く「高度の選択性」を発揮したと見ている（Roland Robertson, *Globalization: Social Theory and Global Culture*, London: SAGE Publications, 1992, p. 90）．
3) 丸山，前掲書，47ページ．
4) 二つとも現在は加藤周一『雑種文化——日本の小さな希望』講談社文庫，1974年で読むことができる．
5) 同上，30-31ページ．
6) 同上，31ページ．
7) 加藤周一『羊の歌——わが回想』『続　羊の歌』岩波新書，1968年参照．
8) 増田義郎『純粋文化の条件——日本文化は衝撃にどうたえたか』講談社現代新

書, 1967 年, 34 ページ. 残念ながら, 本書は現在, 絶版である.
9) 同上, 44 ページ.
10) 同上, 18, 73 ページ.
11) 柳田国男「文化運搬の問題」『定本柳田国男集』第 24 巻, 筑摩書房, 1970 年, 467 ページ. ここで柳田が「文化混融」といっているのがわれわれの文化触変であることはいうまでもないであろう.
12) Robertson, *op. cit.*, p. 102.
13) 各時期の代表的な日本文化論としてどのような著書, 論文が取り上げられたかは, 青木保『「日本文化論」の変容——戦後日本の文化とアイデンティティー』中央公論社, 1990 年の目次で一覧することができる.

3. 戦後日本の文化

日本文化の作り変え？ 太平洋戦争の敗北は, 国際文化論の観点から解釈すれば, 幕末・明治以来の日本の文化触変の失敗であった. 欧化主義と国粋主義があいまってバランスのよい文化変化をもたらすことができず, そのために, 国粋主義と国権論の合体も起こり, 敵対的文化触変が国内の枠に収まりきれず, 対外膨張へ突き進んだのである. 世相史的には, 大正デモクラシーで健全な欧化主義が達成されえず, 軍国主義の反動へと転針した歴史の流れが 1945 年の敗戦に結着した.

「国破れて山河あり」. 大日本帝国の国家・政府・軍隊は敗れ, 戦前の文化形成は失敗に終わったことになっても, 敗戦 1 日目から焼け跡の上で人々は逞しく生き続け, 戦後の新しい文化を必要とした. 国家・政府・軍隊の降伏による敗戦処理の眼目は国体護持と国民総懺悔であった. 国体護持とは旧体制の維持, 旧文化の継続を狙うものにほかならなかった. 連合国側は, 戦争終結まえから, 分割占領かいなか, 直接統治か間接統治かをめぐって, 日本占領の方式を模索していた. SWNCC (米国国務・陸軍・海軍三省調整委員会) は, 日本は歴史的に中央集権制の特徴をもつという理由で, アメリカ人の連合国軍最高司令官のもとでの単一・直接軍政を提案した (45 年 5 月 1 日). 日本政府がポツダム宣言受諾を表明した際には, 連合国側は「天皇および日本国政府の国家統治の権限は……連合国最高司令官に従属するものとする」と回答したが, これは天皇

と日本国政府の存続を事実上許すものであり，天皇と日本国政府の統治機能を利用する間接統治に方針を転換するものであった．8月半ば，SWNCCは間接統治の基本方針にそって対日政策の修正を急いだ．日本に降り立った当初の連合国軍最高司令官ダグラス・マッカーサーには間接統治の準備がなく，別の理由から間接統治を求める日本政府とのあいだで最初の綱引きが行われた．

　占領軍は，日本の民主化，非武装化，軍国主義の根絶，基本的人権の確立など，ポツダム宣言を実施する責任を負うと同時に，再び米国の脅威とならないだけでなく，米国の政治的・経済的目的を支持するような日本政府を作り出す任務をも帯びていた．ポツダム宣言の実現を任務とする占領軍と，旧体制の温存をはかる日本政府とは多くの面で対立した．たとえば，日本政府が戦前の治安維持法を存続させようとするのに対して，GHQは民主化指令を発し（10月4日），国民の自由を制限する一切の法令を撤廃し，内務省警保局・府県特高課を廃止し，戦前に捕えられていた政治犯・思想犯を即時釈放することなどを命じた．連合国最高司令官の要求は，法律の制定を待たずに，緊急勅令として実施された．この，いわゆるポツダム政令は間接統治の強力な武器であった．新憲法の制定を筆頭に，戦後改革はこのようにして実現していったが，そこには，日本国民をまえにして，占領軍と日本政府が綱引きをするという構図があったといえよう．戦後改革は，たしかに，占領という強制的な接触状況のもとでの，圧倒的で急激な文化変化であった．それが占領軍に押しつけられたものであったかどうかは，結局，新しく生きるために新しい文化を必要とする日本国民が，その構図のなかで，なにを，どのように選択したかによって決まることであった．

　一例として，戦後における教育制度の民主化を見てみよう．学校教育制度は戦前・戦中の軍国主義体制を作り上げる根幹部分であっただけでなく，近代日本文化の形成に大きな役割を果たした．学校そのものが文化触変の産物であった．45年9月の有名な墨ぬり教科書から始まった戦後教育改革は，翌月，GHQが出した「軍国主義・超国家主義的教育を禁止する指令」で本格化し，翌年3月のアメリカ教育使節団の来日で最初の頂点を迎えた．使節団は，全国を視察したのち，日本の教育は19世紀型の権威主義的教育であると断定し，個人の価値と尊厳を尊重する教育に再編することを求め，教育勅語の廃止を提

案した．具体的には，9年間の無償義務教育，中等教育の充実，男女共学，そして教育委員会の設置という四項目による改革を提唱した．使節団の提案には，与え手側の，自文化をモデルとした，文化要素の一方的呈示という性格が認められるが，日本国民はこれをほぼ全面的に受け入れ，基本的には今日まで維持してきている．

　しかし，提案を受け入れ，実施する段階で，モデルに変容を加えたのである．たとえば，教育委員会は，もともとアメリカの地方自治の原則に則った教育自治のための制度であり，教育委員は地元の住民の公選によって選ばれるものである．戦後日本でも，当初は公選が行われたが，間もなく地方自治体首長による任命制に切り替えられ，今日にいたっている．任命制への切替えは，当時ほとんど反対もなく，いつの間にか行われたのである．教育委員会は，アメリカではPTAとともに学校を住民主体に運営する機能を果しているが，日本では，むしろPTAと対立することも多い行政側の機関に変じている．この，教育委員会の公選制から任命制への切替えが抵抗なく行われたことは，文化触変における文化的抵抗であるということができる．すなわち，教育委員公選の意味が当時十分に理解されなかったということ，いいかえれば，日本国民による黙殺があったということに加えて，学校教育を，「お上」のものとまではいわずとも，行政の領分とみなすことに慣れていた日本国民が，おのずから文化的な機能連関性を発動させたと考えることができるのである．

　占領軍による戦後改革によって，アメリカ文化を与え手とする文化要素が大量に戦後日本文化に移植されたことは事実である．しかし，今日の日本文化がアメリカ文化と同じになっているかといえば，似て非なるものとなっている文化要素が多い．圧倒的に強制的な接触状況のなかで，いったんは受け入れた文化要素に，戦後の日本人もしたたかに変容を加えたのである．この文化変容が文化の各方面で起こったのが，おそらく「逆コース」という現象がさかんであった時期であろう．「逆コース」は，第一には，政治的現象であって，冷戦の激化とともに，米国政府が戦後日本の民主化から日本を反共同盟国化する方針に転換し，占領軍に当初与えられた第二の使命に傾斜したことにともなうものであった．教育委員の任命制への切替えも政治的には「逆コース」の一端である．同時に，そこには日本国民による文化の選択という側面があった．戦後日

本の文化触変について考察するには，政治的「逆コース」と文化的抵抗との関係をさらに考える必要があると思われる．

アメリカニゼーション？　第二次世界大戦後，アメリカ産の文化要素がほとんどすべての分野で，息つく暇もないほどの速さで侵入してくるのは，戦後日本だけでなく，世界の隅々までといってよいほどになった．これは，よくいわれるように，戦後世界における米国の軍事的，政治的，経済的な力が他のすべてを圧倒するように巨大化したことが第一の原因である．米国の国際政治経済における覇権の掌握と世界資本主義の成立がコインの両面のように進行してきたのである[1]．そのなかで，アメリカの文化産業の世界進出もめざましく，世界各地の文化を急速にアメリカ化するように思われてきた．このアメリカニゼーションとよばれる文化変化の現象の第二の原因として，アメリカ文化の力の強さを挙げる向きもある．たしかに，アメリカの文化要素はあらゆる分野で，あらゆる国の，とくに若い世代を中心に歓迎され，受け入れられてきたように思われる．アメリカの文化産業の世界進出を促進した要因の一つとして，映画，テレビ，衛星放送，そしてコンピューターおよびインターネットなど，文化運搬にかかわるメディアの急速な発達を挙げることができるが，これらのメディアのすべてがアメリカで生まれ，発達したものである．そして，世界各地の文化のアメリカニゼーションが，最近では，経済のグローバル化に先導された文化のグローバリゼーションへと広がっている．戦後日本はアメリカニゼーションとグローバリゼーションの傾向をもっとも強く見せてきた社会の一つであろう．前項で見たような，占領期におけるアメリカ文化の強い影響に加え，日米安保条約に集約される日米の政治的・軍事的な密着関係，経済的な依存あるいは協調関係があり，文化的な関係もきわめて密接なものであり続けてきた．多くの面でアメリカ的な価値を理想とみなす人々も少なくない．戦後日本の文化を，他の国の文化と同等かあるいはそれ以上に，アメリカニゼーションで特徴づけることは不可能ではないが，そのまえに，以下の三つの点を考慮しておくことが必要である．

　第一は，アメリカニゼーションが「アメリカ化」ではないかもしれないという可能性である．最近，アメリカ渡来のファースト・フード店「マクドナルド」に代表させて，アメリカニゼーションを「マクドナルド化」（**Macdon-**

aldization) ということばでいいかえることが行われている．この表現方法によれば，日本は「マクドナルド化した社会」の最たるものであるかもしれない．街のいたるところにマクドナルドの店があるだけでなく，マクドナルドは日本で生まれた店だと思い込んでいる人々さえいる．しかし，「マクドナルド化」という表現を編み出したリッツアによれば，マクドナルド化とはアメリカニゼーションではなく，一言でいえば，合理化である[2]．この指摘にしたがえば，マクドナルドは普遍的な文明的文化要素の表現体であるから，歓迎されるのは当然であり，アメリカ起源であっても，それを受容した社会の文化がアメリカ化したというには当たらないことになる．

　第二は，それでは，世界中どこへいっても，マクドナルドが合理性追求の画一的な店になっているか，という問題である．リッツアの指摘を待つまでもなく，北京，モスクワ，パリ，東京それぞれのマクドナルドには違いがあることが知られている．その違いは，それぞれの文化に合わせるという合理性を追求した結果であるが，とにかく，文化の違いが作用を及ぼしているのである．東京ディズニーランドは，当初はカリフォルニアのディズニーランドを寸分の違いもなく再現するはずであったが，開園時には完全なコピーではなかった．アメリカ史の理解がアメリカ人とは違うという日本人の文化に配慮したためである．そして，訪れる人々にとっての機能は，アメリカの「聖地」あるいは文化的シンボルとしてのそれではなく，あくまでも大衆消費の場に変化してしまっているのである[3]．

　最後に，それでは，今日のいわゆるアメリカニゼーションのように，きわめて急速かつ矢継ぎ早の接触・受容が行われても，受け手文化主体の文化触変を行う余裕は残されているのであろうか．増田説がいうような，受け手文化の独自性を守るという意味での「純粋性」を実現することが可能かという問題である．今日，いずれの文化にとっても，純粋文化の条件はもはや喪われてしまったように見える．文化運搬を担当するのは，映画，テレビ，衛星放送，コンピューター，インターネットなど，瞬間的な速度を誇る速いメディアであり，留学生とかお雇い外国人とかの人が介在する余地もない．受容と普及のツー・ステップははるか昔のことになり，人々は第一次選択も第二次選択も行う暇なく，あらゆる文化要素を情報としてつぎつぎに受け入れ，再解釈，再構成を行う余

裕さえもないかのようである.とりわけ注目されるのは,第一次選択（選択・受容）と第二次選択（抵抗）とのあいだの時間がなく,健全な国粋主義さえも現れず,文化的抵抗が発動しないのではないかと思われる点である.

　イスラム圏に見られる原理主義の思想と運動は,圧倒的なアメリカニゼーション,グローバリゼーションに全面的に対抗しようとする必死の戦いと理解することができる.戦後日本の圧倒的なアメリカニゼーションの蔭では,アメリカ的文化要素を受け入れつつも,嫌米・反米の感情を潜ませている可能性もある.他方,マクドナルドやディズニーランドの例もないわけではない.アメリカニゼーションでは優等生ともみなされる日本人が,アメリカニゼーションの別名といってもよいグローバリゼーションでは遅れを指摘されるのは,文化的抵抗の存在を示唆するものかもしれない.文化触変の理解に立てば,グローバリゼーションが進んでも,受け入れ文化の主体性が保たれるかぎり,文化触変のメカニズムからして,文化の多様性は失われないはずである.現代は,文化触変の過程が短縮されただけなのか,それともこれまでのような文化触変とは異なるプロセスに置き換えられつつあるのかを考えなければならない.

注
1) Immanuel Wallerstein, "Culture as the Ideological Battleground," in Mike Featherstone, ed., *Global Culture: Nationalism, Globalization and Modernity*, London: SAGE Publications, 1990, pp. 31-55.
2) ジョージ・リッツア,正岡寛司監訳『マクドナルド化する社会』早稲田大学出版部,1999年.
3) 毛利覚「トウキョウ・ディズニーランドにみるアメリカ文化の受容」平野編,前掲書,176-227ページ.

第9章　文化変容と文化交流

1. ヒトの国際移動——現象

国際移動と文化触変　第2章の末尾に若干述べたように，1970年代からヒト・モノ・カネ・情報の国際的な移動が急増している．ここでは，いかなるものであれ，国境を越えて移動することを国際移動とよぶこととする．日本の場合を例にすると，図2（第2章，26ページ）に見られるように，1968年から88年までの20年間に，「カネ」の国際移動は90倍，「情報」のそれは45倍，輸出入金額で表した「モノ」のそれはほぼ20倍となり，出入国者数で表した「ヒト」の国際移動も14倍の増えかたを見せた．たしかに，国際移動の増加は世界各地で古くから見られたものに違いない．しかし，このような急増現象は最近のことに属する．1970年に起こったジャンボ・ジェット機の民間航路への就航に代表される，国際的な交通・通信手段の格段の発展が国際移動の急増をもたらしたのである．この国際移動の急増は国際的な文化触変にどのような影響を及ぼすのであろうか．世界史が近代から現代へと移行するにしたがって，国際的な文化触変にも変化が見られるとすれば，それは国際移動の急増に関連するのではなかろうか．このような問題点を，主としてヒトの国際移動を取り上げて，考察してみよう．

国際移住機構（International Organization for Migration, IOM）の推定によると，1990年の世界中の「移民」（「外国」すなわち「出生国あるいは国籍国以外の国」に移動した人）の総数は，合法，違法すべてのタイプを合わせて，8,000万人であったという[1]．これは統一ドイツの人口にほぼ等しく，世界の総人口の約1.7パーセントに相当する数である．ある年の海外移住者・移動者が8,000万人というのは非常に大きな数字であるが，スティーブン・カースルズとマーク・ミラーも述べているように，規模の点においてはとくに問題視す

べきほどの値ではないかもしれない[2]．世界人口の1.7パーセントが移動者(マイグラント)であるということは，98パーセント以上の人は自国に住んでいるということである．文化触変の点で重要なことは，国際移動をする1.7パーセントの人々と，それを自国で迎える98パーセントの人々とのあいだの関係である．「移動や交流によって生ずる人と人との相互の関係並びに関係のあり方を問う」[3]ことが興味深い．

同義反復であるが，国際移動をするヒトは国境を越える．国境を越えるヒトを挙げれば，短期的あるいは長期的に居住と生業を外国に移動させる海外移住者・移動者（90年には，世界中でそれが8,000万人），そのなかに含まれる外国人労働者（90年には，8,000万人中2,500万人から3,000万人と推定される），難民，亡命者（8,000万人中1,500万人と推定される）などのほかに，留学生，国際観光客などもいる．国際観光客の総数は，最近では日本からだけでも年間2,000万人近くの人が海外へ観光に出かけるというところから，世界的には莫大な数になると推測される．これらの人々が作り出す現象を「国際人流」ともいう．巨大な「国際人流」が認められる今日ほど，大量の人々が国家発行のパスポートを所持している時代はかつてなかった．そして，国境を越えるとき，すべての人々がパスポート・コントロールを受ける．今日ほど人々が自由に国境を越えてゆきかう時代もないが，国家の側は依然として国境管理を厳重に行おうとしている．ビザを相互に廃止する国が多くなったとはいえ，ボーダー・コントロールはなくなっていない．それでも大量の人々が国境を越えるため，今日の国境はかつてに較べ相当に「低く」なっている．今日，国境を低くしているのは，国際的な交通・通信手段の発達である[4]．

国際移動をするヒトは，いくつかの文化をも越えている．「国際人流」は「文化際人流」でもある．すでに述べたように，文化にも境界があり，それを越えることは困難をともなう．かりに今後国境がなくなることがあったとしても，文化の境界がなくなることはないと思われる．エドワード・T.ホール (Edward T. Hall, 1914-　) は，まず，時間や空間の捉えかたが文化によって異なる「非言語的言語」あるいは「沈黙のことば」であることを指摘したが[5]，それに代表される「文化的無意識」，「型(パターン)」，コードによって，文化は同一集団内を共通化し，それと反比例的に集団間の差異を強める働きをするという．

また，人々はそれぞれの文化に固有のリズム——言語，身体の動きによって表現されるリズム——によって結びつけられており，その「共調動作」(synchrony) が集団内の文化的共通性をいっそう強め，他集団の人々を遠ざけるという．そもそも彼は文化を「延長物」と定義するが，人々は「延長物の転移」を犯しやすいという．「延長物の転移」とは，延長物（すなわち，文化要素）そのものとそれが延長された過程とを混同したり，前者を後者と置き換えたりすること，あるいは，象徴化されたものと象徴とを見誤ることであるという．わかりやすくいいかえれば，生きるための工夫にすぎない文化要素に過剰な意味を与えて，自文化の特異性を強調しすぎる傾向に陥るということであろう．以上のような原因によって，文化の境界性が強まり，それを越えることが難しくなるのである[6]．たしかに，異文化に入っていったり，異文化の人が入ってくると，文化の違いにこだわり，自文化の意義を強調する傾向に陥りやすい．その意味で，文化を越えることには困難がともなう．

それでも，文化を越える努力が必要である．ホールによれば，「つい最近まで人間は，だいたい母国に留まっていたので，大方の人々についてその行動を予測できたし，したがって自分自身の行動システムの構造を自覚する必要もなかった．しかしながら，今日では人は延長物をとおして行動範囲を広げ，世界が縮小されたため，異なる文化の人と相互作用をもつことが日常的なこととなってきている」[7]からである．文化を越える努力としてホールが挙げるのは，相手の文化をより正確に知ろうとすることと，自分および自分の文化をよく知ることである．相手を正確に知るためにはコミュニケーションが必要であるが，文化の異なる相手の場合には，相手が無意識に身につけている文化のコンテクストを理解する必要がある．同様に，みずからが当然としている自文化の型やコードを意識化する必要がある．「今日の世界でうまくやっていこうとするならば」，「自らの文化を超越する必要があるのだが，このことは，まず自分の文化を操っている規則を明らかにすることをしなければ，成し遂げられない」[8]．ところが，人は，自分の文化のなかで暮らしているかぎりは，そこでの規則を意識化する必要もないわけであるから，それを発見するためには，実際に，文化を越える必要のある場面，異文化接触の場面を経験せよというアドバイスになる．そして，ホールの最後のアドバイスは文化そのものを超える努力をする

ことである.彼によれば,人間の延長物(すなわち,文化)の発展の方が人間自身の進化よりもはるかに速いために,文化が人間の生活を分断し,人間を疎外する結果になっている.その循環を打ち破るには,人間が文化を超えて人間に戻ることが必要であるという[9].中間の難しい議論を省いて,最初と最後を結びつけると,交通文化の発達の極致ともいうべきジャンボ・ジェット機を利用して国際移動して,異文化にぶつかり,文化を忘れ,人間に帰るということになる.たしかに,国際移動の過程でそのような感覚を経験する人は多いであろう.

すでに明らかなように,ホールの議論は,国際化時代の異文化接触に関する高尚な処世術のアドバイスになっている.しかし,国際移動・文化際移動には,そのような個々人の異文化接触の側面とは別に,文化と文化の接触の問題という側面が依然としてある.というのは,国際移動・文化際移動をするヒト・モノ・カネ,狭義の情報は,相手の人々に広義の情報を伝えるのである.国際移動者自身は,ホールの説くように,文化を超えることができたとしても,相手の人々はその文化のなかで生活しているのであるから,彼が持ち込む情報は外来文化要素となるであろう.国際移動が文化際移動にもなる構造の国際社会では,国際移動は文化要素の移動を必ずともなう.とりわけヒトの国際移動は,モノ・カネ,狭義の情報が特定の文化要素を伝えるのに対して,無意識のうちに予想もしない情報,文化要素を相手に伝える可能性をもっている.留学生,国際観光客,亡命者,国際移住・移動者は以前と同様に文化運搬者であり,外来文化要素を呈示する可能性をもっているし,現にその役割を果たしている例も多い.さまざまなエスニック文化の受容を想起すれば十分であろう.

文化触変論から見た外国人問題 ところで,大量の国際輸送が現実となった1960年代から70年代を境として,ヒトの国際移動と文化触変との関係には重要な変化が生じているように思われる.すなわち,現代のヒトの国際移動は,文化触変と切り離せない関係があるという点では近代からの連続性をもちながら,近代のそれとは異なる様相をも示していると思われるのである.この点を,出稼ぎ外国人労働者と文化触変という問題として考察してみよう.

カースルズとミラーによれば,現代,正確には第一次オイル・ショックの1973年以後は「グローバル・マイグレーションの時代」である.その

根拠として，彼らは，今日のヒトの国際移動が，地球規模化（グローバリゼーション），加速化（アクセラレーション），多様化（デイファレンシエーション），女性化（フェミナイゼーション）という四つの新しい特徴をもっていることを挙げている．地球規模化とは，ヒトの国際移動の影響を受ける国がますます増える傾向と，出身地に加えて，経済的，社会的，文化的背景も異なる人々の移動が増える傾向を指している．実際，日本も含めて，ほとんどの国が国際移動者の送り出しと受入れの双方を同時に行っている．これは近代にも見られなかった現象である．加速化とは，主要地域のすべてにおいて，ヒトの移動が急速に量的拡大を見せていることである．個々のヒトの国際移動も速度を増していることをそれに加えるべきであろう．多様化とは，大多数の国において，あらゆるタイプ（出稼ぎ外国人労働者，難民，定住外国人労働者など）のヒトの移動・移住が同時に見られることである．そして，60年代以降，あらゆる地域のあらゆるタイプの国際移動において，女性が主導的な役割を演じるようになっている[10]．

今日，このような特徴をもつグローバル・マイグレーションが見られるようになったのはなぜかといえば，国際的な交通・通信手段の発達が最大の原因であることは繰り返すまでもない．廉価で大量の国際輸送が可能になったために，人々は容易に国際移動者になるのである．比喩的にいえば，今日の国際移動者は「往復キップ」を手に国境を越えている．以前は，大洋や大陸を越える移動は簡単ではなかった．人々は「片道キップ」をようやく手にして，危険を冒して外国に渡り，そのまま生涯祖国に戻れないのが普通であった．移動者（マイグラント）はほぼ必然的に移民（エミグラント・イミグラント）となった[11]．ところが，今日の国際移動者はジャンボ・ジェット機で移動する．運賃も安いため，とりあえずは往路の片道キップで出かける外国人労働者も，比較的容易に復路のキップを買って帰国することができるのである．

このような国際移動の現代的特徴から，今日，ヒトの国際移動と文化の関係は新しい様相を帯びるようになっている．かつての移民は，ひとたび海外に移住すると，祖国に戻ることがあまりにも困難であったために，移住先の国に留まるほかなく，その地の文化に同化する努力をする以外になかった．一世が同化しきれなかったとしても，引き続きつぎの世代が然るべき同化の努力を重ねたものであった．当時は，移民自身にとっても受入れ社会にとっても，同化が

ほぼ唯一の可能性であり,重要な関心事であった.しかし,今日では,同化への強制ははるかに弱い.外国人労働者は労働の現場で最低限必要とされるその国のことばを習得しさえすればよく,それ以外は,いつでも自分たちの「エスニック・エンクレーブ」に逃げ込むことができる.ときには故国の同じ村から出稼ぎにきている仲間同士が,出稼ぎ先の国の大都会の真ん中に寄り集まって,母語を使いながら生活する.周りには馴染みの食材や故国と仲間の情報などを扱うエスニック・ビジネスが栄える.このような共同体を「エスニック・エンクレーブ」という.発達した国際通信手段のおかげで,母国に比較的安く国際電話をかけることもできる.滞在期間の長短にかかわらず,外国で生活しているあいだじゅうもエスニックな紐帯を保持し続けるのである.アンソニー・H.リッチモンドは「コミュニケーション・ネットワークの技術的進歩をともなう脱産業化は,まさにその特質から,はるか遠くに分散した人々のあいだにおいてさえも言語と文化の違いを維持することを可能にする」といっている[12].

　異国の地で稼ぎ,故郷に送金もしながら,滞在地の文化にさほど同化せず,エスニシティーを保持し続ける人々がいるということは,現代国際社会の文化的特徴として注目されるべきことである.現代的な国際交通手段を利用して,エスニシティーを帯同しつつ移動する出稼ぎ外国人労働者は,今日の国際社会を代表する存在といってもよい[13].たしかに,戦後西ドイツにガスト・アルバイターとして移動したトルコ人労働者がドイツに定住化するなど,外国人労働者の定住問題という問題もあるが,もちろん,彼らの同化が問題なのではなく,どの程度まで異質の存在であることを許すのかが問題なのである.出稼ぎ先の国には一時的に滞在するだけで,数年で帰国したり,つぎつぎと出稼ぎ先を変えさえする外国人労働者の方が,現代国際社会の特質を体現していると思われる.国際的なマイグレーション研究の関心は,帰国する外国人労働者(returned migrants)に集中しつつある[14].

多文化主義　その文化に同化せず,自己のエスニシティーを保ち続ける人々を社会の内に「抱え込む」という事態は,近代国民国家の社会が想定しなかったものである.小倉充夫が指摘するように,現代社会は著しく異なる文化を担うエスニック・グループを抱えて,「国民国家」を超えた異質との共存を模索せざるをえないのである[15].やむをえずにか,そのような事態が許容ないし黙

認されているということが，今日の国際移動と文化の関係の第一の特徴である．このような新しい事態に積極的に対応しようとするのが「多文化主義」（multiculturalism）である．「多文化主義」は，「ひとつの社会の内部において複数の文化の共存を是とし，文化の共存がもたらすプラス面を積極的に評価しようとする主張ないしは運動をさす」[16]と定義される．新しい国際移動者を多数受け入れているオーストラリアやカナダは，多文化主義を国家の政策としている．そこでは，国民国家は一文化，一言語，一民族によって成立すべきであるとする，「同化主義」にもとづいた国民統合の政策が否定されているのであり，かえって，多文化主義こそが国民国家の分裂を防ぐ，国民国家生き残りのための国民統合イデオロギーになっていると考えられるのである[17]．オーストラリアやカナダがここ20年来続けてきた多文化主義の実験は，しかし，これらの国だけの問題ではない．「独自の文化を保持する権利」という権利を含む個人の権利を，国民やエスニック・グループという集団との関連でどのように保障するかは，近代主義的にあくまでも個人を基点にして権利を捉えるか，それとも共同体を単位として権利の増進を考えるのが現代的であるのか，というきわめて哲学的な，興味深くかつ深刻な問題を含む課題なのである[18]．

つぎに，オーストラリアやカナダを含む多くの国々において，国際移動者と受入れ社会との具体的な文化関係はどのようになっているであろうか．国内社会において文化触変が日常化しているであろうか．一時的滞在者である国際移動者側が同化を最低限にとどめる一方，受入れ社会側が彼らを隔離するのであれば，表面的には異文化接触が行われるように見えても，文化触変はさほど起こらないことになる．双方のあいだには共棲関係（シンビオーシス）が存在しているだけとなる．他方，東京や大阪のインナー・エリアにおける外国人居住地域の調査によれば，まだかぎられたコミュニティーの内部だけとはいえ，文化触変が発生しているといえる．その場合の日常的な文化触変は，もはやかつてのようなツー・ステップをとりようもなく，国際移動者自身が直接的，継続的に文化触変にかかわるという新しい様相を示すであろう．さらに興味深いのは，国際移動者が帰国する際には，もう一度文化運搬者の役割を果たすという事実である．発展途上の社会からの出稼ぎ外国人労働者は，帰国するとき，発展した社会からさまざまな文化要素を持ち帰り，望ましいものだけとはかぎらない社会・文化変容を

故郷にもたらす.最近のマイグレーション研究が帰国する国際移動者に焦点を合わせるのもその理由からである.

注

1) IOM, "Background Document," presented at the IOM Seminar on Migration, Geneva (Stephen Castles and Mark J. Miller, *The Age of Migration: International Population Movements in the Modern World*, Houndmills and London: Macmillan, 1993, p. 4 〔関根政美・関根薫訳『国際移民の時代』名古屋大学出版会,1996年,5ページ〕に引用).

2) Castles and Miller, *op. cit.*, pp. 4, 49 (前掲邦訳,5および52-54ページ). ちなみに,18世紀の前後にわたって行われた大西洋横断奴隷貿易で強制的に移住させられた人々の総数は950万人から1,500万人と推計され,19世紀から20世紀にインド,中国からカリブ海西インド諸島などに移住させられた人々の総数はそれぞれ2,000万人から3,000万人であったと推計されるという(小倉充夫「移民・移動の国際社会学」梶田孝道編『国際社会学——国家を超える現象をどうとらえるか』名古屋大学出版会,1992年,45ページ).

3) 浜下武志「序章」『シリーズ世界史への問い3 移動と交流』岩波書店,1990年,7ページ.

4) 国境および国境を越えることについて,ここでは十分な議論を行っていない.とりあえず,犬養道子『国境線上で考える』岩波書店,1988年,石川好監修『ラ・フロンテラ「アメリカ・メキシコ国境地帯」——国家を越えるヒト・モノ・カネ』弓立社,1989年,西川長夫『国境の越え方——比較文化論序説』筑摩書房,1992年などを参照されたい.

5) エドワード・T. ホール,國弘正雄・長井善見・斉藤美津子訳『沈黙のことば——文化・行動・思考』南雲堂,1966年.

6) エドワード・T. ホール,岩田慶治・谷泰訳『文化を超えて』TBSブリタニカ,1979年.

7) 同上,70ページ.

8) 同上,66, 70ページ.

9) 同上,51ページ.

10) Castles and Miller, *op. cit.*, p. 8 (前掲邦訳,8-9ページ).

11) 国際移動者と移民が違う概念であることに注意して頂きたい.

12) Anthony H. Richmond, "Ethnic Nationalism and Post-Industrialism," *Ethnic and Racial Studies*, 7/1 (1984); reprinted in John Hutchinson and Anthony Smith, eds., *Nationalism*, Oxford and New York: Oxford University Press, 1994, p. 297.

13) 現在の日本社会における外国人移住者に関する詳細な実態調査として,奥田道

大・田嶋淳子編『池袋のアジア系外国人――社会学的実態報告』めこん,1991年,奥田道大・田嶋淳子編『新宿のアジア系外国人――社会学的実態報告』めこん,1993年などがある.考えかたについては,奥田道大編『コミュニティとエスニシティ』勁草書房,1995年（特に,田嶋淳子「世界都市・東京にみる重層的地域社会の現実」,新原道信「移動民の都市社会学」）などを参照.
14) 1999年9月に早稲田大学で開催されたアジア・太平洋マイグレーション研究ネットワーク（Asia Pacific Migration Research Network, APMRN）のワークショップは,リターンド・マイグランツを主要なテーマとした.
15) 小倉,前掲論文,54ページ.
16) 梶田孝道「『多文化主義』をめぐる論争点――概念の明確化のために」初瀬龍平編著『エスニシティと多文化主義』同文舘出版,1996年,67ページ.
17) 関根政美「国民国家と多文化主義」初瀬編,同上,41-42ページ.
18) Charles Taylor, "The Politics of Recognition" および Jürgen Habermas, Shierry Weber Nicholsen, tr., "Struggles for Recognition in the Democratic Constitutional State," in Amy Gutmann, ed., *Multiculturalism: Examining the Politics of Recognition*, Princeton: Princeton University Press, 1994, pp. 25-73; pp. 107-148.

2. 国際交流・文化交流――活動

国際交流・文化交流活動の意味　文化触変の側から見た場合,国際交流,文化交流の意味は,文化触変を意図的に起こそうとする活動であるという点にある.もちろん,国際交流とよばれる活動のなかには,文化触変を意図しない活動もある.しかし,ここでは文化触変との関係において,国際交流,文化交流,国際文化交流の意味を考えてみよう.

　国際交流は国と国とのあいだで行われるさまざまな分野の活動をいう.人々による国境を越えた交流の総称で,意図的に行われるいわゆるヒト・モノ・カネ・情報の国際移動のすべてを含む.文化交流には,交流によって文化要素が移動したり,交換されたりする現象と活動を指す意味と,異なる文化のあいだの交流を指す意味の二つがある.どちらの意味であっても,文化交流は国内でも起こりうることであって,国際的な現象だけを指すものとはかぎらない.三つ目の国際文化交流をまえの二つの組合せと考えるならば,「国際文化交流」は国際的な文化交流のみを指すことばとするのが厳密であるが,実際にはその

ような使いかたをされていない．端的にいって，「国際文化交流」ということばは，狭義には，政府ないし政府機関による国際的な文化交流活動を指すことばとして使われる．いいかえれば，実態は国家間文化交流であることが多く，しかも「文化交流」と称しながら，文化要素の移動による文化の変容を怖れる傾向さえも含んでいる．他方，ヒト・モノ・カネ・情報の国際移動は，前節でも述べたように，文化要素の移動を含んでおり，国際交流が意図しないうちに国際文化交流になることがある．また，国際交流は，政府のコントロールが効きにくい，民間の活動を指すことが多いのに対して，文化交流は，意図的かつ限定的な，そしてしばしばエリート的な活動を指し，しかも実際には国内活動には使われない．「文化交流」ということばが意図的な国際文化交流と同じ意味に使われることもしばしばある[1]．要は，三者のいずれもが意識的あるいは無意識的に文化触変を結果することがあるという点であり，それらが文化触変とどういう関係に立つかという点にある．

　国際交流，文化交流，国際文化交流のいずれも，意図的に行われる場合は，文化触変の発生を意図して行われる．文化交流，国際文化交流はとくにそうである．しかし，文化触変を起こさないような配慮をもって行われる文化交流，国際文化交流も少なくない．双方あるいは一方の文化要素を「紹介する」ことに目標を限定して行われることがあるのである．他方，ヒト・モノ・カネ・情報の国際移動のすべてを含む広義の国際交流，すなわち，現象としての国際交流には，意図せずして文化触変をもたらす結果になることがある．逆に，意図的な国際交流活動が「相互理解」を目標に掲げて，表面的な活動に終わることも多い．最近の経済面のグローバリゼーションに先導される，広義の国際交流，すなわち，現象としての国際交流の奔流のなかで，意図的な国際交流，文化交流，国際文化交流の活動が目標を見失いがちであると感じている関係者もいる．論理的にいって，そのような状況のなかでは，必ずしも望ましい文化触変をもたらすとはかぎらない，現象としての国際交流を補正するのが意図的な活動の所以ということになるであろう．

　国際交流，文化交流，国際文化交流が文化触変を発生させることを意図して行われる場合，多くは，その活動を行う側が与え手となって，相手の受け手の文化に文化触変を起こさせることを意図して実施する．理想としては，これら

の活動は双方が対等に参加して,双方向的に行われるべきであるが,実際には,活動を発動する側が与え手となり,文化要素の運搬者となり,文化要素を呈示し,その選択・受容を受け手としての相手側に迫ることになる.第二次世界大戦までの,近代国民国家の政府を主体とする国際交流,文化交流,国際文化交流の活動のほとんどは,与え手の国家の国益のみを配慮して進められた.それどころか,自国の文化要素を送り出す国際文化交流が国民国家の建設と強化に不可欠の事業と目されさえもしたのである[2].しかし同時に,近代には多くの国民国家がみずからを受け手と位置づけ,積極的な国際文化交流によって,みずからの文化に文化触変を引き起こそうとしたことも,ここで想起されるべきであろう.現代では,ほとんどすべての国家・政府,そして民間さえもが与え手としての国際交流,文化交流,国際文化交流活動に執心している.そのなかで,与えようとする側が,国際文化交流活動を展開する過程でみずからの文化を定義し直すような現象も起こることは興味深い[3].国際交流,文化交流の制度化された意識的な活動が,そうではない現象としての国際交流を補正すべきものであるならば,今後は,与え手の側がみずからの文化を見直し,受ける側にまわった活動を展開する必要が増えるであろう.

文化の共生　ヒト・モノ・カネ・情報の国際移動が圧倒的に増え,その速度も増して,新たな次元に移行したともいえる1970年代以降,国際交流・文化交流と文化触変との関係はさらに新たな転回を遂げつつある.それは,異文化接触が日常化した状態への,防御策の模索の始まりである.

　すでにそれ以前から,異文化の「紹介」や「相互理解」のみを意図する活動が行われ,それらは表面的な交流にすぎないとして批判されることが多かった.ところが,ヒトの国際移動が大量化し,人々がそのエスニシティーを帯同したまま異文化の社会のなかで生活するようになると,国際移動者と受入れ社会は相互に存在を黙認し,同化を強制しない.異文化を表面的に楽しむにとどめようとする傾向も見られる.こうした態度は,文化接触を一定の側面にかぎり,文化触変がいもづる式に進むことをあらかじめ防ごうとする「共棲」(シンビオーシス)の方法を採用したものとみなすことができる.現在,日本で行われる国際交流活動の主要な方法の一つとなっているホーム・ステイも,文化を異にするヒトとヒトとの密接な接触を可能にするとして肯定されているが,あのインディアンの

ゲスト・フレンド・リレーションシップを連想させるもので，共棲の活動であるかもしれない．このような活動は，文化触変を避ける意図を潜めつつも，空間・時間を異にする人々の文化が異なることを理解し，みずからの文化をより深く理解する機会となるものとして，評価されよう．

しかし，地球環境問題を筆頭に，人類文化のありかたがグローバルな危機に直面している今日，かつてのような文化の地方性のみを前提とした共棲の方法では不十分であろう．そもそも，国際移動，異文化接触が日常化した状況そのものが，すべての人々に共通の新たな問題であり，そのような文化状況には，文化に対する新たな理念によって対応しなければならない．そうした考えによって，日本の国際交流関係者のあいだから80年代後半に提起されたのが「共生」(conviviality, living together) の理念である．共生は，相互の文化の違いを尊重しようとする態度において，共棲に通じるが，文化の変容については，それを回避しようとする共棲とは対照的に，積極的な態度をとる思想である．文化を異にする人々が交流を通じて，ともに文化を変えていこうとするのである．

井上達夫ら，法哲学者・政治哲学者の解説を借りて，文化の共生の思想をさらに敷衍すると，まず，民主主義と自由主義を基本として，文化の多様性を尊重するのが文化の共生の理念である．基本的人権には，人それぞれがみずからの文化と言語を守る権利が含まれる．つぎには，自由主義の前提から競争を肯定するが，それは補完的な競争であって，独自性を保ちつつ競い合う関係を作るべきであると考える．そして，開放性を条件とする．共棲が相互交流を一部にかぎるものであったのに対して，共生はそれぞれの文化が境界を解き放つときに成り立つと考えられるのである[4]．要約すれば，「共棲」が接触地点にかぎられた異質性の共存であるのに対し，「共生」は地球大に開かれた共存である．

個々の文化は，目には見えないが境界をもつことを存立の基本条件とする．したがって，文化の共生は言うは易く，行うは難いであろう．われわれは今，文化の独自性と共通性のあいだのジレンマに直面している．その間に，グローバリゼーションは世界の隅々までの人々の生活，文化に影響を及ぼしている．ヒト・モノ・カネ・情報の国際移動がこれほどまでに増大し，現象としての国

際交流が各地の文化を意図せずして変化させている．たとえば，海外旅行者としての私が，すでに文化の破壊者となってしまったかもしれない．その文化の所有者が望んではいない変化が，その人々が抵抗をする暇もなく，起こっている．そうして失われる文化要素は，当の人々にとってだけでなく，人類全体にとっての喪失となる可能性がある．長いあいだ，国際交流，文化交流，国際文化交流は人々の生活をよりよいものに変化させる行為とされてきたが，70年代以降，文化要素の保存が新しい課題となってきている．地球規模の環境破壊に生物多様性の保持が課題となったように，グローバリゼーション，ヒト・モノ・カネ・情報の国際移動が引き起こす社会・文化変容に抗して，文化多様性をどう保持するかという課題である．最近，国際的な文化保存の活動として，国際文化協力が新たに登場してきたのは，そのような事情からであると理解される．文化の共生の理念にもとづく，文化変容への対応の活動が必要とされているのである．その一方で，人々の文化は依然として変わり続けなければならないのであるから，どの文化要素を変え，どの文化要素を保存するか，精緻な検討がたえず必要となる．これまで以上に深い文化の理解が求められるであろう．さらに，文化の独自性と共通性のあいだのジレンマへの取組みにも，文化の重層性の理解が前提となるであろう．国際交流，文化交流，国際文化交流活動のこれまでの蓄積が活かされなければならない．

注
1) 平野健一郎「国際関係の変化のなかの国際文化交流」日本国際問題研究所『国際問題』No.421（1995年4月），5ページ［平野編，前掲書に再掲，7ページ］．
2) 戦前の日本の国際文化交流団体，国際文化振興会を考察した，芝崎厚士『近代日本と国際文化交流——国際文化振興会の創設と展開』有信堂高文社，1999年，および同「財政問題からみた国際文化交流——戦前期国際文化振興会を中心に」，平野編，前掲書，127-159ページを参照．
3) 岸清香「国際文化交流と『国民文化』の表象——戦後フランスの国際美術政策とパリ・ビエンナーレ」，平野編，前掲書，47-78ページ．
4) 井上達夫・名和田是彦・桂木隆夫『共生への冒険』毎日新聞社，1992年を参照．

3. グローバル・カルチャー論

「地球文化」論　1990年代になってからしきりに語られるようになった「グローバル・カルチャー」,「地球文化」は,文化触変とどういう関係にあるであろうか.本書の中心課題として取り上げてきた文化触変は,主として,個別性のはっきりした文化と文化のあいだ,とくに近代の国民文化と国民文化のあいだやエスニック・グループのあいだで起こる現象として考察されてきた.もちろん,文化触変は近代のみにかぎられた国際文化関係ではなく,人類が集団を形成して以来の現象であり,これからも起こり続ける現象であると思われる.しかし,70年代から国際移動が急にさかんになったことによって,文化触変も世界各地で矢継ぎ早に起こっている.これは今日とりわけ顕著な現象である.その結果,やがてグローバル・カルチャー,地球文化が生まれ,もはや文化触変を論じる必要もないほど,人類の文化は一様化するのであろうか.それとも,人々が文化触変によって文化の一様化に抵抗する結果,グローバル・カルチャー,地球文化は生まれないことになるのであろうか.つまり,文化触変はグローバル・カルチャー,地球文化につながるのか,それともその誕生を阻止するのか,という問題である.

　地球文化論が唱えられるようになったのは,たしかに,ヒト・モノ・カネ・情報の国際移動が激しくなったことによる.国際的な相互依存を超えて,国際社会の「圧縮化」が生じていると説く人もいる.とりわけ,経済面の多国籍化(モノ・カネの国際移動),グローバリゼーションと,情報の国際化が大きな原因になっている.世界中の人々が同じものを使い,同じものを食べ,同じものを見ているとするようなイメージが広がり始めている[1].しかし,経済面のグローバリゼーションだけが地球文化を招くと考えられているわけではない.アポロ11号の月面着陸によって,人類の視野が一挙に地球大に拡大したことも大きく関係しているであろう.核兵器,地球環境問題,さらにはエイズによって地球大の運命共同を感じざるをえなくなったこともある.60年代から70年代に起こった多くのことがらが同じ効果をもった.そのような人々の意識の地球規模化に反比例して,国民文化の弱体化が意識されるようになったことも関

連していると考えられる.

しかし，ヒト・モノ・カネ・情報の国際移動が激しくなれば，単純に，人々の意識が地球規模化し，地球文化が生まれるというわけではない．逆に，ヒトの国際移動がかえって人々の帰属意識を国民（ナショナリティー）から，通常それよりも小さなエスニック・グループ（エスニシティー）に向かわせていることは，先にも見たとおりである．「グローバル・カルチャー」を論じた論集に寄稿した代表的なエスニシティー研究者，アンソニー・D. スミスは，エスニシティーを核とした国民文化の持続力を強調している[2]．その他の論者の見解もさまざまであるが，結局，国民文化が地球大に拡大したものとみなしうるような「グローバルな文化」は存在せず，現在，国家間のレベルとは異なるトランスナショナルなレベルで，ヒトその他の国際移動により進行中なのは「文化のグローバリゼーション」であると考えるのが妥当であろうとされている[3]．

文化触変と「地球文化」　それでは，「文化のグローバリゼーション」とはどういう状態であろうか．世界各地の，さまざまな人々の文化の一部がグローバル化している状態，より正確には，一部の文化要素がグローバル化，共通化している状態のことであろう．文化を文化要素に分け，いくつかの文化要素が地球的規模で共通化していると考える考えかたである．この考えかたでは，地球的規模で共通化した文化要素の数が今後も増えていけば，やがて「地球文化」が生まれることになる．

複数の文化のあいだで，ある文化要素が共通になるのは，収斂によってか，文化触変によってかである．収斂（コンバージェンス）は，第3章で見たように，生きるための必要性という本質的な次元において人々は共通であるので，時間，空間，あるいはイデオロギーの隔たりがあっても，人々がそれぞれによりよいものを追求していくうちに，文化要素が共通になっていくことを指す．1950年代から60年代に，国際政治の場で，資本主義と社会主義あるいは西側と東側の収斂が唱えられたことがあるが，それは，文化要素間の収斂の理論を拡大したものであった．

文化触変による文化要素の共通化は，二つの文化が実際に接触し，一方の文化からもう一方の文化に特定の文化要素が移動することによって生じることになる．その結果，二つの文化のあいだでその文化要素が瓜二つのものになるか

どうかは，すでに数章を費やして考えてきたところである．かりにそのようになったとすると，ほとんどの場合，そこには与え手の文化から受け手の文化への強制や支配があったことになる．そのような文化の強制，支配を「文化帝国主義」とよぶ考えかたがある．文化のグローバリゼーションを文化帝国主義とする批判は，「『いかに生きるか』という問題は，ある文化を所有している特定の集合体が判断すべきものであり，他のどんな集合体によっても判断されるべきでない」という考えかた，すなわち，特定の集団には特定の文化をもつ文化的主権があるとする立場からなされる[4]．

他方，受け手の文化の所有者たちが強制や支配を感じることもなく，与え手の文化要素をそのまま受け入れる場合には，与え手の集団が文化メディアまでをも支配する「文化的ヘゲモニー」がすでに成立しているからである，というように，アントニオ・グラムシ（Antonio Gramsci, 1891-1937）のヘゲモニー概念を応用する議論も行われている．ただし，グラムシは，知識人も一つの主要な役割を担うヘゲモニー闘争を通じて理論と実践との統一が歴史的生成物としてもたらされる，と述べている[5]．受け手の文化においてある文化要素が与え手のそれに共通か，類似しているとしても，強制と支配のもと，唯々諾々と受け入れたのではなく，歴史的な闘争の結果であると考えるべきであろう．フレッド・ハリディは，最近の著書において，各国の文化が共通であったり，類似であったりするとすれば，それは国際的な競争の結果，すなわち「模倣，競争，自己防衛的な近代化，影響などの結果であり」，その国際競争の原理が「均質性（ホモジニーティー）」であるからであるという趣旨のことを述べている[6]．近代の国際文化関係が模倣，競争，自己防衛的な近代化（つまり，敵対的文化触変），影響などであったことはたしかであるが，そのような国際的な競争が単純に受け手の文化を与え手の文化に同質化するものであったかどうかは，受け手の側から慎重に検討する必要がある[7]．

要するに，文化触変が文化のグローバリゼーションをもたらすかどうかを明らかにするためには，文化触変の過程そのものを詳しく見て，理解することが必要である．今日でも，受け手の文化では文化触変の過程，選択と抵抗あるいは闘争の過程が繰り返されると考えるべきである．ただ，その過程に費やしうる時間が大きく短縮されてしまっていることは事実であり，それが問題である．

ヒトがかくも激しく国境を越えてゆきかうとき,もはやツー・ステップの文化触変は不可能である.それどころか,一人の外国人労働者が短い時間の幅のなかで二度,三度と文化運搬者の役割を演じさえもするのである.ヒト・モノ・カネ・情報の国際移動が急速な今日は,圧縮された文化触変の時代ということができる.急速に進行するグローバリゼーションは圧縮された文化触変の連続といいかえられよう.そのようなグローバリゼーションは文化の個別性,多様性を破壊し,のっぺらぼうな顔をした「グローバル・カルチャー」を作り出すのであろうか.いかに生煮えの文化触変であっても,そこに文化触変の過程があり,受け手の主体的な選択と抵抗が辛うじて行われるのならば,文化触変のメカニズムからして,文化の多様性は減少するのではなく,維持され,増加しさえするということができる.

注
1) マーシャル・マクルーハンが多くの著書でメディア革命を論じ,「地球村」のイメージを広めたのが1960年代後半であった.
2) Anthony D. Smith, "Towards a Global Culture?," in Featherstone, ed., *op. cit.*, pp. 171-191.
3) Mike Featherstone, "Global Culture: An Introduction," in Featherstone, ed., *op. cit.*, p. 1.
4) John Tomlinson, *Cultural Imperialism: A Critical Introduction*, London: Pinter Publishers, 1991, p. 6(片岡信訳『文化帝国主義』青土社,1993年,21ページ).
5) アントニオ・グラムシ,山崎功監修,代久二編『グラムシ選集I』合同出版社,1961年,249ページ.メディアの「グローバル化」あるいは国際的寡占状態については,たとえば,アンソニー・ギデンズ,松尾精文ほか訳『社会学』〔改訂新版〕而立書房,1993年,540-543ページを参照.
6) Fred Halliday, *Rethinking International Relations*, London: Macmillan, 1994, p. 120.
7) ハリディがこのような議論を用意したのは,冷戦の崩壊とともにソ連・東欧の社会主義が崩壊したのは,イデオロギー・文化面の国際競争,均質化の競争に敗れたからであると説明するためである.しかし,ハリディは社会主義体制崩壊後のロシア,東欧諸社会で起こっている諸困難を文化の観点からは見ていない.収斂の理論においては,現実に東側・社会主義圏が崩壊したために,収斂ではなく,西側への吸収が起こったように理解されるかもしれない.しかし,人々がよりよい生活を求める変化の行程で,主として社会主義が唱え,自由主義・資本主義もそれを目指す

としてきた平等と公正の実現という理想にはまだ到達していない．これからも文化変容を続けていかなければならないのであり，自由主義・資本主義の勝利によって歴史が終わったわけではない．

第10章　おわりに

1. 文化と国際関係

冷戦後の世界　冷戦の構造がほぼ消滅したあとの世界に新しく登場した問題群のなかには，民族紛争，宗教紛争，グローバリゼーション，国際的な交流の激増，言語問題，文化摩擦，地球的な価値意識，国家主権のゆらぎ，国民国家の相対的な緩みなど，国際的な文化の変化と関連していると思われるものが少なくない．これらの問題群のいくつかについて，個々にはすでに触れてきたが，これらは互いにつながっていると思われる．そして，これらの問題群は互いに連なって，国際関係を文化の観点で見直すことを求めている．国際社会を政治と軍事の関心で覆っていた冷戦がなくなってみると，それらの背後に文化の土台が存在し続けていたことが明らかになったとさえいえる．

19世紀から，さらに20世紀の二度の世界大戦を経て，世界中の人々はほぼそれぞれの国民集団に分属するようになり，主権を獲得し，国民国家を形成した．いまだに国民国家の形成を完了したとはいえない人々も少なくないが，国民国家を主張する政治主体が地球上に隙間なく併存する状態となったという意味において，国民国家体系がほぼ完成したといってよい．ところが，冷戦は，国民国家体系が完成の段階に入った瞬間に始まったのである．冷戦後の現状，とくに上掲のような問題群の出現を踏まえて振り返ると，冷戦は国民国家体系の時代の最終段階の始まりといってもよいように思われる．領域主権を主張する国民国家が地表を埋め尽くしていく過程で国家間同盟の形成を繰り返していった究極の姿が，米ソを中心とする東西二大陣営と，それには加わらない，僅かな第三陣営からなる冷戦体制であったのである．その冷戦の構造が崩れ落ちたあとの地表には，さまざまな難問が山積していると同時に，新しい「国際社会」の姿が徴かに見え隠れする．

「国際社会」は古くから存在した．春秋・戦国時代の古代中国，都市国家から成っていた古代ギリシア，中世イタリアなどには典型的な「国際社会」が存在したとする見かたもある．それらのいずれもが，人々の第一次的な帰属集団を国家とし，国際的には国家を基本的な単位とする社会であった．合従連衡，戦争・講和・外交という国際関係を営む主体は国家・政府であった．その意味で，これらの「国　際　社　会」は「国　家　間　社　会」というべきものであった．近代の国際社会も本質的に同じ性格のものであった．国際社会全体からすれば部分社会である国民社会を国家が代表し，それらが互いに絶対至高の国家主権を譲らない国際社会，その全体に唯一の政府（世界政府）が存在しないという意味において，この「国際社会」は無政府社会である．ただし，「無 政 府 社 会」とはいっても，国家間の関係を一定程度に律する，国家の行為に関するルールは存在するために，完全に無秩序の社会ではない[1]．しかし，そのような国際社会では，人々は国際社会に直接は参与していない．そのため，他人を殺さない，隣人を愛する，他者の権利を尊重する，というような道徳は，国内社会では求められながら，いったん国境を越えるやいなや，ときにそれを無視することの方が美徳とされ，人は国際社会の次元で人類全体に対する道徳的行為を求められることはないのである[2]．社会を国家が分断統治するのが古代，中世，近代の「国際社会」の特性であった．一つの世界政府を樹立し，世界議会，世界法廷，世界軍によって地球上すべての紛争を解決し，世界永遠平和を実現させるという構想がいくたびか出されたが，それらは夢にとどまった．

　近代，そして現代の「国際社会」も国家間社会であり，社会の社会である．個人が直接構成メンバーとなった，国内社会を地球大に拡大したような社会ではない．国連は主権平等の国家をメンバーとする国際組織であって，世界政府ではない．ヨーロッパの地域統合が拡大深化し，他の地域でも地域統合が進んだとしても，それら地域統合を合算すれば地球統合になるとは考えられていない．しかし，冷戦構造の結構が崩れ落ちたあとの地表には，多くの問題群とともに，新しい「国際社会」の可能性も芽生えている．そもそも，冷戦構造は1989年のベルリンの壁の崩壊によって突如壊れたわけではなく，60年代から始まった各国国内における民主化によって，東側だけでなく西側でも内部崩壊が進み，最終的な崩壊が準備されていたのである．

そうして国内社会に析出した個人が国際社会にも直接関係をもちうると思われる活動の事例や領域が増えてきた．国際的なボランティア活動やNGO活動がそれであり，一人の世界的な資産家の投機活動が国際経済を振動させるのもその一例といえなくはない．個人の人権が国家の主権と拮抗しうるようになり，国際的な人道的介入も，なお論議は定まらないとはいえ，事実となりつつある．一方，核兵器と地球環境問題が人々の意識を地球化させてきた．人々の内に国際的に共通な価値規範が育ちつつあり，それに依拠して，相互依存関係を超えた，新しい国際的な共同行動の体制や共同規制の組織（「国際レジーム」）が生まれている．人々の個別利益や国家の国益の功利主義的な追求が結果的に合致しただけという捉えかたでは理解しきれない場合が増えているのである．世界は依然として無政府状態にあるが，無秩序ではなく，それどころか統治者なき共同統治（ガバナンス，共治）の状態にあるといえるのではないか，という考えかたも提出されている．かつて語られることのなかった「国際社会」，脱国家的な，あるいは地球的な国際社会が展望されるようになっているのである．

国際社会の重層化　それぞれの時代の国際関係が人々の「生きるための工夫」という意味で文化であるとすれば，今，新しい国際関係の文化が生まれつつあるといえるかもしれない．少なくとも，国際社会に対する人々の意識と振る舞いかたの一部は新しい文化となりつつある．しかし，それが直ちに全体として新しい国際社会を生み出しているとは，もちろんいえない．近代においてもっていた独占的な地位を失ったとはいえ，国民国家は依然として国際社会の主要な構成要素であり，国民社会は人々の主要な帰属集団である．文化的には，国民文化が人々の生きかたの多くを担っている．文化はたえず変化しながらも，一気に変わることはないという法則がここにも生きている．他面，国民国家，国民社会を超えた次元で，新しい統合された地域や，新しい性格の国際社会が，人々の意識の面だけでなく，現実の国際関係においても存在感を増している．国民国家，国内社会より小さい次元では，家族・親族やエスニック・グループが再び人々の意識と文化の多くを占めるようになっている．このように，複数の次元上の大小の社会が人々の帰属集団として同時にその内にあるのが，今日の国際社会の実態である．それらのどれもが他を圧倒する位置を占めていないということが，今日の国際社会を理解するための基礎となるべきであろう．

国際社会が国家間社会である時代には，国際関係は平面上に展開される事象であった．二つあるいは二つ以上の国家が，戦争，外交，通商，さらには文化交流を一つの次元，国家間関係の次元で営んだ．国際社会は社会の社会ではあったが，国際関係に関するかぎり国内社会は基本的に無視されてよいとされていた．国際社会が社会の社会であるという複合的な様相を色濃くしてきた今日では，もはやそのような見かたをとるべきではないであろう．国　際　関　係，脱　国　家　関　係，地球的関係のいずれかを排他的に論じることはできないのである．そのような場合の理解の方法は，それらのすべてを重ね合わせることであろう．事実，今日の国際社会では，地方，国家，地域そして世界のあらゆる次元で，それぞれの次元の主体が渾然一体となって，インターナショナルおよびトランスナショナルな関係を作り出している．見かたを変えると，今日の国際社会は，入れ子の箱さながらに，いくつもの同心円からなる重層的な構造になっている．今日の国際社会は，マーク・ホフマンの表現では，「さまざまなコミュニティーが重なり合い，繋がり合っており，それらが多少ともかかわり合って」おり[3]，フレッド・ハリディは国際社会の「多次元性」を指摘している[4]．

複合的アイデンティティー　入れ子構造ともいえる重層的な構造の現代国際社会の核心には，個人がいる．個人を中心にして，国際社会の同心円構造を記述し直せば，まず個人を取り囲む次元には，家族・親族，近隣社会，職業集団などの国内集団が位置している．個人に身近な集団であり，個人の生得的あるいは第一次的な文化をほぼ共有する人々の集団である．そのつぎの同心円にはエスニック・グループを置いてよいであろう．個人の生得的あるいは第一次的な文化をほぼ共有する人々の集団という点では，第一グループの集団についで個人に身近な集団である．現代国際社会を考えるうえでは，エスニック・グループをとくに重視したい．エスニック・グループの外側の同心円上に位置づけられるのが国民国家あるいは国民社会である．近代における国民統合，国民国家形成の過程を考えるまでもなく，この次元の文化は個人にとっては第二次的な文化である．つぎに，国民国家あるいは国民社会の外側には，アジア，アフリカ，アメリカ，ヨーロッパなどの地域がある．こうした地域に共通とされる文化を個人が共有する程度は，内側の次元に位置する集団に較べれば相当低いが，地

域統合の進展にともなって，地域文化の共有が強調されるようになってきた．そして，一番外側の同心円の上には，前項に述べた「新しい国際社会」を位置づけることができる．個人が完全にこの国際社会の構成メンバーとなっているとはいえないとしても，国際的あるいは地球的な意識の共有をはじめ，国際的な文化の共有はある程度たしかに認められる．経済は完全にグローバル化したという見かたも強くなっている．今日以降の国際社会と国際関係を的確に理解するためには，平面的な構造によってではなく，このようなタテの重層的な構造によることが必要であろう．国際社会とは，いくつもの重なり合う「部分一全体」関係を内包するものである．

以上のような，国際社会の構造の重層化にともなって，その中心に位置づけられる個人のアイデンティティーのありかたも特徴的なものになっている．アイデンティティーとは，個人の自我が，個人の成長の段階に応じてかかわる外界，他者や時代とのかかわりかたを，自我の内面において統合する統合機能と定義される[5]．この概念を国際関係に多用することには慎重でなければならないが，「ある種の本質的性格を他者と永続的に共有すること」をも意味し，「集団の理想と属性への内的連帯の維持」をも表現するとされている[6]から，国際社会の考察にかぎって，「集団への帰属意識」と翻案することは許されよう．実際，個人の「同一性」の意識のいくぶんかが特定の集団への帰属意識に負っていることは，われわれの体験によって証しうるところである．

近代においては，個人が帰属意識をもつべき集団は，国民あるいは国民国家に限定された．国民統合とは，個人にとってもっとも身近な家族・親族や地方，エスニック・グループへの帰属意識を越えて，国民という集団のみに帰属意識を集中させる過程であった．平面的な構造の国際社会のなかでは，個人が国家Aに帰属するということは，同時にそれ以外のどの国家にも帰属できないということに等しかった．Aの国民であることが個人の人格そのものでさえもあった．しかし，現代の重層的な国際社会のなかでは，個人は異なる次元上の複数の集団に，意識の強度に違いはあっても，同時に帰属することを意識する．今日の国際社会のなかで，個人のアイデンティティーは複合的な性格を帯びるようになっているのである．「一人のイボは，かつてナイジェリア東部地域であったところでは……オエリ・イボ族かオニチャ・イボ族であろう．ラゴスに

いけば，単にイボ族になる．ロンドンにいけば，ナイジェリア人になり，ニューヨークにいけば，アフリカ人とみなされる」[7]が，ニューヨークでの彼ないし彼女はアフリカ人であるだけではなく，同時にこのすべてである自分を意識し，さらには国際社会の一員である自分をも意識しているはずである．

注
1) Hedley Bull, *The Anarchical Society: A Study of Order in World Politics*, London: Macmillan, 1977.
2) Andrew Linklater, *Men and Citizens in the Theory of International Relations*, Houndmills and London: Macmillan, 1982, 1990.
3) Mark Hoffman, "Normative International Theory: Approaches and Issues," in A.J.R. Groom and Margot Light, eds., *Contemporary International Relations: A Guide to Theory*, London: Pinter Publishers, 1994, p.36.
4) Halliday, *op.cit.*, p.123. 筆者が独自に国際社会の「重層性」を最初に述べたのは，平野健一郎「国際社会，タテの変化とヨコの変化」『学図教科研究・社会——中学校編』学校図書，No.119（1990年5月），1-5ページにおいてである．
5) E.H. Erikson, *Childhood and Society*, 2nd ed., New York: Norton, 1963. 栗原彬「歴史における存在証明を求めて——〈創造的指導者〉への歴史心理学的接近」『思想』No.521（1967年11月），62-82ページ．抽象的な国家が「国家アイデンティティー」をもつようにいわれることがとくに最近は多いが，これは，国家を擬人化しているのでなければ，定義上誤りである．個人が自分が帰属する国家との同一化を意識するという意味で，個人の「国家的アイデンティティー」をいうことは可能であろうが．
6) 栗原，同上，70ページ．
7) サミュエル・ハンチントンによるドナルド・ホロヴィッツからの引用．Huntington, "The Clash of Civilizations?," p.26.

2. 文化の多様性と普遍性

文明の衝突か文化の摩擦か　冷戦の終焉後，二大陣営対立やイデオロギー対立の消滅の空白を埋めるかのように，「文明の衝突」論が提出されている[1]．たしかに，イスラム原理主義が関与する宗教紛争などは文明間の衝突と見えなくもない．しかし，この見かたは，あたかもテレビ画面に映し出された宗教紛争の場面を見て，そこに映し出されない人々の生活のすべてが異様に高揚した宗教

色に彩られているかのように誇張するもので,歪んだ見かたである.人々の生活において,文明的な文化要素をめぐって摩擦や紛争が起こることはたしかに多いとしても,それがすべてではなく,文明と文明が全面的に対立すると見る必要はない.そのように見るべきではない理由の一つは,異なる文明圏のあいだの対立という性格の「文明の衝突」の最後のものが,すでに約1世紀前に行われたからである.非西欧社会の側としては遺憾ながらも,西欧起源の近代国民国家体系が地球上を覆い始めたときに,人類史上の最後の「文明の衝突」は終わったと考えられるのである.

約1世紀前の,最後の「文明の衝突」は,とくに非西欧社会の人々にとって長く連続する文化触変の歴史の始まりであり,具体的には,文化摩擦の連続を招くものであった.非西欧社会の人々にとって,それが,西欧起源の近代文明の部分としての文化要素をつぎつぎに呈示され,受容し,変容させる文化触変の歴史であったことは,すでに各章で詳しく見たとおりである.今日,宗教紛争などの様相を示し,「文明の衝突」と見間違えられる文化摩擦は,約1世紀前に始まった文化触変の歴史の続きであり,それに対する抵抗である.文明的な文化要素であるから,輸出と同様に輸入も容易であって,摩擦が少ないというわけではないことも明らかであろう.

文化摩擦は,表面的には異文化集団のあいだの摩擦と見えるが,正確には,文化触変の過程のなかで起こる文化要素間の摩擦である.そのように考えると,現代の国際社会における文化摩擦は,いっそう個人の内面の葛藤として発生し,個人内面の文化摩擦として展開することが予想される.すなわち,重層的な構造の国際社会の中心に位置し,それにしたがって複合的なアイデンティティーをもつ個人は,一つ内側の集団の文化として適合的と考えられる文化要素と,その外側の集団の文化として適合的と考えられる文化要素とのあいだの矛盾にたえず遭遇するであろうと考えられるのである.いいかえれば,複数存在する「部分-全体」関係の,一つ一つの調整を個人の内面において図るということになるであろう.あるいは,それは世代間の矛盾・摩擦として表面に現れるかもしれない.このような事態においては,矛盾する複数の文化要素をそれぞれ異なる次元の上に存在するものとして,矛盾を敢えて見逃すという調整方法も可能であろう.いわば,異次元上の文化の共生という方法である.分裂症の^{スキゾフレニア}

2. 文化の多様性と普遍性　195

一歩手前の解決方法であるが，一人一人の賢明な調整が現代国際社会の重層化の深化に寄与することも考えられる．

普遍文化と文化の多様性　重層的な構造の現代国際社会のなかで，異次元上の文化の共生が積極的に図られるとしても，上部の次元の文化が普遍的な文化というわけではない．ましてや，近代西欧から受容された文化要素が常に普遍的な文化というわけではけっしてない．文化の普遍性とは，人間が自然環境のなかで生きようとするかぎり文化を必要とするという抽象的な意味での普遍性だけである．では，文化間の交流によって文化の共通化が起こるのであろうか．その共通性を普遍性とみなすことができるのであろうか．元来，具体的な自然環境に適応する文化は，具体的な特殊性，個別性をもともと具えている．そのことを前提として行われる異文化間の文化接触，それにともなう文化変容は，そのメカニズムからして，論理的に文化の多様性を導くものであって，文化を共通化するものではない．

重層的な構造の現代国際社会のなかで，ますます頻繁かつ急速に行われる文化触変は，一見共通と見える文化要素を多くの文化に与えているが，それらの文化要素は構造的，機能的にすべてどこか異なるものである．たとえば，近代西欧はすべての人々が国民国家を形成し，国民文化をもつことをよしとする思想を世界中に広め，その思想を普遍的なものにしたように見えるが，国民文化そのものはできるかぎり特殊で，個別的であることをよしとするのである．ナショナリズムの世界制覇は「個別主義の普遍化」といえる現象である．他方，今日の加速度的な文化接触によって，多くの文化に一見共通な文化要素が増えているが，それらは結局，各文化によって個別化される運命にある．「普遍主義の個別化」である．イマニュエル・ウォーラーステインが最初に，ナショナリズムについて，個別主義の普遍化と普遍主義の個別化をいい，ローランド・ロバートソンは，グローバリゼーションを個別主義の普遍化と普遍主義の個別化の同時進行と定義した[2]が，その二つの過程が同時進行しても，普遍文化が生まれるわけではない．

グローバリゼーションとともに文化要素の世界的な移動が急速に進むように見えても，近代の「普遍主義」のもとで個別化を徹底させた成果物である国民文化は，依然として強力なものとして生き続けている．ハリディのいう「均質

性」原理の国際競争が進んできたとしても,国民文化は微妙な個別性,多様性を失いはしなかった.また,現代国際社会が重層的な構造を深め,人々がそのアイデンティティーをいっそう複合化するとしても,「社会」の社会としての国際社会の構成要素となる「社会」の第一は,何といっても国民社会であり続け,人々の最大の帰属意識の拠りどころも国民社会であり続けるであろう.むしろ,複合的なアイデンティティーを強めるがゆえに,人々が国民文化の個別性をいっそう重視する可能性もある.人々が母語を失わないかぎり,エスニシティー,ナショナリティーは消えないはずである.たしかに,グローバリゼーションの進行は一見,文化の多様性の維持に不利に作用するが,文化触変の運動が続くかぎり,文化の多様性は消えない.ユネスコの世界遺産運動に代表されるように,人々は今,急速に文化の多様性の保存に関心を強めているが,これも人々が文化の多様性をプラスとみなすことを示している.文化の本質から考えても,文化の多様性を含むことこそが文化の普遍性である.

注
1) Huntington, "The Clash of Civilizations?" および Huntington, *The Clash of Civilizations and the Remaking of World Order*.
2) Immanuel Wallerstein, *The Politics of World-Economy: The States, the Movements, and the Civilizations*, Cambridge: Cambridge University Press, 1984, pp.166-167. Roland Robertson, *Globalization: Social Theory and Global Culture*, London: SAGE Publications, 1992, p.102.

3. 文化触変の意義

文化触変としての技術移転 文化要素のなかでもっとも普遍的なものと考えられやすいのが技術である.したがって,技術面の文化要素を国際的に移動させる活動である技術移転は容易であると考える人も少なくない.ここでは,技術移転を文化触変として考えることによって,技術移転が容易ではないことを示すとともに,文化の普遍性と個別性の問題,およびそれと文化触変との関係をもう一度考えてみることにしたい.

技術移転に携わるのは自然科学・技術の教育を受けた技術者であることが多い.技術の普遍性を信じる技術者は,与え手の国から受け手の国へ,ある技術

をもっていき，その技術が活用されるところまでを指導すれば，あとはスムーズにその技術が定着し，その国の発展に寄与するであろうと考える．しかし，技術は国から国へ移転するのではなく，文化から文化へ移動するのである．技術は技術文化として独立しているのではなく，文化の他の面の文化要素と機能的に関連している．受入れ側の技術者が受けた教育の内容，仕事に対する態度，工場の体制，さらには，技術に対する考えかたそのものなど，技術者には予想外のことが原因となって，受入れ指導の段階から早くも困難に遭遇することが少なくない．きわめつけは，技術移転の指導がとにかく終わって，移転技術が稼働するのを見届けた技術者が帰国したあとである．しばらくすると，その技術がまったく使われなくなることがしばしばである．このような困難の基本的な原因は，与え手側の技術者，さらには社会に，技術移転もまた文化触変であるという理解がない点にある[1]．古くから，与えようとする当の技術よりも，受け手の社会に以前からある技術や社会状況など，技術の周辺の事情の方をよく探査する技術者が技術移転に成功している．

　このような困難を経験した与え手側は，事前に困難を回避する方法として「ニーズ主義」とよばれる方法を採用するようになった．受け手側の要求があったときにのみ，要求された技術を提供しようという考えかたである．技術移転の現場で与え手の技術者が遭遇する困難は，文化触変の観点では，黙殺・拒絶そして抵抗であるから，それを事前に予測して避けようとするのであれば，受け手側にニーズ（必要性）があるかどうかが決め手となる，と考えるのは肯綮に中っていよう．しかし，ニーズ主義にも問題がある．現地のニーズにもとづくとされる技術援助・技術協力の事業にはしばしば腐敗がつきまとう．そのこと自体が問題であるが，腐敗がつきまとうということは，受け手（および与え手）の文化の現状に泥むということであり，技術移転が本来目指す文化の革新がなおざりにされることにほかならない．ニーズ主義は保守に堕しかねないのである．ある日本の医療技術協力団体は，それを避けるための模索を繰り返した末，与え手が受け手の「真のニーズ」を探り出すべきではないかという結論にいたった[2]．具体的には，貧困社会で人々の健康状態を改善するためには，直接の医療技術の提供だけでは大きな限界があり，現地の人々が気づいていない食生活や保健衛生面の知識と技術こそを提供しなくてはならないのではないか，とい

う考えかたである．これは与え手にいっそう大きな責任を生じる，思い切った方向転換の提案である．相手のニーズにまかせることは易しいが，受け手の人々の「真のニーズ」を発見するには，その人々の生活を深いところまで理解しなければならない．そして，そのような文化触変にはいっそう大きな抵抗があることを予想し，抵抗に立ち向かうことを決意しなければならないからである．

ところで，技術面における文化触変の例として第4章，第5章で触れたイギリスにおけるガラス製造技術と製紙技術の文化触変には後日談がある．先に見たとおり，第一次産業革命の時期には，技術が技術移転の指導者とともにフランス，ドイツからイギリスに移転し，受け手側の抵抗によってかえって技術が定着することになった．そこから技術後進国であったイギリスが技術先進国への歩みを開始し，ヨーロッパの産業革命が始まったといってもよいほどである．技術史家ヘンダーソンの研究によれば，その後，フランス，ドイツの工業化にはイギリス人の技術者，経営者が関与し，イギリスからの職工の移住，帰化が大きく貢献した事例もあったという[3]．すなわち，第二次産業革命期には技術の流れがイギリスから大陸へと逆転したのであった．文化触変としての技術移転には技術者には予想外の困難がつきものであるが，文化の抵抗を乗り越える技術者の忍耐があって，受け手であった社会が与え手になって，いわば恩返しをすることがあるのである．

文化触変と文化の創造 近代における近代化から現代におけるグローバリゼーションまで，国際的な文化関係は急速に濃密化し，ハリディのいうとおり，文化変化の国際競争が行われてきた．しかし，その国際競争の原理が「均質性」であったとしても，各国，各社会の文化が実際に同質化したであろうか．たしかに，表面的には類似の文化要素がこれほど広く世界に分布する時代はかつてなかったに違いない．だが，よく見れば，それらもけっして同じではない．ハリディは，冷戦の終焉とともに訪れたソ連・東欧社会の一方的な敗退の原因が国際文化競争にあったことは説明しても，その後のロシアにおける転換期の混乱を文化によって説明はしていない[4]．現在のロシアにおける混乱は，文化変化の国際競争が行われても，文化は同質化しないことの例証である．文化変化の国際競争とは文化触変過程の連続であり，文化触変である以上，文化はけっして同一にはならないのである．その意味で，普遍文化というものはなく，文化

は常に多様である.

　日本文化の歴史は外来文化要素受容の連続の歴史である.そのことのみを取り上げて,日本文化は模倣文化であるという人がいるが,人々の時代時代の生きる要求に応じて繰り返されてきた文化触変は,他に同じものがない日本文化を作り出してきた.文化触変は文化を創造する行為である.その時代,その空間に生きる人々に適う文化を作り出す行為は創造以外のなにものでもない.たしかに,今日は国際的な文化接触があまりに急で,受け入れた文化要素に抵抗することはおろか,選択する余裕さえもないように思われる.文化触変による説明は無力であるとさえ思われる.しかし,文化触変を受けない文化要素はただそこに浮遊しているだけで,真の文化にはなっていないのである.文化要素は,文化触変を経験してはじめて定着するのであり,文化要素が定着したとき,その文化は個別的である.さかんな国際的文化関係のなか,一つ一つの文化が個別性を維持するとき,世界全体には文化の多様性が保たれる.文化の多様化こそが文化の普遍性である.

　注
1) George M. Foster, *Traditional Societies and Technological Change*, 2nd ed., New York: Harper & Row, 1973.
2) 　日本キリスト教海外医療協力会第二回海外医療協力者会議「第二回バンコック会議宣言」同会編『みんなで生きる』第140号(1983年5月),15ページ.
3) 　内田星美「技術をめぐる消化力と創造力」隅谷三喜男編『日本人の経済行動』下巻,東洋経済新報社,1969年,46-47ページ.
4) Halliday, *op. cit.*, Ch. 9.

研究案内1．国際文化論

* 国際文化論の研究案内の一つとして，『国際関係研究入門』（岩田一政・小寺彰・山影進・山本吉宣編，東京大学出版会，1996年）に収録された「国際文化論」を，編者の許可を得て，ここに再掲する．参考文献中の主要文献への解題としても利用して頂ければ幸いである．

はじめに

大学受験準備中の高校生に，つぎのように訊ねられたことがある．「国際関係学と国際文化学の違いは何ですか」．最近，これほど難しい質問に遭ったことがない．「大学や文部省の都合で国際関係学部とか国際文化学科とかが作られただけのことで，国際関係学とか国際文化学とかがあるわけではないんだよ」とありていに答えて，かわすこともできるが，進路選択に真剣な眼差しの受験生をあまりはぐらかすことはできない．

日本の大学の制度としての議論はさておき，国際関係学にせよ，国際関係論にせよ，どちらも現実世界に存在する国際関係という現象を学問的に研究し，論じる分野であるには違いない．とすれば，国際関係のなかの文化的な現象を扱うサブ分野として，「国際文化論」があってもよい．しかし，国際文化学はいうまでもなく，国際文化論の存在もまだ覚束ない．それなのに，ここで「国際文化論」とはなにかを解説し，基本文献の紹介をしなければならない．それは，10年ほどまえから東京大学教養学部の国際関係論専攻（および国際関係論分科）に「国際文化論」という科目群が設けられるようになり，筆者がその担当者の一人になったからである．それ以来，筆者はいささか孤軍奮闘気味に「国際文化論」を作ろうといってきた．なぜなら，国際関係の現象のなかに，政治的な現象，経済的な現象，法的な現象のいずれともいえない現象が存在すると思われるようになり，しかもそれがしだいに人々の関心を引きつけるようにもなってきたからである．政治的でも，経済的でも，法的でもない国際関係の現象で，間接的にではなく，直接的に人々の生活，人々の生きかたに影響を及ぼす国際関係の現象がある，それを論じることを国際文化論といおうというのが筆者の主張である．なぜなら，人々の生活，生きかたは，定義によって，文化だからである．

国際関係のなかに国際文化的な現象とよべる現象が本当にあるのであろうか．人々の生きかたが，間接的に，すなわち，国内的プロセスを通じることによってだけでなく，国際関係によって直接に影響されるような国際関係があるところには，国際文化的な現象があるといってよいであろう．つまり，国際関係が国家間関係だけだった時代には国際文化現象は存在しないとみてもよかったが，国家間関係だけでなくなった時代の国際関係のなかには，国際文化現象もあると考えるべきであろう．

　国際関係のなかの文化的現象を論じる国際文化論の，具体的な形態としては，大きく分けて，つぎの三つが考えられる．
① 国際関係の文化的な側面について考察するというありかた
② 国際的な文化的関係を考察するというありかた
③ 国際文化を論じるというありかた

スタートしたばかりの国際文化論であるから，この三つのどれか一つに同一化し，限定するのではなく，当分のあいだ，これらすべてを支柱として構築していくことが必要であろう．

　なお，上記の「国際文化論」自立宣言からは，文化が社会における政治や経済や法の剰余（residualな）部分であるように受け取られるかもしれない．しかしそうではなく，独自の部分であることが，この三つの支柱のリストからも，そして以下の解説からも明らかであろう．むしろ，逆に文化が政治や経済や法を包摂するという考えかたもありうる．いずれにせよ，国際関係論あっての国際文化論であることには間違いなく，逆に，国際文化論が加わることで，国際関係論はより豊かになるはずである．

　国際文化論は，もっとも新しい国際関係論のサブ分野として，今育ち始めている．すでに確立した事柄を教え込まれることに慣れている人には，心もとない状況と映るかもしれない．専門化が不十分な領域は大学院向きではなく，未熟なまま学部学生に提供する程度でよいと考える人もいるかもしれない．しかし，新しい分野を創造することこそが大学院の仕事である．国際文化論を将来の国際関係論の中心分野にするくらいの意欲をもって挑戦する必要がある．新しい分野であるから，固有のディシプリンはない（ここでいう「ディシプリン」の意味については，『国際関係研究入門』第9章「国際方法論」の解説を参照）．国際文化論のための出来合いのディシプリンを求めたがる人には，挑戦者の資格はない．この場合，ディシプリンは他から与えられないし，他のさまざまな分野から有効と思うものを自力でとってきて，会得しなければならない．その困難な作業の一助となることを願って作成したのが，以下のリーディング・リストである．

このリーディング・リストは，上記の三つの支柱にしたがってピック・アップした4節16の項目で構成されているが，まずは基本的な文化の理解から入りたい．

1. 文化と異文化間関係

(1) 文化基礎論

地域社会など，小さな社会における人間の文化の研究は，すでに民俗学や文化人類学などで発達している．しかし，人間の生活が国際化してきたからといって，こうした文化研究を国際規模に拡大すれば国際文化論になるというものではない．国際文化論には，従来の文化論とは異なる独特の視点や方法がなければならない．単純化していえば，従来の文化論が一つの社会のなかの文化の生成と変化を扱ってきたのに対して，国際文化論は，一定の文化をもった複数の社会がすでに併存することを前提として，それらの社会のあいだの文化的関係，すなわち異文化間関係を扱うものだということができる．とはいえ，民俗学や文化人類学が蓄積してきた文化の研究を，国際文化論が無視してよいということにはならない．むしろ，異文化間関係を扱うだけに，文化とはなにかという，文化についての基本的な考察が不可欠なのである．

文化について基本的な考察を行った書物は少なくないが，ここでは，

〔1〕 石田英一郎『増訂 文化人類学序説』(1966年) [新版:『文化人類学入門』(1976年)]

を挙げておきたい．かなり以前に書かれたもので，思弁的な文化論であるが，それゆえにかえって，人間文化を本質的に捉えるための基本書として，じっくり読むに値する．記号論的な文化人類学や象徴主義的な文化人類学，あるいはまた動物行動学が登場する以前の文化論なので，古いといわれるかもしれないが，浮わついたところのない，実体的な文化論を学ぶことができる．しかも，実体論といっても文化実在論ではなく，思弁的な論述から一般的，哲学的な文化論を学ぶことができる．石田によれば，文化とは，人間が環境のなかで生きるためにみずから創造し，継承し，発展させる「城砦」である．われわれは，この基本線から，文化の内発的および外発的変化，文化間の比較，文化の普遍性と個別性など，国際文化論の中心テーマの考察を展開することができる．太平洋戦争期の日本では，日本浪漫派による独善的な日本文化論の性格をもった文化論が一世を風靡した．戦後，その批判を目指して，日本に文化人類学を導入した石田の文化論は，国際化や国際社会のなかの日本および日本人について考える必要がますます大きくなっている今日，国際文化論

として読み返されるべき一般文化論である．

このような書物は，国際文化論を志す研究者が「心構え」を得るのにぜひ読んでおきたいものである．しかし，その「文化」概念が包括的に過ぎて，国際文化論の実証研究の手掛りにはなりにくいと感じる向きもあるかもしれない．その場合には，たとえば，

〔2〕 Jeffrey C. Alexander and Steven Seidman, eds., *Culture and Society: Contemporary Debates*（1990年）

のようなリーダーがよい手掛りになるであろう．これは，社会科学研究における「文化」概念の自立性を求めた論考を系譜的に編集したもので，ディルタイ，マルクス主義，ウェーバー，パーソンズから，最近のハーバーマス，フーコー，ブルデューまでの代表的な文章を収めている．「文化」を学説史的に把握したい向きにも最適である．また，これを入口にして，気に入った論者の文化論をさらに深く追究することもできる．

文化人類学の代表的なフィールド・ワークの業績や教科書に多くを学ぶべきことは当然である．しかし，詳しい紹介は文化人類学者の導きに委ねたい．教科書を一冊だけ挙げるとすれば，後述との関係で，Melville J. Herskovits, *Cultural Anthropology*（1955年）を挙げておこう．現段階の国際文化論にとくによく馴染むのは構造主義の文化人類学であると思われる．構造主義人類学といえばレヴィ＝ストロース，レヴィ＝ストロースといえば『野生の思考』(1976年，原著1962年）であるが，国際文化論により直接示唆するところの多い彼の作品に，『今日のトーテミスム』(1970年，原著1965年）がある．

(2) 異文化間関係

先述のとおり，煮詰めていえば，国際文化論は国際関係のなかの異文化間関係を扱う領域となるはずである．文化人類学の領域で異文化間関係を先駆的に論じてきた異色の文化人類学者にエドワード・T. ホールがいる．彼の代表的な作品『沈黙のことば──文化・行動・思考』(1966年，原著1959年），『かくれた次元』(1970年，原著1966年），『文化を超えて』(1979年，原著1976年）はいずれも邦訳されている．最初の『沈黙のことば』は「ボディー・ランゲージ」の概念を提供して一躍有名になったが，ここでは，

〔3〕 『文化を超えて』(1979年，原著1976年）

を挙げておきたい．「沈黙のことば」「かくれた次元」という表題がそのまま示すように，個別文化には言語では表現されない特有の「コード」が多かれ少なかれ含ま

れており，それを共有するメンバーのあいだでは「シンクロニー」（共調動作）がさかんに作用するために，さらに仲間意識が強められ，文化の境界が強化されるというのがホールの主張である．文化の境界が強固になるということは，とりもなおさず他文化，他文化の人々に対する排外意識を強めることであり，文化を超えた相互理解を困難にするものである．ホールは，『文化を超えて』で文字どおりこの困難に挑戦している．その挑戦は十分に成功しているとはいい難いが，異文化間関係の問題点を基本的に理解するには，今のところ彼の書以外に適当なものがないので，われわれはここから得るものを得て，異文化間関係の考察をさらに発展させる必要があるであろう．

(3) 普遍と個別

ところで，国際文化論の視点から国際関係を見る場合，今後，もっとも基本的な課題となるのは人権の問題であると予想される．個人と集団，個人と国家を関係づけるものの一つは文化である（石田英一郎流に考えれば，国家もいかなる集団も人間が生きるために作り出した文化の一つということになる）．前項の異文化間関係も今後の国際関係のなかでますます重要になると思われるが，これは同一次元上の「ヨコ」の関係である．それに対して，個人と集団の関係は異なる次元にわたる「タテ」の関係である．すでに人権が（国家）主権との対抗関係で議論され始めていることからも明らかなように，国際関係論はこの「タテ」の関係をも考察することを要請されるであろう．この「タテ」の関係上の基本問題が人権であり，また，この関係が文化的な関係でもあるとすると，人権を文化の問題として議論することが必要になる．

個人の人権について，「タテ」の関係で競合する位置に立つ特定の国家と国際社会が争う場合，人権は人類に普遍的なものか，特定の国家社会に固有の個別・特殊なものであるかが争われるであろう．すなわち，人類普遍文化か特殊個別文化かが争われるはずであるから，われわれは文化の普遍性と個別性についての理解を準備しておく必要がある．このような文化論的な観点から国際人権問題を論じた書物はまだ見当たらない．当面，〔1〕のような基本書によって，文化の基礎から考えておくのがよいであろう．

2. 国際関係の文化

(1) 行為主体の文化的構成

振り返ってみると，人類の国際関係は19世紀以来，文化的な様相を帯びることになった．18世紀末のヨーロッパの革命によって国民国家が国際関係のほぼ唯一の主体(アクター)となり，19世紀後半にその国民国家体系が世界を覆うようになって，国際関係はいっそう文化的な関係となった．国民国家というアクターが文化の（仮想されたものであったのかもしれない）共通性によって構成されたものである以上，それら複数の国民国家間の関係は当然に文化的な装いを帯びることになったのである．

そのような観点から，国際関係を文化的な関係として捉えることを日本で最初に明示的に述べたのは，おそらく平野健一郎「文化的関係としての国際関係」(1976年)であるが，この論考の全面的なベースになったのは，

〔4〕 Karl W. Deutsch, *Nationalism and Social Communication: An Inquiry into the Foundations of Nationality*（1953年［1966年］）

である．ドイッチは，社会的コミュニケーションの理論を用いて，いくつかの国民形成のケースを，一種の歴史統計学的方法で分析し，国民形成の基軸が近代化と文化の共通性にあることを証明している．近代化（たとえば都市化）と文化の共通性（たとえば共通のことばの使用）の促進によって一定のコミュニケーション圏が形成され，これが国民(ネーション)の基体となるというのである．ドイッチのこの研究は，科学的な手法によって国民形成のプロセスを解き明かして，それまでのナショナリズム研究を一新したばかりか，国際関係論に統合論という新分野をももたらした画期的な研究である．と同時に，同じ方法で分裂も分析できるようになっていたことを見逃してはならない．

ドイッチのこの研究以降，ナショナリズム論，国民形成論は新たな段階に入って今日にいたっているが，この系譜の最近の代表作は，

〔5〕 ベネディクト・アンダーソン『想像の共同体——ナショナリズムの起源と流行』(1987年，原著1983年［増補版邦訳：1997年］)

である．インドネシア研究を専門とするアンダーソンは，印刷，「巡礼圏」などを分析概念として用いて，「想像の共同体」としてネーションが形成される過程を描き出している．同じくインドネシア研究者として傑出した業績を残した土屋健治の『カルティニの風景』(1991年)は，ジャワの風景画と夭折した女性，カルティニの書簡集を手掛りにして，民族意識の形成を描き出した名品である．

インドネシアなど，世界の多くの国では現在も国民形成の時代が続いているが，その一方，1960年代半ばから，国際関係における人々の集団として，新たにエスニック・グループが登場した．エスニック・グループが国際関係における完全な行為主体たりうるかいなかについては，なお疑問があるかもしれない．しかし，人々の帰属集団として，ときにネーションよりも強力であり，とくに文化的なつながりという点においてそうであることから，エスニック・グループは国際文化論から外すことができない対象である．1960年代半ばにエスニック・グループが最初に注目されたのは，たしかに欧米先進国においてであった．しかし，1980年代以降は，発展途上国の政治・経済・文化においてもエスニック・グループが重要な要素となっていることは明らかである．ソ連解体後のロシアおよびその近隣やユーゴスラビア解体後の旧ユーゴ地域の現状も，エスニック・グループの重要性を悲惨なまでに如実に示している．

なにがこのようなエスニック・グループの特質か，という点については，米国国内のエスニック・グループを対象事例にしてエスニシティーの概念を最初に社会科学に登場させた，Nathan Glazer and Daniel P. Moynihan, eds., *Ethnicity: Theory and Experience*（1975年）が，国際社会におけるエスニック・グループを論じる者にとっての基本文献でもある．エスニシティーは原初的（プライモーディアル）な絆であり，地縁と血縁と，ことばや宗教などの（ナショナリティーの場合よりも強いと思われる）文化的絆にともなって，古くから繰り返し出現する多年性（ペレニアル）のものであるが，近代のナショナリティーとどのような関連をもたせるかについて，いくつかの異なる見解が並立している．このあたりの事情については，要領のよい概説が古田元夫『ベトナム人共産主義者の民族政策史――革命の中のエスニシティ』（1991年）の「はじめに」の2項にある．

エスニック・グループを独立の国際的主体と認めるかどうかは別として，理論面でのエスニシティー概念の登場，現実面でのケベックや旧ユーゴのケースの出現で，国際関係論におけるナショナリズム論，ネーション論はエスニシティーを含まずしては成立しえなくなった．ドイッチの〔4〕が優れているのは，エスニシティー概念が登場するはるか以前に，エスニック・グループとネーションのあいだに存在する統合と分裂の両方向のベクトルを，同じ操作で解明することができる理論枠組みを用意していた点である．最近の，エスニシティー論を十分に含んだ，広義のネーション論の代表としては，

〔6〕 Anthony D. Smith, *The Ethnic Origins of Nations*（1986年）
がよいであろう．アジアについて，同様の視点で編まれた論文集が，

〔7〕 平野健一郎・山影進・岡部達味・土屋健治『アジアにおける国民統合——歴史・文化・国際関係』(1988年)

である.〔7〕は,エスニシティーが国際関係のなかで果たす機能について,執筆者たちの見解が必ずしも一致していない.その違いを読み取れば,国際文化論におけるエスニシティー論の論点を拾い上げることになるというメリットもある.

マルクス=レーニン主義は民族の問題を深刻に議論し,独特の民族論を政権獲得・維持の戦略として用いた歴史をもつ.その民族論はエスニシティー論として一般性をもつもので,Walker Conner, *The National Question in Marxist-Leninist Theory and Strategy* (1984年) などは,ナショナリティー論,エスニシティー論として興味深い.

どのエスニック・グループに属するか,どのネーションに属するか,あるいは(より一般論的に)エスニック・グループとネーションに同時に属するか,どちらかを選ぶか.それを決めるのは,結局,個人個人の帰属意識である.国際化の進展とともに,国際社会の基本的な構成主体は個人であると思わせるような歴史的変化が進んでいる.国際社会を,先述の「タテ」の構造で見れば,その構造の核心に位置するのは個人である.逆に個人の側から見れば,どの集団に属すると意識するかが,彼・彼女のアイデンティティーの大半を構成する.そうした個人のアイデンティティーが結局国際関係を動かすであろうことを,日本でいち早く強調したのが馬場伸也『アイデンティティの国際政治学』(1980年) である.そのとおり,国際社会のなかの個人のアイデンティティーがますます重視されるようになっている今,われわれはもう一度,アイデンティティー概念の基礎に立ち戻る必要があるように思われる.アイデンティティー概念の提唱者の手になる,E. H. Erikson, *Childhood and Society*, 2nd ed. (1963年) などが原典であるが,それを咀嚼して日本に紹介した論文,

〔8〕 栗原彬「歴史における存在証明を求めて——〈創造的指導者〉への歴史心理学的接近」(1967年)

にはぜひ目を通したい.人は幼年期,少年期から青年期へと,他者および環境とのかかわりにおいて自己のアイデンティティーを確立していくが,エリクソン自身が人の成長につれて「環境」が拡張すると述べていたことに注目したい.そこに,国際社会のなかにおける個人のアイデンティティーのありかたをもう一度考えるカギがあるように思われるのである.

個人の帰属意識の対象を国民国家にほぼ限定していた近代においては,その集団に属する個人の性格に共通する「国民性(ナショナル・キャラクター)」があたかも存在するように考えら

れていた．通俗的には，「国民性」は国際文化論の恰好の研究対象と思われがちである．しかし，「国民性」が真面目に議論されていた当時から，その概念は怪しげなものとされていた．まして個人のアイデンティティーが国民国家に限定されず，複数の対象に「拡散」するようになった現在では，国民性概念はいっそう根拠のないものとなっている．国民性研究はすでに長く破産状態にある．

(2) 交渉スタイル論

「国民性」と同様に，国際文化論の研究対象と通俗的に思われがちなもう一つのトピックが，外交交渉のいわゆるスタイルである．マイケル・ブレイカー『根まわし・かきまわし・あとまわし——日本の国際交渉態度の研究』(1976年)など，一時，交渉スタイル論が流行したことがある．たとえば日本の国内社会の集団的な意思決定様式の研究は現在でも意味のあることであろう．しかし，国際的な交渉について，それぞれの国ごとに，その国の人々の行動様式と思われるものをそのまま反映したような交渉スタイルがあるとするのは，あまりに単純な類比である．日本人一人一人が「和」を重んじるからといって，日本政府の対外交渉がいつも「和」を重んじるものになるとはかぎらないことは，意志強固で自己主張の強い人々が集まると，激しい主張がぶつかりあって，集団としての自己主張がまとまらない可能性があるのと同じであろう．集団の意思決定や交渉の特徴を文化に帰するような単純な論法を避け，それらが行われる場の構造的条件や問題の性格，関係者の立場などを考慮する意思決定論の分析に委ねるべきであろう．

(3) 文化と文明

国民国家体系のなかでの国家・政府間の関係は，本質的には一様で，文化的な差異とは無関係なものと想定されてきた．個別には文化の特徴を反映するところがあるとしても，本質的には，一定共通のラショナルなルールや力学にしたがうものと考えられてよかったのである．しかし，国民国家体系の極限形態であった冷戦が終わると同時に，冷戦中のイデオロギーに代わって，文明が国際的な紛争の次元になるのではないかという議論が提起されることになった．有名なハンチントン論文，
〔9〕 Samuel P. Huntington, "The Clash of Civilizations?"（1993年）
がそれである．これはきわめて論争的な文章である．「文明の衝突」というテーゼは国際文化論への挑戦でもある．ただし，この論文の日本語訳は誤訳が多く，論争的な性格を不必要に肥大させているので，注意して読む必要がある．この論文が引き起こした賛否両論の議論は，たとえば蓮實重彥・山内昌之編『文明の衝突か，共

存か』(1995年) など，多数発表されたが，国際文化論の立場からの批判としては，平野健一郎「文明の衝突か，文化の摩擦か？——ハンチントン論文批判」(1994年) がある．「文明の衝突」がありそうかどうか，という議論のまえに，文化と文明という二つの概念の関係を明らかにすることが必要だったのである．

(4) 多文化主義

ナショナリティーとエスニシティー，そして個人のアイデンティティーが複雑に交錯する現代，これら三者の関係を一国内に収めて平和裡に調整しようとする考えかたと政策が出現した．多文化主義(マルティカルチュラリズム)，あるいは文化的多元主義(カルチュラル・プルーラリズム)である．とくにオーストラリアとカナダが先進的に行っている多文化主義の実験は，多くの国の人々が多かれ少なかれこの三者関係の矛盾を感じ始めているために，世界中の注目を集めている．初期に多文化主義を理論的に整理したものとしては，

〔10〕 Milton M. Gordon, *Assimilation in American Life: The Role of Race, Religion, and National Origins* (1964年)

が代表的である．ゴードンは，その後 Glazer and Moynihan, eds., *op. cit.* に寄稿した論文などで，文化的多元主義を，①人種差別システム，②同化システム，③自由主義的多元主義，④コーポレイト多元主義の四類型に類別する考えを示した．今日の多文化主義ではこの③と④のあいだでどのような選択を行うかが課題となっているといえる．

先住民族，少数民族，在日外国人の問題に相対的に鈍感であった日本にも，多文化主義の事例研究に優れた業績が現れ始めた．オーストラリアの多文化主義については，関根政美『エスニシティの政治社会学——民族紛争の制度化のために』(1994年)，カナダの多文化主義については，石川一雄『エスノナショナリズムと政治統合』(1994年) が代表的な業績である．両書とも事例研究を元に一般化を目指しており，多文化主義論およびエスニシティー論としても参考になる．

3. 国際的な文化関係

(1) 文化摩擦論

さて，本節では，国内についても見られる文化的関係が国際的に拡大した側面を取り上げる．異なる文化をもった二つ以上の行為主体が関係をもてば，文化が異なるゆえに，誤解や偏見，紛争や摩擦や葛藤が発生しやすいと考えられる．これら，文化の相違に起因して起こる「いざこざ」を文化摩擦と総称しようという提案が，

日本の文部省科学研究費による全国共同研究から行われた．すなわち，「文化摩擦」という概念は日本の社会科学研究から提出されたものなのである．1977-78 年頃のことであった．この共同研究の初期の成果として出版され，文化摩擦研究のガイドブックとなったのが，

〔11〕 衛藤瀋吉編『日本をめぐる文化摩擦』(1980 年)

である．この共同研究は，アジア各国，各地域の人々が歴史的に経験した文化摩擦を総合的に考察した（その成果は山本達郎・衛藤瀋吉監修「叢書　アジアにおける文化摩擦」(全 11 冊)として刊行されている）が，そのなかから，文化摩擦には，基本的に，文化の違いにもとづく①集団間の摩擦，②個人間の摩擦，③集団内の摩擦，④個人内の摩擦，の四つがあることが指摘された．この共同研究がきっかけとなって，「文化摩擦」は国際政治ジャーナリズムなどでも用いられる概念になったが，①に偏ったその用法は，双方の文化が変化しないことを前提としている点で，問題である．摩擦は文化の変化や創造の源にもなりうるのであるから，③，④のタイプを考察することが国際文化論の真骨頂である．以下，本節の文献解題はこの趣旨にもとづいてなされている．

(2) 異文化理解・誤解

国際関係の場に発生する文化摩擦の典型は国際誤解である．国際誤解を取り上げた書物は，誤訳論を含めて数多いが，ここでは，国際誤解論の幕を開けた，

〔12〕 エンディミョン・ウィルキンソン『誤解——ヨーロッパ vs. 日本』(1980 年)

を挙げておく．外交官でもある著者が日欧貿易摩擦を，双方における文化的な誤解という視点から考察したものである．文化的な誤解を正すには，当然，異文化理解の行為が求められる．異文化理解論の書物も少なくないが，誤解の根がいかに深いか，表面的な異文化理解論では異文化理解がいかに困難かは，

〔13〕 エドワード・サイード『オリエンタリズム』(1986 年，原著 1978 年)

が教えてくれる．〔13〕は，西洋の東洋に対する思考と支配の様式としてのオリエンタリズムを剔抉しているが，この壮大な誤解を国際関係の場で是正する困難を考えるには，この誤解が世界システム形成にいたる国際関係の歴史のなかで形成された事実をまず踏まえることが必要であろう．中国研究について同様の立場から著されたものに，ポール・A．コーエン『知の帝国主義——オリエンタリズムと中国像』(1988 年，原著 1984 年)がある．これらの書は，自他の文化を不変と捉える静止的な理解では十分な異文化理解とはならないことを教えてくれる．

(3) 文化交流論

国際関係の場で意識的,積極的に異文化理解を図ろうとする行為が国際文化交流である.したがって,文化交流論は当然,国際文化論の領域に入るべきものである.しかし,文化交流論だけが国際文化論ではないことは,本章を読まれている読者にはすでに明らかであろう.それはともあれ,文化交流に関する古典ともいうべきものが,

[14] ルイ・ドロー『国際文化交流』(1965年,原著1964年)

である.いささか古すぎるが,誰しもが国際文化交流のメッカと目するフランスの文化交流の歴史や理念を概観しておくのにはよい.最近刊行されたものに,J. M. Mitchell, *International Cultural Relations* (1986年,邦訳1990年) がある.ブリティッシュ・カウンシルに勤務した著者の実務経験を踏まえた,欧米の文化交流論として参考になる.日本では,文化交流を国際関係論のなかに位置づける最初の小さな試みが衞藤瀋吉・渡辺昭夫・公文俊平・平野健一郎『国際関係論』(1982年[第二版:1989年])の第4章にあるが,より本格的な論文集に,

[15] 斎藤眞・杉山恭・馬場伸也・平野健一郎編『国際関係における文化交流』(1984年)

がある.これも十分とはいえないが,他に適当なものが出版されるまでは,[15]を入門に使うほかはない.日本における文化交流の状況や考えかたについては,国際交流基金刊行の季刊『国際交流』が参考になる.

文化交流事業はともすれば先進国主導の行為になりがちである.国際化した情報の流れも含めて,一方的な文化の流入は受け手の,多くは発展途上社会にとって「文化帝国主義」にほかならないといわれることが多い.この点に関しては,ジョン・トムリンソン『文化帝国主義』(1993年,原著1991年) がある.

(4) 文化触変論

国際文化論でもっとも重視する必要があるのは文化触変の研究である.「文化触変」とは,1930年代にアメリカで新造されたacculturationということばの訳語で,文化と文化が接触したときに,双方もしくはどちらかの文化に起こる変化を指し示すものである.「文化変容」が一つの文化の内部で起こる文化の変化であるのに対して,「文化触変」は外来の文化要素が受容されたときに起こる文化の変化であるので,その文化のシステムにどのような変動が生じるかを含めて,国際文化論の主要な研究対象となる.文化触変研究を始めたのは,イギリス植民地とアメリカ・インディアンのリザベーションで現地調査を行った民族学者たちで,それら初期の研

究を方向づけるために出された研究覚書,

[16] Robert Redfield, Ralph Linton and Melville J. Herskovits, "Memorandum for the Study of Acculturation"（1936年）

は，acculturationという研究対象をはじめて定式化した記念碑的な必読文献ということになる．当時若かったレッドフィールド，リントン，ハースコビッツは，間もなく，アメリカの文化触変研究だけでなく，文化人類学の指導的存在となった．文化触変は，アメリカ人類学界においてその後も何度か再定式化が施され，何人かの代表的な研究者による主要な業績も積み重ねられて，今日では文化人類学の教科書の1章を占める領域となっている．この領域を日本語で手短かに把握しようとするのであれば，アメリカの学説を巧みに整理して紹介した，

[17] 姫岡勤『文化人類学』（1967年）

の第8-10章がよい．

　内発的な文化変容と外発的な文化触変とは，実は，基本的にほとんど同じ変化の過程だと考えられるが，文化触変が国際文化論の主要領域たるに足りる特色は，変化の主要素が外来文化要素であることによって特有な現象が発生するところにある．そうした現象の最たるものが受け手文化の側に起こる文化変容に対する抵抗である．抵抗運動は伝統文化の再活性化の試み，土着主義，国粋主義の運動となって社会現象化するが，そうした現象をまとめて論じた代表的な論文が，アメリカのウォーレスのA. F. C. Wallace, "Revitalization Movements"（1956年）である．文化触変の過程の一段階として起こる抵抗もさることながら，文化触変論が国際文化論にとってさらに重要なのは，文化触変の過程全体が受け手の文化（あるいは社会）の側の抵抗である場合があることが指摘されているからである．そのことを最初に指摘したのは，アメリカのデブルーとロエブの論文，George Devereux and Edwin M. Loeb, "Antagonistic Acculturation"（1943年）である．この点を壮大な規模で指摘したのがアーノルド・トインビーで，彼の『歴史の研究』は，その原著第8巻がこの問題を扱っているが，彼の日本での講演を書物にした，

[18] トインビー『歴史の教訓』（1957年）

が，日本と現代をより直接的に扱っていて，読みやすい．

　このような指摘によれば，非西欧社会の「近代化」はまさに，この抵抗のための文化触変の企てであったということになる．さらにまた，部分的な抵抗さえもしばしばナショナリスティックな運動となることから，国際文化論における文化触変研究は国際関係論におけるナショナリズム研究に接続することにもなる．たしかに，欧米の文化人類学では，文化触変論はひと頃の隆盛期をとうに過ぎ，あまつさえべ

トナム戦争期には「植民地主義の学問」として批判され（出自を考えれば，当たっている批判である），「人気」を失った観がある．が，非西欧世界の近代国際関係を考える者には，その意味は失われていないどころか，これからも有効な方法であり続けるものと考える．中国の近代化について，この観点からぜひ読んでもらいたいのが，

[19] B.I. シュウォルツ『中国の近代化と知識人——厳復と西洋』(1978年，原著1964年)

であり，日本については，

[20] 山下重一『スペンサーと日本近代』(1983年)

が，その緻密重厚な分析においても，よい参考となる．より広く，近代日本の文化の特質を文化触変の観点から論じたものとして読めるのは，

[21] 加藤周一『雑種文化——日本の小さな希望』(1974年)

で，これを丸山真男『日本の思想』(1961年)と増田義郎『純粋文化の条件——日本文化は衝撃にどうたえたか』(1967年)と読み較べるのもよい．周知のように，丸山は近代西欧思想を受容した日本文化を「雑居文化」と特徴づけているが，これは加藤，増田とは対照的な文化触変論，文化観を採用したためであると考えられるのである．

なお，戦後日本の文化を文化触変論の観点から概観するには，やや斜めの視点を採用したものではあるが，青木保『「日本文化論」の変容——戦後日本の文化とアイデンティティー』(1990年)が適当であろう．戦後それぞれの時期の日本文化が濃厚な文化触変によって変容したものであると同時に，それを論じた「日本文化論」自体が文化触変を起こしてきた歴史をもつという二重構造になっていて，興味深い．

(5) 技術移転論

文化触変論の観点に立つならば，技術移転もまた国際文化論の重要な研究対象となる．技術もまた文化である（普遍的にも個別的にも）からであり，ある技術の外国への導入はその社会の文化を「いもづる式」（トインビーの用語）に変容させることが多いからである．きわめて技術的に技術を移転させようとした技術協力者が，現地の人々の思わぬ抵抗に遭って，技術移転が技術論だけでは進まないことを認識する結果となるのも，技術移転が一種の文化触変だからにほかならない．このような体験を文化触変として理解する書物として定評があるのは，

[22] George M. Foster, *Traditional Societies and Technological Change*, 2nd ed. (1973年)

である．また，

〔23〕 Margaret T. Hodgen, "Glass and Paper: A Historical Study of Acculturation"（1945年）

を，技術移転が長い文化触変の歴史であることを見事に示した珠玉の論文として推薦したい．舞台は，やがて近代技術先進国となる16世紀前後のイギリスであるが，先進技術に対するイギリス人の抵抗がどのような結果をもたらしたかも，大変興味深い点である．これらの作品は，技術移転の成功のカギを握るのが技術そのものよりも，受入れ側の文化の状況にあることを示したが，そのことを明治時代の日本について，上州と信州の対比によってさらに明解に示したのが，吉田（古田）和子「明治初期製糸技術導入における土着と外来」（1977年）である．

(6) ヒトの国際移動

外国人労働者など，新しい性格の「ヒトの国際移動」が顕著になるにつれて，この現象も国際文化論の考察対象として逸することができなくなってきた．かつての移民も二つの文化のあいだを移動することによって，「同化」の問題を筆頭に，国際文化論的な研究を必要とする現象を生み出したが，その移民に比較してはるかに容易に国境を越えて往来する現代の「国際移動者」は，どのような文化的な問題を経験しているのであろうか．エスニシティーを帯同したまま，短期間で往来する彼らは，ナショナリティーとエスニシティーの関係について，国際関係論に新たな問題を投げかけるように思われる．

現代の国際移動者を経済学の分野から検討した業績の代表的なものは，

〔24〕 森田桐郎編『国際労働力移動』（1987年）

である．このような研究では，当然のことながら，国際移動者は「国際労働力」として扱われる．そのため，現実の彼らが経験しているであろう文化の問題は除外される．国際文化論研究は，より広い視野に立ってこの現象を「ヒトの国際移動」とみなすところから出発する必要があろう．この点を意識して書かれたと思われる，

〔25〕 Stephen Castles and Mark J. Miller, *The Age of Migration: International Population Movements in the Modern World*（1993年，第2版1998年）

は，ヒトの国際移動を歴史的，世界的に概観し，現代の国際移動の特徴を明確に指摘している点で優れている．

上にも述べたように，最近の「ヒトの国際移動」はナショナリティーとエスニシティーの関係について根本的な再考を迫る現象であるのかもしれない．梶田孝道編『国際社会学——国家を超える現象をどうとらえるか』（1992年，［第2版：1996

年〕)や百瀬宏・小倉充夫編『現代国家と移民労働者』(1992年)など,「ヒトの国際移動」の重要性に注目する作業が増えつつあるが,この現象が国際関係論にもたらす意味を考えようとしたものに,

〔26〕 平野健一郎「ヒトの国際的移動と国際関係の理論」(1988年)

および平野健一郎「民族・国家論の新展開——『ヒトの国際的移動』の観点から」(1989年)がある.「ヒトの国際移動」を国際文化論が十分説得的に意義づけることができれば,国際関係論に大きく貢献するはずである.なお,「ヒトの国際移動」の現代的な意義からあらためて注目されることになったのが,古くからの強靱な国際移動者,華僑である.華僑については,日本における代表的な華僑研究者,斯波義信が最近まとめた『華僑』(1995年)から入るのがよいであろう.

4. 国際文化

(1) 国際交流論

「ヒトの国際移動」は,モノ,カネ,情報の国際移動と並んで,「ボーダーレス」ともいわれる現代の国際社会のなかの,脱国家的(トランスナショナル)な国際交流の一環をなす.ヒト・モノ・カネ・情報の国際移動は,それぞれ意図された目的とは別に,国境を越えた文化情報の移動をもたらし,思わぬ文化的影響をもたらすことがあると考えられる.国際文化論は,本来,こうした自然発生的な国際交流の現象とその効果を研究すべきであるが,現在のところは,意識的な国際交流活動,とくに,公的機関以外の,地方や民間の団体が意識的に行う国際交流活動を取り扱う役割を帯びつつある.

〔27〕 チャドウィック・アルジャー『地域からの国際化——国家関係論を超えて』
 (1987年,原著は1980年から1987年に発表の論文)

は,普通の市民が中央を介さず,直接海外と交流する活動実践を例にして,地方からの国際交流の可能性を説いたものである.日本における民間の国際交流活動の状況を知るためには,大阪国際交流センターが編んだ『国際交流入門』(国際交流基金他,1992年),国際交流専門誌の『ワールド・プラザ』『グローバル・エイジ』などが参考になる.

(2) 「国際文化」論

国際交流活動は,文化を異にする人々の日常的な接触が増大する今日の状況のなかで,相互理解を増やし,生活の便宜を図ることを目的としているが,そうした活

動を通じて,「国際文化」を形成することになるのだろうか. あるいはまた, カラオケのような, どちらかといえば自然発生的な国際交流の現象が国境を越えて共通な文化を作り出しつつあるのだろうか.「国際文化」とは, それぞれの個別の文化を越えた, 国際社会に共通の文化である. そうした「国際文化」は, もし生まれるとすれば, 国際関係に未曾有の転換をもたらすことになるはずであるが, その方面の研究はまだ恣意的な言説の域を出ない, 萌芽的な状態にある. Jongsuk Chay, ed., *Culture and International Relations*（1990 年）は魅力的なタイトルをもった論文集であるが, 意識の国際化を論じた若干の論文が読むに値する程度である. むしろ, 相当以前の出版ではあるが,

〔28〕 Adda B. Bozeman, *Politics and Culture in International History*（1960 年）を推薦したい. これは, ギリシア・ローマ以来の国際関係史を各期ごとに特徴づけながらまとめた大作である. 各時代の各世界ごとに, 人々の文化は国際環境によって規定されつつ変化し, その文化が逆につぎの国際関係を作り出すという歴史を読み取ることができる.

(3) 「地球文化」論

このような国際関係史の理解が正しいとすれば, 今日の国際社会の状況からして,「国際文化」あるいは「地球文化」が生まれつつあるといってもよいのかもしれない. 人々の文化は世界的な統一化の方向を辿っているのであろうか. しかし, 文化触変論の理解によれば, 文化間の接触が増えれば増えるほど, 文化は多様化するという結論になる.

〔29〕 Mike Featherstone, ed., *Global Culture: Nationalism, Globalization and Modernity*（1990 年）

という論文集では, メイン・タイトルにもかかわらず論者たちの意見は二分しており, そのためにかえって「地球文化」論の現状を知るのに便利である.

最後に, 訳題から「地球文化」を傑出した文化人類学者が論じたように思われる,

〔30〕 M. ミード『地球時代の文化論——文化とコミットメント』（1981 年, 原著 1970, 1978 年）

は, ミードの遺著になったものである. 彼女はここで人類の文化の歴史を, (1)過去志向型, (2)現在志向型, (3)未来志向型に三分し, 将来を見とおした雄大な見取り図をわれわれに遺している. 未来志向型の文化とはすなわち若者主導の文化である. 文化の国際交流を通じて世界の若者たちの意識が国際化, 地球化していくかぎりにおいて,「国際文化」,「地球文化」がしだいに国際文化論のテーマになっていくの

であろう.

おわりに

　フレッド・ハリディが最近の著書, Fred Halliday, *Rethinking International Relations*（1994年）で述べるように, ソ連・東欧圏の崩壊や世界的な民主化の波は, 国際的な相互交流の過程の帰結, しかも模倣, 競争, 防御のための近代化などの過程の帰結だったということができるかもしれない. とすれば, 国際文化論の役割は, 今後, 増えることはあっても減ることはないであろう. しかし, 模倣, 競争, 近代化の過程が世界的な均質化の方向へ傾斜するのか, それともそれへの抵抗が強まるのかはなお定かではない. 世界の今後は依然として個別文化が相互接触のなかでどのような反応をするかにかかっていると思われる. 世界秩序の変動を考察するうえで国際関係論に寄与するためには, 国際文化論は, その中心である文化触変に関する研究をさらに充実させることが必要であろう.

〔研究工具〕

　概念や用語の確認には『文化人類学事典』（弘文堂, 1987年）のほか, 政治学辞典, 経済学辞典, 社会学辞典などを随時参照する必要がある.

　国際交流活動, 文化交流活動の現状を知るには, 本文中にも挙げた『国際交流』（国際交流基金季刊誌）,『ワールド・プラザ』（国際文化フォーラム発行）,『グローバル・エイジ』（経済春秋社発行）という定期刊行物がある. 日本政府の国際文化交流活動については, 外務省文化事業部編『国際文化交流の現状と展望』（1972年）, 総務庁行政監察局編『国際文化交流の現状と課題』（1991年）と, 二回特別調書が公表された. 国際交流基金は『国際交流基金15年のあゆみ』（1990年）のほか, 各年度ごとに事業報告書を刊行している. 民間の国際交流団体では, たとえば国際文化会館の『国際文化会館の歩み』など, 各年度の事業報告書やニューズレターを出しているところがある.

　「ヒトの国際移動」については法務省入国管理局編『出入国管理』各年版, 情報の国際移動については郵政省『わが国通信の現状』各年版, また, 文化交流協定などについては外務省『外交青書』各年版の該当部分を参照されたい.

　ユネスコからは *UNESCO Statistical Yearbook* が刊行され, 日本ではユネスコ・アジア文化センター監訳『ユネスコ文化統計年鑑』（原書房）として翻訳出版されている.

　たとえば石井研堂『増補改訂　明治事物起原』（春陽堂, 1944年, 1996年）のような「起源もの」や百科事典を参照して, 具体的な文化要素の文化触変過程に関心をもつことも研究のよい刺戟となる.

研究案内2. 演習レポート事例集

* 東京大学教養学部教養学科,同大学院国際関係論専攻および上智大学大学院国際関係専攻において,約20年のあいだ毎年,「国際文化論」「文化接触論研究」などの科目名の講義を行い,学期のおわりには文化触変の具体的な事例を取り上げて,独自の考察を施すレポートの提出を求めていた.以下はそのレポートの題名と提出者名,大学名,提出年度(「東」は東京大学教養学部教養学科および同大学院国際関係論専攻,「上」は上智大学大学院国際関係専攻で,年度は西暦年の下2桁)である.これらのレポートによって文化触変の具体相を豊富に学ぶことができたことへの感謝を表すと同時に,読者の学習の参考になることを願って,このリストを作成した.なお,これらのレポートのすべてのコピーが筆者の研究室に保管されている.

〔技術〕
わが国における洋紙製造業の定着過程(上・79　行実緑)
「近代短床犂」の形成(東・81　小泉順子)
一九世紀フランスにおける石炭製鉄技術の受容(上・83　村上直樹)
九州・瀬戸内におけるやきものの文化誌(東・89　田中徹)
紙の文化に関する一考察——和紙を中心に(東・91　金順英)
日本モデルの形成過程——近代製糸技術の受容を中心に(東・91　楊際開)
技術の文化触変——日本における下水処理技術,多摩川の事例から(東・91　和田剛)
琉球王国の染織——明との交流を軸に(東・92　牧野久美子)
やきもの,陶磁器としての茶碗(東・93　長坂貴顕)

〔美術・音楽・演劇〕
西洋 perspective の受容とその日本化の過程(東・79　稲賀繁美)
日本近代の「洋画」導入過程における諸問題(東・89　白鳥義彦)
日本のピアノの受容(東・79　村岡健一郎)
洋楽導入にともなう邦楽世界の変容——箏曲音楽の視点から文化要素の変容過程を考える(東・91　林夏生)
近代ヨーロッパ音楽におけるトルコ軍楽の受容(東・91　山口雄)
フランスにおけるロマン派音楽の受容と印象派の確立(東・92　正躰朝香)
中東における音楽文化変容(東・92　兼松幸市)
日本におけるアルゼンチン・タンゴ史(上・92　西村秀人)

「レコード」文化の普及に見る20世紀の文化変容（東・93　中村正俊）
日本に於けるバレエの受容とその過程（上・83　奥村みさ）
浅草におけるサンバカーニバルの受容（上・83　蝋山はるみ）
日本占領時代の台湾における新劇の受容と伝播（東・91　張春蘭）
〔食文化〕
牛乳の飲用の受容（東・79　古城佳子）
日本におけるビールの普及と定着（東・85　金井孝男）
パン食文化と日本人（東・85　藪本義之）
戦後日本におけるパンの歴史（東・91　松沼美穂）
日本における牛肉食のアカルチュレーション（東・92　白木紀子）
カレーライスの旅路（東・93　駒井知会）
日本の食文化における肉（東・93　細江葉子）
イギリスにおける紅茶の広がりを考える（東・92　今泉美輪）
茶の湯の形成と発展（東・92　上窪一世）
喫茶のアカルチュレーション——茶の湯文化と紅茶文化（東・92　川村陶子）
文化要素としての「茶」（東・93　塩田一元）
〔生活用具〕
明治期における自転車の受容（東・85　栩沢徹郎）
近代日本の入浴習慣の変容（東・89　上野雄介）
日本文化における靴（東・89　保科智子）
文化接触の観点からみた暦の変容（東・89　村上茂）
日本の「すまい」の変容（東・91　北川文美）
君よ八月に熱くなれ——甲子園大会「青春」の変容（東・89　毛利覚）
日本語の中に見られる文化触変——外来語について（東・93　杉之原真子）
〔衣装〕
日本における女性の洋装（東・79　遠藤幸彦）
1920年代の女性の洋装における文化接触（上・85　上村尚子）
化粧——身を飾ることの変化について（東・85　岸守一）
衣服とファッション（東・85　松浦有紀子）
〔経済・経営〕
東南アジアにおける日本企業および中国系住民の経済活動の変容（東・80　田中俊昭）
米国的経営にみる文化変容——米国企業における経営参加方式の導入とその成果（東・81　松本茂己）
〔制度〕
第二次世界大戦前後における日本の教育の変容について（東・85　近藤孝弘）
近代法の日本における受容（東・91　梼沼道久）

人権思想の受容とヘルシンキ・プロセス（東・92　栗栖薫子）
〔宗教〕
潜伏キリシタン史に見るキリスト教の在来宗教との文化接触（東・80　長谷村直子）
中国におけるキリスト教の布教（東・80　塩入陽子）
文化接触としての「典礼問題」（東・80　田辺剛）
五島でのキリスト教浸透過程（上・83　関久仁彦）
明治期におけるキリスト教の受容（東・89　手塚佳代子）
「ノルウェーのクリスマス」キリスト教と北欧神話の習合の歴史（東・91　長島みさき）
沖縄における仏教の受容と変容（東・92　五月女律子）
朝鮮におけるキリスト教の受容（東・92　田口克一郎）
〔思想〕
内村鑑三における文化変容過程（東・79　大田昭子）
日本の近代化における外来思想の受容——ドイツ哲学を中心に（東・80　池永肇恵）
柳宗悦・柳兼子の朝鮮と日本を結ぶ活動について（東・82　氏岡真弓）
厳復（東・93　久井英輔）
〔ナショナリズム〕
近代化とイスラーム——思想における Acculturation（上・83　木村啓子）
プロパガンダ運動の思想面での文化接触について（上・83　新井賢）
西欧の衝撃に対するオスマン帝国の対応——オスマン帝国の改革運動とそのシリアにおける展開（1840-1864）（東・91　松井真子）
日本におけるナショナリズムの誕生（東・92　加藤夕香子）
〔意識〕
ドイツとの対比においてみた日本の近代化の過程における特殊性，およびアイデンティティという観点からみた現在の日本の文化の状況について（東・82　松井聖一郎）
自己省察の文化変容論（上・83　岩村沢也）
日本人の美意識の変化（東・93　長滝谷瑞穂）
〔文化論〕
外国人の日本論（東・80　桑本由紀浩）
日本人のアメリカ（東・80　森下敬一郎）
近代日本とアジア（東・80　穐宗英子）
香港の変容（東・80　友末真理子）
パプア・ニューギニアの人々（東・80　今村泰也）
文化接触と文化の認識——沖縄を通して（東・92　竹石涼子）
〔ヒトの国際移動と文化触変〕
文化変容からみた帰国子女教育——I.C.U.高校にて（上・81　廣里恭史）
日系アメリカ人社会の変容（東・81　和田智子）

西ドイツにおける外国人労働者の流入と統合の問題（東・82　清田弘美）
日豪関係における移民問題——過去・現在・未来（上・83　フライ・ヘンリー）
ヴァヌアツ共和国における観光開発に対する一考察（上・85　住田緒理依）
〔情報〕
情報も「文化受容」の一手段になり得るのではないか（上・83　大海葉子）
文化要素のアカルチュレーション——日本製アニメが引き起こした日仏文化摩擦（東・92　角南知子）
文化要素としての「情報」（東・92　永井真希）

文献目録
（著者名のアルファベット順）

阿部汎克「主体的国際化とコミュニケーション——欧州統合過程の一側面」『青葉学園短期大学紀要』第16号（1991年）.

阿部知二『北京』創元文庫，1952年.

Alexander, Jeffrey C. and Steven Seidman, eds., *Culture and Society: Contemporary Debates*, Cambridge: Cambridge University Press, 1990.

アルジャー，チャドウィック，吉田新一郎編訳『地域からの国際化——国家関係論を超えて』日本評論社，1987年（Chadwick F. Alger, "Enhancing the Efficacy of Citizen Participation in World Affairs," 1980 などの論文6編の編訳）.

アンダーソン，ベネディクト，白石隆・白石さや訳『想像の共同体——ナショナリズムの起源と流行』リブロポート，1987年［増補版邦訳：『増補　想像の共同体——ナショナリズムの起源と流行』NTT出版，1997年］（Benedict Anderson, *Imagined Communities: Reflections on the Origin and Spread of Nationalism*, London and New York: Verso, 1983; Rev. ed., 1991）.

青木保『文化の翻訳』東京大学出版会，1978年.

青木保『「日本文化論」の変容——戦後日本の文化とアイデンティティー』中央公論社，1990年.

Balandier, Georges, *Anthropologie politique*, 2nd ed., Paris: Presses Universitaires de France, 1969（中原喜一郎訳『政治人類学』合同出版，1971年）.

馬場伸也『アイデンティティの国際政治学』東京大学出版会，1980年.

Beals, R., "Acculturation", in S. Tax, ed., *Anthropology Today: Selections*, Chicago: University of Chicago Press, 1962, pp. 375-395.

ブレイカー，マイケル，池井優訳『根まわし・かきまわし・あとまわし——日本の国際交渉態度の研究』サイマル出版会，1976年.

Boas, Franz, *Race, Language and Culture*, New York: Macmillan, 1940.

ボガトゥイリョフ，P.G.，松枝到・中沢新一訳『衣裳のフォークロア』せりか書房，1981年（P. G. Bogatyrev, *The Functions of Folk Costume in Moravian Slovakia*, Paris and Hague: Mouton, 1971）.

Boulding, Kenneth E., *The Image: Knowledge in Life and Society*, Ann Arbor: University of Michigan Press, 1956（大川信明訳『ザ・イメージ——生活の知恵・社会の知恵』誠信書房，1962年）.

Bozeman, Adda B., *Politics and Culture in International History*, Princeton: Princeton University Press, 1960.

Bull, Hedley, *The Anarchical Society: A Study of Order in World Politics*, London: Macmillan, 1977.

Butterfield, H. and Martin Wight, eds., *Diplomatic Investigations: Essays in the Theory of International Politics*, London: G. Allen & Unwin, 1966.

Castles, Stephen and Mark J. Miller, *The Age of Migration: International Population Movements in the Modern World*, London: Macmillan, 1993, 1998（関根政美・関根薫訳『国際移民の時代』名古屋大学出版会，1996年）.

Chay, Jongsuk, ed., *Culture and International Relations*, New York, Westport and London: Praeger, 1990.

田福姫，金東明仮訳「韓国近代史における社会進化論」東北亜文化研究院『東北亜』第4輯（1996年12月），270-286ページ（韓国語）.

コーエン，ポール・A., 佐藤慎一訳『知の帝国主義――オリエンタリズムと中国像』平凡社，1988年（Paul A. Cohen, *Discovering History in China: American Historical Writing on the Recent Chinese Past*, New York: Columbia University Press, 1984）.

Connor, Walker, *The National Question in Marxist-Leninist Theory and Strategy*, Princeton: Princeton University Press, 1984.

Deutsch, Karl W., *Nationalism and Social Communication: An Inquiry into the Foundations of Nationality*, Cambridge, Mass.: The MIT Press, 1953, 1966.

Deutsch, Karl W., *Nationalism and Its Alternatives*, New York: Alfred A. Knopf, 1969（勝村茂・星野昭吉訳『ナショナリズムとその将来』勁草書房，1975年）.

Devereux, George and Edwin M. Loeb, "Antagonistic Acculturation," *American Sociological Review*, III（1943-44）.

ドロー，ルイ，三保元訳『国際文化交流』白水社，1965年（Louis Dollot, *Les relations culturelles internationales*, Paris: Presses Universitaires de France, 1964）.

遠藤周作『留学』新潮文庫，1968年.

Erasmus, Charles, "Patolli, Pachisi and the Limitation of Possibilities," *Southwestern Journal of Anthropology*, No. 6（1950）.

Erikson, E. H., *Childhood and Society*, 2nd ed., New York: Norton, 1963.

衛藤瀋吉編『日本をめぐる文化摩擦』弘文堂，1980年.

衛藤瀋吉・渡辺昭夫・公文俊平・平野健一郎『国際関係論』東京大学出版会，1982年［第二版：1989年］.

Fairbank, John K., Edwin O. Reischauer, and Albert M. Craig, *East Asia: The Modern Transformation*, Boston: Houghton Mifflin, 1965.

Featherstone, Mike, ed., *Global Culture: Nationalism, Globalization and Modernity*, London: SAGE Publications, 1990.

Ferguson, Yale H. and Richard W. Mansbach, "The Past as Prelude to the Future?: Identities and Loyalities in Global Politics," in Yosef Lapid and Friedrich Kratochwil, eds., *The Return of Culture and Identity in IR Theory*, Boulder and London: Lynne Rienner Publishers, 1996.

Foster, George M., *Traditional Societies and Technological Change*, 2nd ed., New York: Harper & Row, 1973.

藤田雄二「尊皇攘夷運動についての考察」上・下, 国際関係論研究会『国際関係論研究』第6, 7号 (1987年6月, 1989年3月).

藤田雄二「近世日本における自民族中心的思考――『選民』意識としての日本中心主義」『思想』No. 832 (1993年10月).

藤田雄二「日本, 朝鮮, 中国の近代にみるゼロト主義の論理――攘夷論と守旧論に関する比較研究」東京大学国際社会科学専攻博士論文, 1999年.

古田元夫『ベトナム人共産主義者の民族政策史――革命の中のエスニシティ』大月書店, 1991年.

Gellner, Ernest, *Nations and Nationalism*, Oxford: Basil Blackwell, 1983.

ギデンズ, アンソニー, 松尾精文ほか訳『社会学』〔改訂新版〕而立書房, 1993年 (Anthony Giddens, *Sociology*, 2nd ed., Cambridge: Polity Press, 1993).

Glazer, Nathan and Daniel P. Moynihan, eds., *Ethnicity: Theory and Experience*, Cambridge, Mass.: Harvard University Press, 1975.

Gordon, Milton M., *Assimilation in American Life: The Role of Race, Religion, and National Origins*, New York: Oxford University Press, 1964.

グラムシ, アントニオ, 山崎功監修, 代久二編『グラムシ選集 I』合同出版社, 1961年.

ヘーガン, W. T., 西村頼男・野田研一・島川雅史訳『アメリカ・インディアン史』〔第3版〕北海道大学図書刊行会, 1998年 (William T. Hagan, *American Indians*, 3rd ed., Chicago: The University of Chicago Press, 1993).

ホール, エドワード・T., 國弘正雄・長井善見・斎藤美津子訳『沈黙のことば――文化・行動・思考』南雲堂, 1966年 (Edward T. Hall, *The Silent Language*, New York: Doubleday, 1959).

ホール, エドワード・T., 日高敏隆・佐藤信行訳『かくれた次元』みすず書房, 1970年 (Edward T. Hall, *The Hidden Dimension*, Garden City: Doubleday, 1966).

ホール, エドワード・T., 岩田慶治・谷泰訳『文化を超えて』TBSブリタニカ, 1979年 (Edward T. Hall, *Beyond Culture*, New York: Doubleday, 1976).

Halliday, Fred, *Rethinking International Relations*, London: Macmillan, 1994.

浜下武志「序章」『シリーズ世界史への問い 3 移動と交流』岩波書店, 1990年.

原ひろ子・我妻洋『しつけ』弘文堂, 1974年.

蓮實重彦・山内昌之編『文明の衝突か,共存か』東京大学出版会,1995年.
初瀬龍平編著『エスニシティと多文化主義』同文舘出版,1996年.
Herskovits, Melville J., *Man and His Works: The Science of Cultural Anthropology*, New York: Alfred A. Knopf, 1951.
Herskovits, Melville J., *Cultural Anthropology*, New York: Alfred A. Knopf, 1955.
Herskovits, Melville J., *Acculturation: The Study of Culture Contact*, Gloucester: Peter Smith, 1958.
姫岡勤『文化人類学』ミネルヴァ書房,1967年.
平野健一郎「総説」『総合講座日本の社会文化史4 日本文化の変容』講談社,1973年.
平野健一郎「文化的関係としての国際関係」武者小路公秀・蠟山道雄編『国際学——理論と展望』東京大学出版会,1976年.
平野健一郎「中世日本の文化的・政治的統合——文化運搬者としての連歌師宗祇をめぐって」日本国際政治学会編『国際政治59 非国家的行為体と国際関係』(1978年8月).
平野健一郎「ヒトの国際的移動と国際関係の理論」日本国際政治学会編『国際政治87 国際社会における人間の移動』(1988年3月).
平野健一郎・山影進・岡部達味・土屋健治『アジアにおける国民統合——歴史・文化・国際関係』東京大学出版会,1988年.
平野健一郎「民族・国家論の新展開——『ヒトの国際的移動』の観点から」国際法学会『国際法外交雑誌』第88巻第3号,1989年.
平野健一郎「国際社会,タテの変化とヨコの変化」『学図教科研究・社会——中学校編』学校図書,No.119(1990年5月).
平野健一郎「文化変容」松崎巌監修『国際教育事典』アルク,1991年.
Hirano Ken'ichiro, "The Westernization of Clothes and the State in Meiji Japan," in Hirano Ken'ichiro, ed., *The State and Cultural Transformation: Perspectives from East Asia*, Tokyo, New York and Paris: United Nations University Press, 1993.
平野健一郎「文明の衝突か,文化の摩擦か?——ハンチントン論文批判」比較文明学会編『比較文明』第10号(1994年11月)[平野健一郎編『国際文化交流の政治経済学』に再掲].
平野健一郎「国際関係の変化のなかの国際文化交流」日本国際問題研究所『国際問題』No.421(1995年4月)[平野健一郎編『国際文化交流の政治経済学』に再掲].
平野健一郎「書評 宇野重昭・天児慧編『20世紀の中国——政治変動と国際契機』」アジア政経学会『アジア研究』第42巻第1号(1996年4月).
平野健一郎「ヒトの国際移動と国際交流——現象と活動」日本国際政治学会編『国際政治114 グローバリズム・リージョナリズム・ナショナリズム』(1997年3月)[平野

健一郎編『国際文化交流の政治経済学』に再掲].

平野健一郎「世界人権宣言とアジアの人権」日本国際問題研究所『国際問題』No. 459 (1998年6月).

平野健一郎編『国際文化交流の政治経済学』勁草書房, 1999年.

Hodgen, Margaret T., "Glass and Paper: A Historical Study of Acculturation," *Southwestern Journal of Anthropology*, 1, 1945.

Hoffman, Mark, "Normative International Theory: Approaches and Issues," in A. J. R. Groom and Margot Light, eds., *Contemporary International Relations: A Guide to Theory*, London: Pinter Publishers, 1994.

Huntington, Samuel P., "The Clash of Civilizations?," *Foreign Affairs*, Summer 1993.

Huntington, Samuel P., *The Clash of Civilizations and the Remaking of World Order*, New York: Simon & Shuster, 1996 (鈴木主税訳『文明の衝突』集英社, 1998年).

ハックスレー, トマス, 矢川徳光訳「進化と倫理」『科学と倫理』創元文庫, 1952年, 上野景福訳『進化と倫理』育生社, 1948年 (Thomas Henry Huxley, "*Evolution and Ethics*" *and Other Essays*, New York: Macmillan, 1925).

家永三郎『日本人の洋服観の変遷』ドメス出版, 1976年.

井上達夫・名和田是彦・桂木隆夫『共生への冒険』毎日新聞社, 1992年.

犬養道子『国境線上で考える』岩波書店, 1988年.

石田英一郎『増訂 文化人類学序説』時潮社, 1966年 [新版：『文化人類学入門』講談社学術文庫, 1976年].

石井研堂『増補改訂 明治事物起原』上・下, 春陽堂, 1944年, 1996年.

石川栄吉・梅棹忠夫・大林太良・蒲生正男・佐々木高明・祖父江孝男編『文化人類学事典』弘文堂, 1987年.

石川一雄『エスノナショナリズムと政治統合』有信堂高文社, 1994年.

石川好監修『ラ・フロンテラ「アメリカ・メキシコ国境地帯」——国家を越えるヒト・モノ・カネ』弓立社, 1989年.

梶田孝道編『国際社会学——国家を超える現象をどうとらえるか』名古屋大学出版会, 1992年 [第2版：1996年].

梶田孝道「『多文化主義』をめぐる論争点——概念の明確化のために」初瀬龍平編著『エスニシティと多文化主義』同文舘出版, 1996年.

加藤周一『羊の歌——わが回想』『続 羊の歌』岩波新書, 1968年.

加藤周一『雑種文化——日本の小さな希望』講談社文庫, 1974年.

経済春秋社『グローバル・エイジ』各号

岸清香「国際文化交流と『国民文化』の表象——戦後フランスの国際美術政策とパリ・

ビエンナーレ」平野健一郎編『国際文化交流の政治経済学』勁草書房, 1999年.

Klineberg, Otto, *The Human Dimension in Internaitonal Relations*, New York: Holt, Rinehart and Winston, 1964(田中良久訳『国際関係の心理――人間の次元において』東京大学出版会, 1967年).

Kluckhohn, Clyde and W. H. Kelly, "The Concept of Culture," in Ralph Linton, ed., *The Science of Man in the World Crisis*, New York: Columbia University Press, c. 1945, pp. 78-105.

Kohn, Hans, *The Idea of Nationalism: A Study of Its Origins and Background*, New York: Macmillan, 1944.

Kohn, Hans, *Nationalism: Its Meaning and History*, Rev. ed., New York: Van Nostrand Reinhold, 1965.

小池三枝「近代の断面」谷田閲次編『服飾の美意識――"着ること"の意味』旺文社, 1980年.

小池三枝「衣服の意味」矢部明彦編『生活のなかの衣服』旺文社, 1983年.

国際文化フォーラム『ワールド・プラザ』各号

国際交流基金『国際交流』各号

国際交流基金・自治体国際化協会・大阪国際交流センター編『国際交流入門』大阪国際交流センター, 1992年.

今和次郎『服飾史〔今和次郎集7〕』ドメス出版, 1972年.

Krader, Laurence, *Formation of the State*, Englewood Cliffs: Prentice-Hall, 1968 (吉田禎吾・丸山孝一訳『国家の形成』鹿島研究所出版会, 1992年).

Kroeber, A. L., *Anthropology*, New York: Harcourt, Brace and Company, 1948 [1923].

Kroeber, A. L. and C. Kluckhohn, "Culture: A Critical Review of Concepts and Definitions," *Papers of the Peabody Museum*, Vol. 74, No. 1, 1952.

栗原彬「歴史における存在証明を求めて――〈創造的指導者〉への歴史心理学的接近」『思想』No. 521 (1967年11月).

桑野隆『民衆文化の記号学――先覚者ボガトゥイリョフの仕事』東海大学出版会, 1981年.

Lapid, Yosef and Friedrich Kratochwil, eds., *The Return of Culture and Identity in IR Theory*, Boulder and London: Lynne Rienner Publishers, 1996.

Lechner, Frank J., "Cultural Aspects of the Modern World-System," in William H. Swatos Jr., ed., *Religious Politics in Global and Comparative Perspective*, New York, Westport and London: Greenwood Press, 1989.

レヴィ=ストロース, クロード, 大橋保夫訳『野生の思考』みすず書房, 1976年 (Claude Lévi-Strauss, *La pensee sauvage*, Paris: Plon, 1962).

レヴィ=ストロース，クロード，仲沢紀雄訳『今日のトーテミスム』みすず書房，1970年（Claude Lévi-Strauss, *Le totemisme aujourd'hui*, Paris: Presses Universitaires de France, 1965）.

Lévi-Strauss, C., Claire Jacobson and Brooke G. Schoepf, trs., *Structural Anthropology*, Garden City: Anchor Books, 1967.

リンドレー，増井経夫・今村与志雄訳『太平天国——李秀成の幕下にありて』第1巻，東洋文庫［平凡社］，1964年.

Linklater, Andrew, *Men and Citizens in the Theory of International Relations*, Houndmills and London: Macmillan, 1982, 1990.

Linton, Ralph, "Nativistic Movements," *American Anthropologist*, XLIX (1943), pp. 230-239.

Linton, Ralph, ed., *Acculturation in Seven American Indian Tribes*, Gloucester: Peter Smith, 1963.

Malinowski, Bronislav, *The Dynamics of Culture Change: An Inquiry into Race Relations in Africa*, New Haven: Yale University Press, 1945.

丸山真男『日本の思想』岩波新書，1961年.

増田義郎『純粋文化の条件——日本文化は衝撃にどうたえたか』講談社現代新書，1967年.

ミード，M., 太田和子訳『地球時代の文化論——文化とコミットメント』東京大学出版会，1981年（Margaret Mead, *Culture and Commitment*, New York: Doubleday, 1970, 1978）.

Mitchell, J.M., *International Cultural Relations*, London: Allen & Unwin, 1986（J.M. ミッチェル，田中俊郎訳『文化の国際関係』三嶺書房，1990年）.

百瀬宏・小倉充夫編『現代国家と移民労働者』有信堂高文社，1992年.

モルガン，L.H., 荒畑寒村訳『古代社会』上・下，角川文庫，1954年.

『森有礼全集』第1巻，宣文堂書店，1972年.

毛利覚「トウキョウ・ディズニーランドにみるアメリカ文化の受容」平野健一郎編『国際文化交流の政治経済学』勁草書房，1999年.

森田桐郎編『国際労働力移動』東京大学出版会，1987年.

村上泰亮『文明の多系史観——世界史再解釈の試み』中央公論社，1998年.

中嶋朝子・松本るり江・羽生清『チェコスロヴァキアの民族衣装——技法調査を中心に』源流社，1987年.

中田光雄『文化・文明——意味と構造』創文社，1990年.

日本キリスト教海外医療協力会第二回海外医療協力者会議「第二回バンコック会議宣言」同会編『みんなで生きる』第140号（1983年5月）.

新原道信「移動民の都市社会学」奥田道大編『コミュニティとエスニシティ』勁草書房，

1995年.
西川長夫『国境の越え方——比較文化論序説』筑摩書房, 1992年.
西川長夫・松宮秀治編『幕末・明治期の国民国家形成と文化変容』新曜社, 1995年.
小倉充夫「移民・移動の国際社会学」梶田孝道編『国際社会学——国家を超える現象をどうとらえるか』名古屋大学出版会, 1992年［第2版：1996年］.
奥田道大・田嶋淳子編『池袋のアジア系外国人——社会学的実態報告』めこん, 1991年.
奥田道大・田嶋淳子編『新宿のアジア系外国人——社会学的実態報告』めこん, 1993年.
奥田道大編『コミュニティとエスニシティ』勁草書房, 1995年.
Pye, Lucian W., *Politics, Personality, and Nation Building: Burma's Search for Identity*, New Haven : Yale University Press, 1962.
Pyle, Knneth B., *The New Generation in Meiji Japan: Problems of Cultural Identity, 1885-1895*, Stanford: Stanford University Press, 1969.
Redfield, Robert, Ralph Linton and Melville J. Herskovits, "Memorandum for the Study of Acculturation," *American Anthropologist*, XXXVIII (1936), pp. 149-152.
Redfield, Robert, *The Folk Culture of Yucatan*, Chicago: The University of Chicago Press, 1941.
Richmond, Anthony H., "Ethnic Nationalism and Post-Industrialism," *Ethnic and Racial Studies*, 7/1 (1984) ; reprinted in John Hutchinson and Anthony Smith, eds., *Nationalism*, Oxford and New York: Oxford University Press, 1994.
Richter, Melvin, *The History of Political and Social Concepts: A Critical Introduction*, New York and Oxford: Oxford University Press, 1995.
リッツア, ジョージ, 正岡寛司監訳『マクドナルド化する社会』早稲田大学出版部, 1999年（George Ritzer, *The McDonaldization of Society: An Investigation into the Changing Character of Contemporary Social Life*, Rev. ed., Thousand Oaks, Calif.: Pine Forge Press, 1993, 1996).
Robertson, Roland, *Globalization : Social Theory and Global Culture*, London: SAGE Publications, 1992.
サイード, エドワード, 今沢紀子訳『オリエンタリズム』平凡社, 1986年（Edward W. Said, *Orientalism*, New York: George Borchardt, Inc., 1994).
斎藤眞・杉山恭・馬場伸也・平野健一郎編『国際関係における文化交流』日本国際問題研究所, 1984年.
シュウォルツ, B.I., 平野健一郎訳『中国の近代化と知識人——厳復と西洋』東京大学出版会, 1978年（Benjamin I. Schwartz, *In Search of Wealth and Power: Yen Fu*

and the West, Cambridge, Mass.: Harvard University Press, 1964).

関根政美『エスニシティの政治社会学——民族紛争の制度化のために』名古屋大学出版会, 1994年.

関根政美「国民国家と多文化主義」初瀬龍平編著『エスニシティと多文化主義』同文舘出版, 1996年.

斯波義信『華僑』岩波書店, 1995年.

芝崎厚士「財政問題からみた国際文化交流——戦前期国際文化振興会を中心に」平野健一郎編『国際文化交流の政治経済学』勁草書房, 1999年.

芝崎厚士『近代日本と国際文化交流——国際文化振興会の創設と展開』有信堂高文社, 1999年.

塩野七生『人びとのかたち』新潮文庫, 1997年.

Shiraishi Masaya, "Phan Boi Chau and Japan," *South East Asian Studies*, Vol. 13, No. 3 (December 1975).

Smith, Anthony D., *The Ethnic Origins of Nations*, Oxford: Basil Blackwell, 1986 (巣山靖司・高城和義他訳『ネイションとエスニシティ——歴史社会学的考察』名古屋大学出版会, 1999年).

Smith, Anthony D., "Towards a Global Culture?," in Mike Featherstone, ed., *Global Culture: Nationalism, Globalization, and Modernity*, London: SAGE Publications, 1990.

Social Science Reserch Council, "Acculturarion: An Explanatory Formulation," *American Anthropologist*, LVI (1954), pp. 973-1002.

Spicer, Edward H., "Social Structure and the Acculturation Process: Social Structure and Cultural Process in Yaqui Religious Acculturation," *American Anthropologist*, LX (1958).

Spicer, Edward H., ed., *Perspectives in American Indian Culture Change*, Chicago: The University of Chicago Press, 1961.

Spindler, Louise and George, "Male and Female Adaptations in Culture Change," *American Anthropologist*, LX (1958), pp. 217-233.

Steward, Julian H., *Theory of Culture Change: The Methodology of Multilinear Evolution*, Urbana: University of Illinois Press, 1955 (米山俊直・石田紐子訳『文化変化の理論——多系進化の方法論』弘文堂, 1979年).

田畑茂二郎『国際化時代の人権問題』岩波書店, 1988年.

多田富雄『免疫の意味論』青土社, 1993年.

田嶋淳子「世界都市・東京にみる重層的地域社会の現実」奥田道大編『コミュニティとエスニシティ』勁草書房, 1995年.

谷田閲次・小池三枝『日本服飾史』光生館, 1989年.

Tax, Sol, ed., *Acculturation in the Americans*, Chicago: University of Chicago Press, 1952.

Taylor, Charles, "The Politics of Recognition," in Amy Gutmann, ed., *Multiculturalism: Examining the Politics of Recognition*, New Jersey: Princeton University Press, 1994.

トムリンソン, ジョン, 片岡信訳『文化帝国主義』青土社, 1993年 (John Tomlinson, *Cultural Imperialism: A Critical Introduction*, London: Pinter Publishers, 1991).

トインビー, A.J., 松本重治編訳『歴史の教訓』岩波書店, 1957年.

トインビー, A.J., 「歴史の研究」刊行会訳『歴史の研究』第16-17巻, 経済往来社, 1971年.

土屋健治『カルティニの風景』めこん, 1991年.

鶴見和子『好奇心と日本人——多重構造社会の理論』講談社現代新書, 1972年.

内田星美「技術をめぐる消化力と創造力」隅谷三喜男編『日本人の経済行動』上・下, 東洋経済新報社, 1969年.

Walker, R. B. J., "The Concept of Culture in the Theory of International Relations," in Jongsuk Chay, ed., *Culture and International Relations*, New York, Westport and London: Praeger, 1990.

Wallace, A. F. C., "Revitalization Movements," *American Anthropologist*, LVIII (1956), pp. 264-281.

Wallerstein, Immanuel, *The Politics of the World-Economy: The States, the Movements, and the Civilizations*, Cambridge: Cambridge University Press, 1984.

Wallerstein, Immanuel, "Culture as the Ideological Battleground," in Mike Featherstone, ed., *Global Culture: Nationalism, Globalization and Modernity*, London: SAGE Publications, 1990, pp. 31-55.

渡辺正雄『日本人と近代科学——西洋への対応と課題』岩波新書, 1976年.

White, L., "The Concept of Culture," *American Anthropologist*, LXI (1959).

Williams, Raymond, *Keywords: A Vocabulary of Culture and Society*, Rev. ed., New York: Oxford University Press, 1983.

ウィルキンソン, エンディミョン, 徳岡孝夫訳『誤解——ヨーロッパ vs. 日本』中央公論社, 1980年.

Wissler, C., "Psychological and Historical Interpretation for Culture," *Science*, Vol. 43, 1916.

山本達郎・衛藤瀋吉監修「叢書 アジアにおける文化摩擦」シリーズ

永積昭編『東南アジアの留学生と民族主義運動』巌南堂書店, 1981年.

阿部洋編『日中関係と文化摩擦』巌南堂書店, 1982年.

林知己夫・稨山貞登編『日本と東南アジアの文化摩擦』出光書店，1982年．

池田長三郎編『アジアの近代化と伝統文化』巌南堂書店，1982年．

川野重任編『技術移転と文化摩擦』大明堂，1982年．

大林太良編『文化摩擦の一般理論』巌南堂書店，1982年．

辻村明・金圭煥・生田正輝編『日本と韓国の文化摩擦——日韓コミュニケーション・ギャップの研究』出光書店，1982年．

酒井忠夫編『東南アジアの華人文化と文化摩擦』巌南堂書店，1983年．

山田信夫編『日本華僑と文化摩擦』巌南堂書店，1983年．

石井米雄編『差異の事件誌——植民地時代の異文化認識の相剋』巌南堂書店，1984年．

中村孝志編『日本の南方関与と台湾』天理槁樹の会，1988年．

山下重一『スペンサーと日本近代』御茶の水書房，1983年．

山崎正和『近代の擁護』PHP研究所，1994年．

柳田国男「文化運搬の問題」『定本柳田国男集』第24巻，筑摩書房，1970年．

吉田（古田）和子「明治初期製糸技術導入における土着と外来」『科学史研究』121号（1977年春）．

吉田禎吾「文化変容」祖父江孝男編『現代文化人類学2　人間の文化』中山書店，1957年．

あとがき

　「まえがき」の冒頭に記したように，本書は一つの国際文化論の試みであるが，その元となったのは，筆者が東京大学教養学部および大学院総合文化研究科の国際関係論コースと上智大学の大学院国際関係専攻で行った「文化接触論」あるいは「国際文化論」の講義の講義ノートである．筆者は，上智大学で最初に教壇に立って以来，約30年間，このような題目の講義を断続的に行ってきた．振り返ってみて，講義の内容にはほとんど進歩がなかったが，それでも，この間の国内社会，国際社会の大きな変貌に促されて，模索を続けながら，少しずつ書き加え，書き改めてきた講義ノートが手元に残った．何人かの友人から，出版してはどうかという慫慂も頂いたので，不完全ではあるが，本書にまとめてみた．まだ類書が少ないので，読者が少し違った角度から今日の国際関係を理解する一助になれば，幸いである．

　本書は『国際文化論序説』と命名されるはずであった．内容が完成の域に近づいているとはとても思えないからである．また，別の人々によって本書とは異なる観点の『国際文化論』が著されるに十分な理由があるとも思われるからである．しかし，それらの理由以上に筆者が「序説」にこだわったのは，石田英一郎先生の『文化人類学序説』に題名だけでもあやかりたいと思っていたからである．石田先生には，その講義を一度傍聴させて頂いただけで，ご生前とくにご縁を頂戴したわけではない．本書の読者にはすでに明らかなように，国際関係を文化によって見ようとする本書の基本視角は，同書との巡り合いがなければ生まれなかったのである．敗戦後の日本社会に文化の再生と革新をもたらすべく，文化人類学という新しい学問領域をうちたてようとされた石田先生の，本質的な文化の見かたに本書は支えられている．

　本書を支えるもう一つの先人の業績は，ベンジャミン・シュウォルツ教授の『中国の近代化と知識人——厳復と西洋』（拙訳）である．アヘン戦争から日清

戦争まで，世界史の大転換に屈辱を舐めた中国の，文化の保持と再生を思想の変革に賭けた人物の営為を，知識人の同情をもって分析した書物である．筆者は，この書によって，近代の国際関係をアジアと文化の視点から考察しようと考えるきっかけを与えられた．この書を読んだあと，文化人類学の文献をあさって見つけ出した文化触変（アカルチュレーション）研究の成果が，筆者の講義と本書の骨格の大半を提供してくれた．実際のところ，筆者の講義のあとの半分はシュウォルツ教授の著書の解説にすぎなかったといってよい．本書は，シュウォルツ教授による鮮烈，迫真の考察を，ふやけた一般論のレベルに引き下げただけのものであるかもしれない．本書に不満を感じられた読者には，ぜひ上記の訳書あるいは原書に戻って頂くことをお願いしたい．

　筆者がこの二つの書に根本的な刺激を受け，文化人類学における文化触変研究に触れ始めた頃——それは，奇しくも1960年代の後半であったが——，まさにその文化触変研究が激しい批判の嵐にさらされたのであった．ベトナム反戦運動が勢いを増し始めたアメリカの，若いアジア研究者のグループが，文化人類学，なかんずくアカルチュレーション研究は植民地主義の申し子にほかならない，葬り去られるべきであると主張したのである．本書でも明らかにしているように，これは的を射た批判であったというほかない．せっかく得つつあった研究上の武器を捨てるべきか，と悩んだ筆者が出した結論は，植民地支配の被害を受けた側が使うのなら，これは正しく，有効に使える武器ではないか，というものであった．その後も，近代から現代へという時代の大きな変わり目のなかで，同じ骨格のままの講義を続けることに困難を感じることがなかったわけではない．状況に応じて改変する若干の工夫も加えてきた．しかし，今感じているのは，グローバリゼーションに正しく対応するためには，文化触変の考えかたが有効であるということである．

　非力の筆者が紆余曲折の道程の一つのまとめとして本書を作ることができたことについては，石田先生，シュウォルツ教授だけでなく，多くの方々のご支援があったことに改めて思いいたる．ここにすべての方のお名前を記すことはできないが，国際関係論にありながら異端の試みを捨てない筆者に，長年，寛容をもって接して下さった衞藤瀋吉先生をはじめとする東京大学教養学部国際関係論研究室の皆さんと，上智大学で「文化接触論」を教えるきっかけを作っ

て下さった武者小路公秀先生には，とくに深甚なる感謝の気持ちをお伝えしたい．模索続きの筆者の講義に関心を示してくれたばかりか，興味津々のレポートで筆者にいろいろと教えてくれた東京大学（駒場）と上智大学のかつての学生の皆さんにも，心からの感謝を申し上げたい．さらに，川村陶子さんと岸清香さんには，講師も驚くほどよく整理された講義ノートを提供して頂いた．厚くお礼申し上げる．

東京大学出版会編集部の竹中英俊さんには，早くから本書の執筆を勧めて頂いた．ことに最近二年間の竹中さんの辛抱強く，巧みな督励と，竹中さんから新人研修を受けつつ，最終段階での筆者の面倒を見て下さることになった奥田修一さんの，初々しくも強靱な督促がなければ，筆者は途中で息切れしていたに違いない．最後に，講義のテープ起こしから始まって，最終の出典チェックにいたるまで，すべての段階にわたって面倒を見て下さった藤吉アヤ子さんには，いつものように，心から深い感謝を捧げるものである．

  1999 年 11 月 3 日　文化の日に

平野　健一郎

ベンジャミン・シュウォルツ教授が 11 月 14 日に米国ケンブリッジの自宅でお亡くなりになった．心から敬愛する故シュウォルツ教授のご霊前に本書を捧げる．

  1999 年 11 月 17 日

平野　健一郎

索　引

あ 行

アイデンティティー　30, 108-109, 193, 197, 208, 210→帰属意識
　多重的——　30
　複合的——　193, 195, 197
アカルチュレーション　55-57→文化触変
アジア太平洋マイグレーション研究ネットワーク（APMRN）　179
アシミレーション　57→同化
アミッシュ　80, 83
アメリカニゼーション　168-170
アンダーソン，B.　133, 206
意識の地球化　3, 184-185, 189, 191, 193, 217
石田英一郎　11-13, 16, 203, 205
異質同化（馴化）　137
衣装　15-16
異相分化　129
逸脱行為　80
移動者　172, 175
異文化接触　23, 29-30, 173, 177, 181-182
移民　111, 171, 175, 178, 215
イメージ　24-25, 27-28
　科学的——　24
　日常生活の——　24, 26
　文書的——　24-26
いもづる式〔現象〕　86-87, 92, 97, 102-104, 107, 110, 121, 123-125, 142, 145, 181, 214
インターネット　83, 118, 168-169
インディアン　48, 51, 54, 65, 95, 131, 181
　ズーニー・——　64-65
　ナバホ・——　64-65, 106
　西アパッチ・——　106
　プエブロ・——　70-71, 74, 106, 114
　メノミニ・——　119
　ヤーキ・——　70-71, 74, 114
インディアン・リザベーション　48-49, 212
ウィッスラー，C.　7-8
ウォーラーステイン，I.　196
ウォーレス，A.F.C.　55, 92, 98, 107, 213
衛正斥邪派→斥邪〔派〕
衛星放送　27, 66, 83, 118, 168-169
エスニシティー　21-22, 26, 176, 181, 185, 197, 207-208, 210, 215
　——の近代性　21
　——の原初性　21, 207
　——の多年性　21, 207
エスニック・エンクレーブ　176
エスニック・グループ　20-22, 176-177, 184-185, 191-193, 207-208
エスノセントリズム　41
　——の修正　49
NGO活動　191
エンカルチュレーション　56→文化化
延長物　8, 173-174
　——の転移　173
欧化〔主義〕　97, 139-140, 142, 144-145, 164-165
お雇い外国人　67-69, 71-72, 169
　——教師　66, 149

か 行

開化〔派〕　139-140, 144, 151
外交　11, 18, 23, 190, 192
　文化としての——　11, 18
　——スタイル　23, 209
　——文化　18, 23
開国　131, 135, 140, 144-145
外国人技術者/外国人職人　66, 73, 88-90, 135
外国人居留地　128
外国人労働者　25, 172, 174-177, 187, 215
外国旅行者　66, 73-74, 183
概念史研究　154-155, 157
外発的変化（文化の）　36, 39-40, 203, 213
外来文化要素　38, 59, 61, 67, 77
　——の拒絶　61-63, 69, 75, 77-78, 87, 116, 127, 150, 198
　——の受容　54, 60-61, 77-78, 84, 87, 107-108, 110-111, 155
　——の選択　61, 75, 77-78, 84, 87, 107, 140, 150, 160, 164, 167, 200
　——の呈示　61, 66, 69, 75, 77, 87, 107
　——の黙殺　61-63, 67, 69, 75, 77-78, 87, 116, 127, 167, 198
隔離（文化の）　71, 76, 113-114
　防御のための——　128
カーゴ・カルト　96, 137
過去志向型文化（ミード）　118, 217
カースルズ，S.　171, 174, 215
家族　122, 191-193

237

価値〔観〕　12, 13, 63, 78, 88, 110, 120-122
加藤周一　159-161, 214
　　――『雑種文化』　164, 214
可能性制限の原理　38-39, 43
仮面踊り　106
ガラス生産(製造)　72-73, 88-91, 93, 109, 117, 199
環境　11, 14, 35, 37, 51, 53-54, 58, 60, 81, 91, 203
技術　12-13, 48, 71-72, 120-122, 135, 197-199, 214
技術移転　197, 214-215
　　文化触変としての――　197-199, 214-215
技術援助/技術協力　71-72, 77, 198, 214
技術協力者　71-72, 77, 214
帰属意識　139, 185, 193, 197, 208→アイデンティティー
逆コース(戦後日本の)　167-168
教育制度の民主化(戦後日本の)　166-167
境界(文化の)　13-15, 24, 62, 67, 79, 81-83, 86, 109, 172-173, 205
　　――維持機構　13-14, 78-81
共生　65, 182→文化の共生
共棲(シンビオーシス)　65, 177, 181-182
共調動作(シンクロニー)　173, 205
拒絶反応　85-87, 102
近代　18, 21, 24, 54, 82-83, 124, 131, 134-135, 181, 193, 208
　　――から現代へ　10, 21, 118, 121, 171
近代化　22, 42, 68, 124, 128, 131, 139, 142, 144-145, 160, 199, 206, 213, 218
近代民国家　25, 133-134, 136, 176, 181
　　――の成立要件　133-134
近代国家　19, 24, 133-134
「近代の超克」論　163
クラックホーン, C.　8
グラムシ, A.　186
グレープナー, G.　44, 50
クレム, G.F.　7, 32
クローバー, A.L.　74
グローバリゼーション　4-5, 30, 117, 168, 170, 180, 182-184, 187, 189, 196-197, 199
　　文化の――　185-186
グローバル・カルチャー→地球文化
グローバル・マイグレーション　174-175
軍人　66-67
ゲスト・フレンド・リレーションシップ　64-65, 182
月面着陸(アポロ11号の)　83, 184

ゲルナー, E.　139
言語　12-13, 38, 122, 189
　　――の共通性　20, 134
現在志向型文化(ミード)　118, 217
現代　30, 83, 109, 123, 170, 174, 181
厳復　68-69, 103-105, 136, 143-144, 150-151, 153-154
　　――訳『群己権界論』　103, 143
　　――訳『原富』　103
　　――訳『天演論』　103-104, 150
　　――訳『法意』　103
原理主義　141, 170, 194
古已有之　105
好奇心　36
洪秀全　98-99
構造機能主義　15
康有為　152, 156
国際移動　25, 171-172, 174, 182, 184-185
　　カネの――　184
　　ヒトの――　25, 174-175, 181-183, 185, 215-216, 218
　　ヒト・モノ・カネ・情報の――　25, 171, 179-185, 187, 216
　　モノ・情報の――　26-27, 184, 218
　　――と文化の関係　171, 174-177
国際移動論　174-175, 177-178, 181, 215-216
国際関係　1-5, 10-11, 19, 26, 53-54, 83, 147-148, 189-193, 201-202, 204-208, 211-212, 217
　　近代――　3, 83, 128, 152, 214
　　現代(今日の)――　20
　　――における誤解　23-24, 210-211
　　――における差別　24-25, 27
　　――における偏見　24-25, 27, 210
　　――の行為主体　1-4, 83, 190, 192, 206-208
　　――の文化　19, 191
　　――の文化性　18-20, 22-24, 206
国際関係論　83, 201-202, 205-207, 212-213, 215-216, 218
　　現実主義――　2
　　理想主義――　2
国際観光客　25, 66-67, 172, 174
国際交流　4, 65, 179-181, 183, 189, 216
　　――活動　180-181, 216-218
　　――現象　180-183, 216-218
国際社会　1-2, 11, 18-20, 50, 147-148, 152, 174, 184, 189-192, 197, 203, 205, 207-208
　　近代――　19-20, 25-26, 139, 164, 190

現代(今日の)―― 15, 23, 30, 37, 69, 71, 176,
　　　190-193, 195-197, 216-217
国際人流　172
国際的な交通・通信手段の発達　83, 117, 171-
　　　172, 175
国際文化　28, 81, 202, 217
国際文化協力　183
国際文化交流　179-181, 183, 212
国際文化論　8, 20, 51, 152, 165, 201-205, 207-
　　　218
国際ボランティア活動　191
国粋〔主義〕　96-97, 138-141, 144-145, 163-165,
　　　170, 213
国風化/国風文化　111, 161, 163-164
国民　19-21, 24, 133-134, 136, 139, 177, 185,
　　　193, 206-208
国民意識の形成　133-134
国民国家　19-22, 24, 45, 83, 133-134, 136, 176-
　　　177, 181, 189, 191-193, 196, 206, 208-209
国民国家形成　19-20, 27, 138, 189, 192
　　　日本の場合　20
　　　フィンランドの場合　19-20
国民国家体系　164, 189, 195, 206, 209
国民統合　20, 177, 192-193
国民文化　19, 24, 82-83, 184-185, 191, 196-197
個人主義　153-154
コゼレック, R.　154, 156
古代エジプト文化(文明)　33, 42-43
国家　3, 18-19, 22, 27, 135, 172, 190, 192, 205
　　　文化的単位としての――　19
　　　――建設　134-136, 138-139, 181
　　　――主権　11, 189, 191, 205
　　　――の富強　68-69, 103-104, 143, 150
国家間関係　11, 19, 192, 202, 209
国境　1, 3, 24-27, 67, 172, 175, 178, 190
国権〔論/主義〕　149, 152-153, 164-165
コッパーズ, W.　43
個別主義の普遍化　162, 196
誤訳　104, 143-144, 150, 153
ゴールデンワイザー, A. A.　38
コーン, H.　97-98, 136

さ　行

再活性化　96-97, 102, 213
　　　――運動　96
再構成　92, 102, 107-109, 112, 169
鎖国　127-128, 131, 161
ジェズイット　70, 132

ジェンダー　119
自然環境　9, 12, 17, 36, 54, 81, 196
自然淘汰　46, 148
しつけ　56
社会　1, 12-13, 18, 56, 59, 148, 197
　　　――内部構造の柔軟性　80
社会化　56
社会進化論　44, 46-47, 103, 147-155
　　　――の文化触変(日本, 中国, ベトナム, 韓
　　　国)　147, 149-152
社会制度　121
社会的コミュニケーション　20, 133-134, 138,
　　　206
社会的統制の機構　80
社会有機体〔説/論〕　104, 136, 154
借用　36-37, 49, 51
ジャンボ・ジェット機　25-26, 83, 171, 174-175
自由　104, 143-144, 153-154
シュウォルツ, B. I.　68, 76, 144, 153, 214
宗教　69, 71, 114, 120-121, 207
　　　――紛争　28, 189, 194-195
自由競争　104, 148
自由主義　148, 154
習合　114-115
重層構造/重層性(国際社会の)　30, 192-197
　　　文化の――　81-82, 183
収斂　39, 185, 187
　　　――の原理　38-39, 43
　　　――理論　39-40, 185, 187
主体性　108, 113, 124, 144, 170
主体的選択　158, 187
シュミット, W.　43
攘夷　131, 140, 144
情報　37, 66-67, 109, 129, 174
植民者　66, 110
植民地　42, 47-49, 51, 53, 69, 82, 95-96, 110,
　　　150-151, 159-160
　　　――行政　47-51
　　　――行政官　47-49, 51, 69, 71-72
進化　41, 44, 46, 103, 148-149
人格変容夢　98
進化論　44, 46, 147-149
人権　152-157, 191, 205-206
　　　アジア型――　156
　　　国際――規約　155
　　　国連世界――会議　155
　　　個人の――　155, 177, 205
　　　集団の権利としての――　155, 177

索　引　239

世界——宣言 155
　　第三世代の—— 155
　　天賦——説 149, 152
　　——相対論 156
新世界秩序 2-3
親族 38, 122, 191-193
進歩 41, 44-46, 103, 148
スチュワード, J. H. 45
ステレオタイプ 25, 29
スパイサー, E. H. 76, 112, 115-116
スピンドラー, G. and L. 119
スペンサー, H. 103-104, 147-150, 154
　　——『社会静学』 148-149
スミス, G. E. 42, 47
生活様式 8-11, 33, 110
製糸 93, 135-136
製紙〔技術〕 73, 88-90, 93, 109, 117, 199
政治的動員 19-20
生存闘争 46, 104, 148, 152
贅沢品 120-122
西洋芸術・東洋道徳 158
世界化 44
斥邪〔派〕 139-141, 144
世代 107, 109, 117-119, 195
接触状況 71, 74-75
　　強制的な—— 75, 82, 110, 113-114, 131, 140, 145, 166-167
　　非強制的な(自発的な)—— 75, 82, 113
接触の制限 128-129, 181
ゼロト主義(ゼロティズム, ゼロット流儀) 130-131, 140-141, 144
1936年研究メモランダム→文化触変研究のための覚書
宣教師 66, 69-72, 74, 114
戦後改革 166-167
千年王国運動 96
占領 59, 82, 161, 165-166
相互理解 180-181, 216

　　た　行
第一次選択 77-81, 83-84, 86, 92, 101, 169-170
対極的文化触変 129
第二次選択 163, 169-170
太平天国 98-99
太平洋戦争 161, 164-165, 203
タイラー, E. B. 7, 32
ダーウィン, C. R. 46, 147-149
　　——『種の起源』 147-148

多系進化論 45-46
托古 105
多文化主義 22, 177, 210
　　オーストラリアの—— 22, 177, 210
　　カナダの—— 22, 177, 210
多民族国家 22
単線的発展論 41-42, 45-47
地球環境問題 182, 184, 191
地球文化 3, 5, 81, 184-185, 187, 217
地球村 187
中体西用 68, 105-106, 120
沈黙交易(貿易) 129
ツー・ステップ 66, 169, 177, 187
鶴見和子 115-116
抵抗(文化触変への) 71, 75, 87-88, 90-97, 102, 107-110, 114, 116, 122, 124, 127, 129-131, 135, 139, 145, 163, 187, 195, 198-200, 213-215
　　相手集団に由来する—— 93
　　与え手側の—— 93, 131-132
　　受入れ側の——93
　　外部の授与に対する—— 94
　　受容に対する—— 94-95
　　授与に対する—— 94, 132
　　第一次の—— 87, 127
　　第二次の—— 127
　　内部の授与に対する—— 94
　　文化的—— 86-87, 107, 127, 139-140, 145, 167-168, 170
　　文化要素に由来する—— 93
　　——タイプⅠ 94, 96, 127-128
　　——タイプⅡ 94, 127, 132
　　——タイプⅢ 94, 96, 127-128
　　——タイプⅣ 94-95, 127, 132
　　——の意味・効果 88, 93
抵抗運動 95-97, 107, 137, 213
ディズニーランド 169-170
適合性 62-64, 77-80, 83-85, 88, 91, 93, 102, 106, 140
適者生存 104, 148
敵対的文化触変 128-132, 135, 138-142, 145, 153-154, 164-165, 186
伝統 63, 78, 88, 95, 97, 102, 104-105
　　——の再解釈 102
伝播 37-39, 43-44, 50, 54-55, 61, 66-69, 71-75, 77, 87
　　刺激—— 74, 129-130
　　着想—— 74, 129

典礼論争　132
ドイッチ, K. W.　19, 133, 138, 206-207
トインビー, A. J.　86, 91, 102, 121, 130-131, 139, 213
同化　19, 57, 110-111, 113, 175-177, 181, 215
　——主義　177
　——政策　110
同質異化　137
東道西器　120
東遊運動　151
都市化　19, 206
土着主義　96-97, 99, 105, 129, 135, 137-138, 213
　——運動　55, 96, 102, 137
土着と外来　88, 95, 115, 138
富岡製糸工場　93, 99, 135

な　行

内発的変化（文化の）　36, 39, 54, 203, 213
ナショナリズム　21, 97, 136-138, 196, 207, 213
　西欧——　97-98, 136-137
　非西欧——　97-98, 136-138, 145
　文化的——　32, 97
ナショナリティー　21, 185, 197, 207-208, 210, 215→国民
南蛮風俗　161
難民　172, 175
ニーズ主義　72, 198
日本文化　111-113, 115-117, 157-164, 166-168, 200, 214
日本文化論　157, 163, 165, 203, 214
　雑居文化〔論〕　157-158, 162, 169, 214
　雑種文化〔論〕　159-163
　純粋文化〔論〕　161-163
日本浪漫派　163, 203
ネイティビズム→土着主義
ネーション→国民

は　行

パイ, L. W.　138
ハースコビッツ, M. J.　55, 76, 92, 122, 213
パスポート　172
ハーツ, L.　144, 153
ハックスレー, T. H.　104, 150
　——「進化と倫理」　150, 156
発明・発見　35-36, 38, 51, 60, 124, 129
パテント制度　94
ハリディ, F.　186-187, 192, 196, 199, 218
汎エジプト学派　42-43

ハンチントン, S. M.　28, 31, 34, 209
　——「文明の衝突」　28, 33, 194, 209
反文化変容運動　92
必要〔性〕　36-39, 51, 62-63, 72, 74, 77-80, 83, 85, 88, 90-91, 104, 106, 123-124, 140, 159-160, 185, 198-199
ファン・ボイチャウ（潘佩珠）　151
フィルター　62-63, 66-67, 75, 77-79, 88, 95
付会　105
布教　69-71, 132-133
福沢諭吉　149, 152
　——『文明論之概略』　149
複数民族国家　22
復古主義　96, 99
船荷信仰→カーゴ・カルト
普遍主義の個別化　162, 196
普遍文化→文化の普遍性
文化　1-5, 7-12, 31-33, 35, 108-109, 118-119, 189, 191, 202-205, 217
　生きるための工夫としての——　11, 13, 18, 40, 58, 108, 173, 191
　迷路としての——　98
　——共通性原理　20, 24, 141
　——と文明　7, 28, 33-34, 210
　——の開放性・閉鎖性　79
　——の危機　91-92, 95, 98
　——の共生　182-183, 195-196
　——の共通化　134, 172, 196
　——の共通性　20-21, 39-40, 134, 173, 206
　——の構造　14, 80-81, 84, 86, 101, 119-120, 132
　——の個別性　1-3, 8-11, 13, 17, 23-24, 32-33, 45, 163, 187, 196, 200, 203, 205
　——の差異　22
　——のシステム　49, 58-60, 79, 84, 93, 101, 159
　——のシステム性　11-15, 53, 63, 86, 92, 107
　——の重層性　81-82, 183
　——の柔軟性　80
　——の全体的解体　58-60
　——の創造　30, 108, 211
　——の定義　7-11
　　ウィッスラーによる　7-8
　　クラックホーンによる　8, 10
　　タイラーによる　7
　　ホワイトによる　8
　　本書における　10-11
　　吉田禎吾による　8

索　引　241

レヴィ=ストロースによる　8
　　　──の統合　19-20, 92, 108, 112-116, 133
　　　──の独自性と共通性　182-183
　　　──の部分的解体　58-60, 66, 69, 78, 87, 91-92, 95, 101
　　　──の普遍性　1, 3, 8-11, 32-33, 40, 196-197, 200, 203, 205
　　　──の類似性　38-39, 44
文化運搬者　65-69, 71-74, 77, 90, 93, 103, 136, 174, 177, 187
文化化　56, 156
文化交流　4, 82, 179-181, 183, 192, 196, 212
　　　予防手段としての──　30-31
文化混融　162, 165
文化史学派　43-44, 48, 50
文化触変　33, 53-57, 59-60, 65-67, 71-72, 79, 83, 92, 98, 103, 108, 117, 122-124, 157, 170-172, 174, 179-180, 184-187, 195-196, 200, 212-214
　　　植民地における──　75
　　　占領下における──　75
　　　文化創造行為としての──　36, 124-125, 200
　　　──の過程　57-58, 80, 84, 87, 92, 95-96, 101-102, 106, 108-110, 112-113, 115-116, 124, 186-187, 213
　　　──の環境　81-83, 87, 104
　　　──のサイクル　109, 117-118
　　　──の発生部位　119, 123
　　　──論　36, 61, 67, 157, 213, 214, 217
文化触変研究のための覚書　51, 55, 57, 78, 92, 101, 106-107, 110, 112, 213
文化触変の結果　110-112, 115-116
　　　隔離統合(スパイサー)　112-113, 115-116, 158, 162
　　　競争型(鶴見和子)　115
　　　コンパートメント型(鶴見和子)　115, 158
　　　ササラ型(丸山真男)　158
　　　雑居型(丸山真男)　158
　　　タコツボ型(丸山真男)　158
　　　多重構造型(鶴見和子)　115-116
　　　同化統合(スパイサー)　112-113, 116, 162-163
　　　統合型(鶴見和子)　115
　　　独占型(鶴見和子)　115
　　　編入統合(スパイサー)　112-116, 162
　　　融合統合(スパイサー)　112, 114-116, 162
文化進化論　40-42, 44-51, 54, 61, 147-149
文化接触　5, 30, 49-50, 53-55, 74, 81-83, 114,
 130, 196, 217
文化相対論(主義)　46, 49, 51-52
文化帝国主義　186, 212
文化的ヘゲモニー　186
文化と環境　35
文化の焦点　122-125, 154
文化の多様性　5, 23, 32, 40, 170, 182-183, 187, 196-197, 199-200, 217
　　　独自の文化を保持する権利　177, 182
文化変化　35-38, 40, 45-46, 50-51, 53-54, 56, 59, 91, 108-109, 114, 189, 196, 211-212
文化変容研究委員会　55
文化変容論　36, 39, 43, 47, 50-51
文化摩擦　23, 29-31, 34, 189, 195, 210-211
　　　第一類型　29-31
　　　第二類型　30-31
文化要素　11-13, 37, 44, 49-50, 57-61, 66, 69, 200
　　　──の意味　101-102, 106
　　　──の機能　12, 14-15, 37-39, 62, 64, 101-102, 106
　　　──の機能連関性　44, 62, 64, 71, 84-86, 102-103, 121, 142, 167, 198
　　　──の再解釈　92, 101-108, 110, 112-113, 127, 143-144, 169
　　　──の多義性　15-16, 106
　　　──の多機能性　15-16
　　　──の置換　54, 101, 116
　　　──の保存　183
文明　28, 31-33, 41, 45, 48, 142, 209
　　　──間の邂逅　86, 130
　　　──の定義　33
　　　　本書における　33
　　　　山崎正和による　33
文明開化　31, 142
文明の衝突　28-29, 194-195, 209-210
平衡[状態]　14, 57, 86, 93, 107-108, 110
　　　旧──　57-58, 109
　　　新──　57, 109-110, 113
平和部隊　61-62, 77
ベネディクト, R.　50
ペリー, W. J.　47
ヘルダー, J. G.　32
ヘロデ主義(ヘロディアニズム, ヘロディアン流儀)　130-131, 140, 142
ボアズ, F.　50-51, 54-55
貿易商人　66-67
亡命者　172, 174

ボガトゥイリョフ, P.G. 15-17, 106
母語 21, 122, 197
保守〔派〕/頑固派 105, 121, 139-141, 144
ホッジェン, M.T. 72, 76, 88, 90, 93, 215
ホーム・ステイ 64, 181
ホメオスタシス→平衡
ホール, E.T. 17, 172-174, 204
ボールディング, K.E. 24
ホワイト, L. 8
翻訳 32, 103, 143
　　厳復による—— 68, 103-104, 143, 150, 153
　　文化の—— 103, 106

ま 行

マイグレーション研究 176, 178
マクドナルド 168-169
　　——化 168-169
マクルーハン, M. 187
マージナル・マン 98-99
増田義郎 161-162, 214
　　——『純粋文化の条件』 161-162, 214
マスメディア(国際的な) 66-67, 117
マリノフスキー, B. 36-37, 50
丸山真男 116, 157-159, 214
　　——『日本の思想』 157, 214
ミード, M. 50, 118, 125, 127
未来志向型文化(ミード) 118, 217
ミル, J.S. 103-104, 143
　　——『自由論』 103, 143, 153
民権〔論〕 149, 152-153
民族衣装 15
民族主義→ナショナリズム
民族主義運動 96, 137
民族紛争 28, 189
メシアニズム(救世主待望) 95-96, 137-138
メディア 37, 66-67, 168
　　遅い—— 66

速い—— 66-67, 169
免疫〔学〕 108-109
モース, E.S. 148-149
模倣 36-37, 108
森有礼 141-142, 146
モルガン, L.H. 40-41, 50, 147, 149
　　——『古代社会』 40-41, 147

や 行

柳田国男 162, 165
山崎正和 33
融合(文化の) 70, 76, 114
幽霊踊り 95
洋服 141-142
洋務〔派〕 68, 105, 139-141, 143-144
洋務運動 105
吉田禎吾 8

ら 行

李鴻章 141-142, 146
リッチ, M. 69-70, 76
留学 22-23, 69, 103
留学生 22, 66-69, 135-136, 138, 143, 169, 172, 174
梁啓超 150-151
リントン, R. 55, 92, 95, 213
ルソー, J.-J. 9
冷戦 39, 189-190, 209
レヴィ゠ストロース, C. 8-9, 204
レッドフィールド, R. 55, 213
鹿鳴館 97, 142, 144-145
ロバートソン, R. 162, 164, 196

わ 行

ワイト, M. 27
和魂洋才 120, 158
和平演変 40

著者略歴

1937年　茨城県に生れる.
1961年　東京大学教養学部卒業.
1963-67年　ハーバード大学大学院留学 (Ph. D.).
1969-70年　上智大学外国語学部講師.
(以後, 1998年まで同大学院国際関係専攻非常勤兼担).
1970-98年　東京大学教養学部助教授, 教授.
現　在　早稲田大学政治経済学術院教授.

主要著訳書

『国際関係論』〔第二版〕(共著, 1989年, 東京大学出版会).
The State and Cultural Transformation (ed., 1993, United Nations University Press).
『国際文化交流の政治経済学』(編著, 1999年, 勁草書房).
『東アジア共同体の構築3　国際移動と社会変容』(共編著, 2007年, 岩波書店).
B. I. シュウォルツ『中国の近代化と知識人——厳復と西洋』(訳, 1978年, 東京大学出版会).
J. K. フェアバンク『中国回想録』(共訳, 1994年, みすず書房).
국제문화론 (서울・풀빛, 2004) (本書の韓国語訳).

国際文化論

2000年1月18日　初　版
2008年3月14日　第5刷

[検印廃止]

著　者　平野健一郎
　　　　　　ひら の けんいちろう

発行所　財団法人　東京大学出版会

代表者　岡本和夫
113-8654　東京都文京区本郷 7-3-1 東大構内
電話 03-3811-8814　Fax 03-3812-6958
振替 00160-6-59964

印刷所　大日本法令印刷株式会社
製本所　株式会社島崎製本

Ⓒ 2000 Kenichiro Hirano
ISBN 978-4-13-032202-7　Printed in Japan

Ⓡ〈日本複写権センター委託出版物〉
本書の全部または一部を無断で複写複製（コピー）することは，著作権法上での例外を除き，禁じられています．本書からの複写を希望される場合は，日本複写権センター(03-3401-2382)にご連絡ください．

本書はデジタル印刷機を採用しており、品質の経年変化についての充分なデータはありません。そのため高湿下で強い圧力を加えた場合など、色材の癒着・剥落・磨耗等の品質変化の可能性もあります。

国際文化論

2017 年 4 月 20 日　　発行　①

著　者　平野健一郎
発行所　一般財団法人　東京大学出版会
　　　　代 表 者　吉見俊哉
　　　　〒153-0041
　　　　東京都目黒区駒場4-5-29
　　　　TEL03-6407-1069　FAX03-6407-1991
　　　　URL　http://www.utp.or.jp/
印刷・製本　大日本印刷株式会社
　　　　URL　http://www.dnp.co.jp/

ISBN978-4-13-009118-3
Printed in Japan
本書の無断複製複写（コピー）は、特定の場合を除き、
著作者・出版社の権利侵害になります。